27
n 13701

L'HOMME

AU

MASQUE DE FER.

ŒUVRES
DE PAUL L. JACOB, BIBLIOPHILE.

HISTOIRE.

HISTOIRE DU SEIZIÈME SIÈCLE EN FRANCE, d'après les originaux, manuscrits et imprimés; première série: règne de Louis XII, 4 vol. in-8°.

(Cet ouvrage ayant été détruit par l'incendie de la rue du Pot-de-Fer, la publication se trouve suspendue provisoirement. Le cinquième volume doit compléter la première série.)

HISTOIRE DE L'HOMME AU MASQUE DE FER, 1 vol. in-8°.

ROMANS-HISTOIRES.

1437. — LA DANSE MACABRE, histoire du temps de Charles VII, 1 vol. in-8°.
1440. — LES FRANCS TAUPINS, histoire du temps de Charles VII, 3 vol. in-8°.
1514. — LE ROI DES RIBAUDS, histoire du temps de Louis XII, 2 vol. in-8°.
1525. — LES DEUX FOUS, histoire du temps de François Ier, 1 vol. in 8°.
1680. — PIGNEROL, histoire du temps de Louis XIV, 2 vol. in-8°.
1692. — LA FOLLE D'ORLÉANS, histoire du temps de Louis XIV, 2 vol. in-8°.

ROMANS DE MŒURS.

DE PRÈS ET DE LOIN, roman conjugal, 2 vol. in-8°.
LE DIVORCE, histoire du temps de l'Empire, 1 vol. in-8°.
VERTU ET TEMPÉRAMENT, histoire du temps de la Restauration, 2 vol. in-8°.
UNE FEMME MALHEUREUSE, 1re partie: FILLE, FEMME, 2 vol. in-8°.

CONTES ET NOUVELLES HISTORIQUES.

LES SOIRÉES DE WALTER SCOTT, 2 vol. in-8°.
LE BON VIEUX TEMPS, 2 vol. in-8°.
QUAND J'ÉTAIS JEUNE, Souvenirs d'un vieux, 2 vol. in-8°.
MÉDIANOCHES, 2 vol. in-8°.
CONTES A MES PETITS ENFANS, 2 vol. in-12.
CONVALESCENCE DU VIEUX CONTEUR, 1 vol. in-8°.

LITTÉRATURE MÊLÉE,

MON GRAND FAUTEUIL, poésies et dissertations historiques, 2 vol. in-8°.

SOUS PRESSE;

Pour paraître à différentes époques :

LA CHAMBRE DES POISONS, histoire du temps de Louis XIV, 2 vol. in-8°.
HISTOIRE DES FOUS EN TITRE D'OFFICE, 1 vol. in-8°.
UNE FEMME MALHEUREUSE, 2me partie: AMANTE, MÈRE, 2 vol. in-8°.
L'AVORTON, histoire du temps de Louis XIV, 2 vol. in-8°.
LES VA-NU-PIEDS, histoire du temps de Louis XIII, 2 vol. in-8.
PHYSIOLOGIE DE LA LITTÉRATURE CONTEMPORAINE, suivie de l'*Histoire des Acrobates littéraires*, 2 vol. in-8°.
HISTOIRE DE LA RÉGENCE DE PHILIPPE D'ORLÉANS, 6 vol. in-8°.

IMPRIMERIE DE V^e. DONDEY-DUPRÉ, rue Saint-Louis, 46, au Marais.

L'HOMME
AU
MASQUE DE FER

PAR

PAUL L. JACOB,

BIBLIOPHILE.

> Livres nouveaulx, livres vielz et antiques.
> ÉTIENNE DOLET.

PARIS.
VICTOR MAGEN ÉDITEUR,
21, QUAI DES AUGUSTINS.
—
1837.

A MON AMI

GUILBERT DE PIXÉRÉCOURT,

Ce livre vous appartient, mon ami, puisque l'idée première me vient de vous, ou du moins à cause de vous, sans que vous vous en doutiez : à ce titre, j'attache beaucoup de prix à cet ouvrage ; et comme je le crois d'une nature durable, fondé qu'il est sur une étude approfondie du point le plus curieux de l'histoire moderne, je le choisis comme un monument de marbre, où mon amitié veut inscrire votre nom couronné par cinquante victoires dramatiques, immortelles dans les fastes de notre théâtre !

Mais ce n'est pas au dramaturge, surnommé le *Cor-*

neille des boulevarts par Charles Nodier, c'est au bibliophile que j'adresse ici un témoignage public de mon vieil attachement.

Voici un livre fait avec des livres, et souvent avec ceux de votre bibliothèque, malgré la devise fondamentale écrite sur la porte de ce panthéon dédié aux illustrations et aux raretés bibliographiques :

> Tel est le triste sort de tout livre prêté :
> Souvent il est perdu, toujours il est gâté.

Eh bien! mon ami, je veux, en vous renvoyant les volumes que vous avez confiés à ma tendre sollicitude, y ajouter celui-ci qui en est tiré comme Ève de la côte d'Adam. Je serai assez récompensé, si vous recevez cet intrus dans la famille dont il est issu en ligne plus ou moins directe, si vous lui faites fête ainsi qu'à un enfant de la maison, si vous lui donnez place dans votre catalogue tout plein de hauts et puissans seigneurs littéraires, si vous l'habillez de maroquin ou de cuir de Russie, si vous le dorez sur toutes les coutures, ainsi qu'un chambellan de l'Empire.

L'origine de cet ouvrage vous intéressera peut-être plus que l'ouvrage même, dans lequel vous retrouverez *excerpta poetæ membra*, de même que dans la marmite où Médée fit bouillir le vieux père de Jason, coupé par morceaux, afin de le rajeunir. N'est-ce pas la manière de composer des livres nouveaux avec des livres anciens, concassés et passés à l'alambic ? Le grand système de la vie universelle peut s'appliquer à toutes les créations de la plume : une tragédie morte et lugubre se reproduit en comédie vive et rieuse ; bien plus, on fabrique, selon l'ordonnance, des extraits, des décoctions, des mélanges de livres, assez agréables au goût, et fort propres à servir de remède caustique contre l'ennui. La tâche du manipulateur se borne à choisir, à résumer, à comparer, à morceler ; on respecte le fonds en changeant la forme ; on renouvelle la forme en conservant le fonds ; on ressuscite ou l'on galvanise des cadavres ; cela se nommait autrefois tirer de l'or du fumier d'Ennius. Les procédés intellectuels de notre temps ne sont pas moins ingénieux que les procédés matériels employés par la science et l'industrie : on est bien parvenu à faire d'excellent bouillon économique avec des ossemens humains à demi putréfiés, qui ne comptaient pas moins de cinq siècles ! *O tempora, o mores !*

Par un de ces soleils caniculaires que les bibliophiles seuls osent supporter en face, sans craindre une fièvre cérébrale ou une ophthalmie, je me promenais sur le quai Voltaire, en flairant le veau et le mouton rôtis et calcinés par une chaleur de vingt-cinq degrés Réaumur. Je n'y prenais pas garde, quoique ma chemise fût collée à mon dos qui attirait tous les rayons solaires sur son arête culminante ; car ma tête, plongée dans les boîtes poudreuses des bouquinistes, descendait au niveau de la poitrine, et s'abritait à l'ombre de mon corps. Je cherchais, parmi des tas de brochures insignifiantes, quelqu'un de ces petits pamphlets anonymes que la révolution éparpillait sur le sol de la liberté, et que vous recueillez soigneusement, à l'instar des feuilles de chêne qui s'envolaient de l'antre de la sybille. Mon bonheur, à moi, c'est de découvrir une de ces pièces historiques, satiriques, théâtrales ou licencieuses, pour l'apporter en tribut à votre précieuse collection révolutionnaire, et pour remplir un des portefeuilles noirs, ornés d'une tête de mort blanche, monument terrible et philosophique, où vous rassemblez les débris de la gaîté française de 93. Mais cette collection est si complète, que mes plus rares captures vous sont trop souvent inutiles, et que là où je crois combler un vide, je trouve une montagne de documens singuliers que je ne soupçonnais pas même existans : votre richesse, qui m'étonne, accroît mon émulation, et je m'en vais, plus persévérant et plus attentif, fureter tout le vieux papier imprimé qu'on enlève des greniers pour le vendre à la livre et l'étaler aux yeux des passans sur les parapets de la rivière.

J'étais arrivé devant l'étalage du père P..., que nous connaissons tous, nous autres coureurs de bonnes fortunes en matière de bouquins : le père P... n'est pas de la force de Techner ni de Crozet, je l'avoue ; il ne sait parler ni éditions, ni reliures, ni bibliotechnie, ni bibliologie, ni bibliuguiancie ; il toucherait cent fois un elzevier non rogné, sans le distinguer des almanachs liégeois du siècle dernier ; il ne mettrait aucune différence de prix entre un almanach royal, en maroquin rouge, et un *alde* revêtu de la livrée magnifique de Jean Groslier, avec l'inscription célèbre : *Jo. Grolierii et amicorum.* Aussi les amateurs lui ont-ils voué une reconnaissance éternelle, à cause des excellens marchés faits aux dépens de ce brave homme, qui ne s'en plaint jamais, et qui n'élève pas même ses prétentions le lendemain du jour où il a vendu pour quelques sous un bouquin rare et précieux ; car les livres n'ont à ses yeux qu'une valeur relative au format et au poids du papier : tout in-folio est estimé trois francs ; tout in-quarto trente sous ; tout in-octavo vingt sous ; tout in-douze cinquante centimes. Voilà le tarif dont il ne se départ pas, et qui lui évite la peine de lire les titres des ouvrages qu'il débite en plein air.

Cependant ce Diogène de la bouquinerie n'est pas, comme ses confrères, un ignorant en long et en large ; il a, au contraire, un savoir particulier qu'il doit aux circonstances, et qui étonnerait un bibliographe de la révolution. Feu M. Barbier eût sans doute ajouté un volume à son excellent *Dictionnaire des Anonymes*, s'il avait découvert cette source vivante de faits et d'anecdotes concernant l'histoire et la littérature de la fin du dernier siècle. N'interrogez pas le père P... sur les événemens et les livres antérieurs à 1770 : il croirait que vous parlez grec ; mais à partir de cette époque jusqu'à la restauration, vous imagineriez, à l'entendre, que la bibliothèque révolutionnaire de M. Deschiens s'est infiltrée tout entière et toute cataloguée dans la cervelle de ce fantastique personnage. On supposerait qu'il a été pendant quarante ans initié aux secrets de la librairie et du journalisme ; bien plus, il vous nommera l'auteur de tel journal aristocrate, de tel pamphlet terroriste, de telle affiche républicaine ; il vous racontera une foule de traits originaux qu'on dirait recueillis dans le cabinet du lieutenant de police Sartines ou Lenoir, pour amuser les après-soupers de Louis XV.

Où donc le vendeur de bouquins a-t-il fait cette curieuse moisson de noms propres et de dates? je n'en sais rien, s'il le sait : il a vécu, il a vu, il s'est souvenu. Sa mémoire allait ramassant tout ce que lui offrit le panorama de la république, et devenait, pour ainsi dire, une table exacte et détaillée du *Moniteur*. Etait-il conventionnel? point ; libelliste? point; membre de la commune de Paris? point ; maratiste, dantoniste, robespierriste, thermidoriste? à d'autres, bon Dieu! il fut, selon M. Boulard, qui l'avait rencontré bien à propos pour échapper au sanglant *hors la loi*, simple soldat réquisitionnaire, et pourtant il eut des rapports intimes avec les chefs du gouvernement, depuis Necker jusqu'à Talien ; il se servit du crédit qu'il avait alors pour sauver différentes personnes qui existent encore, riches et puissantes, mais vers lesquelles se tendrait vainement la main qui les arracha aux septembriseurs. Cet étrange étalagiste, dont le visage bronzé, la physionomie rébarbative et la voix rude rappellent certains portraits terribles de ses contemporains, supporte patiemment l'oubli des hommes, la pauvreté, le froid et la chaleur : je l'ai pris long-temps pour un frère de Mirabeau, tant il y a de ressemblance entre eux. En tout cas, fussent-ils du même sang, le bouquiniste méprise beaucoup l'orateur qu'il accuse de trahison et de vénalité.

— Avez-vous du nouveau, père P...? lui dis-je en parcourant de l'œil les étiquettes des volumes, espèce d'hiéroglyphes qu'on devine à force d'habitude, en dépit des capricieuses abréviations du relieur et des outrages du hâle, qui dévore en huit jours la plus riche dorure de Hering.

— J'ai là de la révolution, répondit-il en me montrant un paquet de brochures qu'il n'avait pas encore déployées. C'est un cadeau de M..., de la convention; il a quatre-vingt-six ans, il quitte Paris pour se retirer en province, et, au lieu de vendre son vieux papier, il me l'a donné à condition que je l'en débarrasserais tout de suite.

— Je ne veux rien sur la révolution, par malheur.

— Vous avez tort; il y a du bon là-dedans.

— Plus tard, je formerai une bibliothèque spéciale pour ce temps si fécond en imprimés de toute espèce; j'attendrai seulement que mon propriétaire veuille ajouter deux ou trois chambres à mon appartement pour y loger ma révolution.

— Deux ou trois chambres? il en faudrait bien dix au moins, si l'on réunissait tout ce qui a été écrit depuis 89.

— Mais voyons la défroque de votre conventionnel: je suis fondé de pouvoir de mon ami Guilbert de Pixérécourt qui rassemble la partie gaie de la révolution.

— La partie gaie! répliqua-t-il avec une grimace de chat-tigre: ça prouve en effet que le Français est né malin.

— Cherchez-moi quelque drôlerie?

— Tenez, voici un pamphlet payé par d'Orléans à Brissot de Warville: ce n'est pas commun.

— *Essais historiques sur la vie de Marie-Antoinette*

d'Autriche, reine de France, pour servir à l'histoire de cette princesse, Londres, 1789.

— Lisez plutôt : imprimé à Paris, chez Lerouge, si je ne me trompe.

— Comment avez-vous appris ces détails?

— Prenez-les, ne les prenez pas : ils sont authentiques, et vous pourriez questionner là-dessus quelqu'un qui ne me démentira pas.

— Qui donc?

— M. L..., graveur au Palais-Royal : il était attaché au cabinet secret de M. le lieutenant de police, et il accompagna Brissot à la Bastille, quand une lettre de cachet suivit la publication clandestine de cette odieuse satire.

— Eh! vous dites que Philippe d'Orléans ne fut pas étranger à ce libelle?

— On l'a dit, mais je ne vous nommerai pas mes autorités.

— Au reste, j'ajoute aisément foi à vos paroles ; car en cette crise épouvantable de la société, tous les partis employaient les mêmes armes, l'injure et la calomnie. Le duc d'Orléans n'était pas plus épargné par la cour, qui trempait la plume de Monjoye dans le venin du mensonge pour empoisonner la réputation de ses adversaires.

— C'est vrai. Voulez-vous du *Masque de Fer*?

— Grande découverte!... *l'Homme au Masque de Fer dévoilé*! Qu'est-ce que cette facétie?

— Je ne me rappelle plus l'auteur de cette feuille volante, qu'on a crié dans les rues pendant tout le mois d'août

89 ; on en a vendu plus de cent mille exemplaires à deux sous.

— Ces sept pages d'impression auront produit à l'auteur plus de bénéfice que je n'en tirerai jamais de mon meilleur ouvrage.

— Oui dà, on gagnait gros à faire des papiers publics : c'était Grangé, imprimeur, rue de la Parcheminerie, qui avait la haute main dans ce commerce.

— Mais qu'avait-on découvert ?

— Que l'Homme au Masque de Fer n'était autre que le surintendant Fouquet.

— Peste ! qu'est-ce qui avait découvert cela ? Grangé, imprimeur, rue de la Parcheminerie ?

— Non, peut-être ce sournois de Brissot qui avait mis le nez dans les archives de la Bastille, et qui, dans les *Loisirs d'un Patriote français*...

— Son journal s'intitulait simplement *le Patriote français*.

— Son journal, d'accord ; mais il imagina d'annoncer la petite pièce en même temps que la grande, et il publia un autre recueil dont les trente-six livraisons parues composent un volume sous ce titre : *Loisirs d'un Patriote français*.

— Eh bien ! occupa-t-il ses loisirs à chercher ce que pouvait être le *Masque de Fer ?*

— M. Brissot visita soigneusement la chambre que le prisonnier avait habitée dans la tour de la Bertaudière.

— M. Brissot était si crédule, qu'il se persuada peut-être avoir vu le fantôme de cet inconnu ?

— Comme je me trouvais en surveillance à la Bastille, pour qu'on n'enlevât aucun objet pendant la démolition, je rencontrai Brissot à qui l'on avait remis une carte ramassée dans la cour ; je le menai dans la troisième chambre de la Bertaudière, et lorsqu'il eut passé en revue tous les coins et recoins de cette prison, il se frotta les mains en répétant avec joie : C'est lui ! c'est Fouquet !

— Qu'est-ce qui l'engageait à établir cette opinion ?

— Des vers écrits avec la pointe d'un couteau sur la serrure et les verrous de la porte.

— Des vers ! le *Masque de Fer* était donc un poète ?

— Je ne les ai pas retenus tous par cœur, mais vous jugerez qu'ils étaient assez jolis :

Oronte est à présent un objet de clémence :
S'il a cru les conseils d'une aveugle puissance,
Il est assez puni par son sort rigoureux,
Et c'est être innocent que d'être malheureux !

— L'élégie des *Nymphes de Vaux* ! m'écriai-je : ce sont des vers de La Fontaine !

— La Fontaine ! reprit le vieillard entiché de ses souvenirs républicains. Serait-ce Georges-Antoine Lafontaine qui fut dénoncé en l'an Ier à la commune de Paris, pour avoir fait contribuer des citoyens, sous prétexte de les mettre à l'abri de la loi des suspects ?

— Eh ! non, c'est le bon La Fontaine ! dis-je, frappé de l'induction qui ressortait naturellement de l'existence de ces vers dans la prison du *Masque de Fer*.

— Ce doit être un Lafontaine qui fut nommé commissaire de la trésorerie, à la place du citoyen Huber?

— Non! non! c'est le fabuliste.

— Le fabuliste! en effet, par un arrêté du directoire, de l'an VII, les restes de ce Jean La Fontaine furent déposés au Musée des Monumens français.

Je quittai si précipitamment mon bouquiniste, que j'oubliai de lui payer les deux brochures que j'achetais pour vous; mais j'emportais à la fois un document qui devait faire la base du système que j'essayai depuis de fonder sur le *Masque de Fer*. Il me semblait que le voile qui cachait la vérité venait de se déchirer devant moi, et toutes les études que j'avais faites du siècle de Louis XIV convergeaient en un point pour y jeter la lumière de la critique. Dès lors, mon œuvre commença; je l'achevai pierre à pierre, entassant note sur note, preuve sur preuve. Avant de descendre dans la lice contre mes devanciers, je m'armai de dates, je m'en formai une armure impénétrable, et je combattis avec la certitude de mon bon droit.

Ce fut sous vos regards et dans votre bibliothèque, mon digne ami, que ce tournoi a eu lieu; ce sont vos livres qui m'ont fourni des armes offensives et défensives. Soyez à présent le juge du camp, et déclarez si la victoire m'est restée, ou bien si elle est encore indécise. Enfin, je regarde mon entreprise comme la dernière qui sera tentée pour arriver à la connaissance de ce grand mystère historique, et nous serons forcés de recourir au hasard d'une gageure, dans le cas où vous voudriez soutenir, contre mon avis, que le *Masque de Fer* était le duc de Beaufort, ou le duc de Montmouth, ou le comte de Vermandois, ou le frère de Louis XIV, ou le secrétaire du duc de Mantoue; je choisirai dans votre incomparable collection l'enjeu du pari : soit votre *Rapin de Thoyras*, en grand papier de Hollande, avec reliure de Padeloup; soit votre *Sagesse* de Charron, le plus parfait de tous les exemplaires connus; soit vos *Heures* de Mlle de La Vallière, écrites par le célèbre calligraphe Jarry; soit votre *Régnier*, édition d'Elzevier, broché!!! soit votre *Chevalier aux Dames*, qui souvent m'empêche de dormir; soit votre lettre autographe de La Fontaine; soit votre *Registre de la Bastille*, autographe de 1705 à 1752, soit quelque autre trésor de ce cabinet qui fait l'envie et le désespoir de la Société des Bibliophiles français. Mais qu'est-ce qui décidera le pari? Louis XIV, Louvois ou Saint-Mars?

Ah! mon ami, revenez vite en santé, reprenez votre verve de jeune homme, votre feu sacré de bibliophile, et recommençons à nous disputer sur la hauteur des marges d'un Elzevier, sur les fers d'une reliure, sur le mérite d'une édition, sur l'authenticité d'un autographe, sur la valeur réelle ou idéale d'un volume, sur une gravure avant toute lettre, sur un carton supprimé par la censure, sur l'importance bibliographique du *Cochon mitré* ou de la *Sauce au verjus*, mais non jamais sur notre égale et inviolable amitié.

PAUL L. JACOB,
Bibliophile.

L'HOMME
AU
MASQUE DE FER.

PREMIÈRE PARTIE [1].

Ce fut en 1745 que transpira, pour la première fois, dans le public, l'histoire mystérieuse et terrible du *Masque de Fer* : jusque-là, les prisons d'é-

---

[1] Un extrait de cette Histoire a été publié dans la *Revue de Paris*, mais la forme de ce recueil ne permettait pas de donner place aux développemens les plus curieux, et la rapidité de l'impression a laissé échapper à l'auteur un grand nombre de fautes qui dénaturent son travail.

tat, où cet inconnu subit une captivité si extraordinaire pendant de longues années, avaient bien gardé leur secret, et à peine une tradition, vague et obscure comme le fait lui-même, avait-elle survécu au passage du prisonnier masqué à Pignerol, à Exilles, aux îles Sainte-Marguerite et à la Bastille.

En 1745, la compagnie des libraires associés d'Amsterdam publia un volume in-12 intitulé : *Mémoires secrets pour servir à l'histoire de Perse*, sans nom d'auteur. C'était une histoire galante et politique de la cour de France, sous des noms imaginaires, depuis la mort de Louis XIV. Ce livre, écrit avec élégance et facilité, ne renfermait guère que des faits déjà connus et narrés ailleurs avec moins de déguisemens; cependant ce livre eut une telle vogue en Hollande, et surtout en France, qu'on le réimprima la même année (in-16, format elzevier), et qu'on en fit, l'année suivante, une nouvelle édition in-18, avec des *augmentations*[1] qui paraissent

---

[1] « Cette édition, dit l'Avis des libraires, est corrigée et augmentée de plusieurs portraits intéressans et qui sont touchés *avec la même force que ceux qui ont mérité les suffrages des connaisseurs.* » Ces portraits furent jugés en effet si ressemblans et si bien tracés, que Mouffle d'Angerville en a copié quelques-uns dans la *Vie privée de Louis XV*, Londres, 1788, 4 vol. in-12.

interpolées par une main étrangère, et avec une *Clef* aussi fautive qu'incomplète, qui sans doute ne fut pas rédigée par l'auteur de l'ouvrage. Une anecdote vraiment extraordinaire, qu'on trouve dans ces Mémoires, semble avoir été la principale cause du bruit qu'ils firent à leur apparition.

« N'ayant d'autre dessein, disait l'auteur (p. 20 de la 2ᵉ édition), que de raconter des *choses ignorées, ou qui n'ont point été écrites, ou qu'il est impossible de taire,* nous allons passer à un fait *peu connu* qui concerne le prince *Giafer* (Louis de Bourbon, comte de Vermandois, fils de Louis XIV et de mademoiselle de La Vallière), qu'*Ali Homajou* (le duc d'Orléans, régent) alla visiter dans la forteresse d'*Ispahan* (la Bastille), où il était prisonnier depuis *plusieurs* années. Cette visite n'eut vraisemblablement point d'autre motif que de s'assurer de l'existence d'un prince cru mort de la peste depuis plus de trente-huit ans, et dont les obsèques s'étaient faites à la vue de toute une armée. »

Voici maintenant la relation de ce que l'auteur *persan* nomme un *trait d'histoire* :

Cha-Abas (Louis XIV) avait un fils légitime, *Sephi-Mirza* (Louis, dauphin de France), et un fils naturel, *Giafer* : ces deux princes, différens de caractère comme de naissance, étaient toujours en querelle et en rivalité. Un jour, *Giafer* s'oublia au point de donner un soufflet à *Sephi-Mirza*. *Cha-Abas*, informé de l'outrage qu'avait reçu l'héritier de sa couronne, assemble ses conseillers les plus intimes, et leur expose la conduite du coupable qui doit être puni de mort, selon les lois du pays; mais un des ministres, *plus sensible que les autres à l'affliction de Cha-Abas*, imagine d'envoyer *Giafer* à l'armée, qui était alors sur les frontières du côté du *Feldran* (la Flandre), de le faire passer pour mort, peu de jours après son arrivée, et de le transférer de nuit, avec le plus grand secret, dans la citadelle de l'île d'*Ormus* (les îles Sainte-Marguerite !), pendant qu'on célébrerait ses obsèques aux yeux de l'armée, et de le retenir dans une prison perpétuelle.

Cet avis prévalut et fut exécuté par l'entremise de *gens fidèles et discrets*, de telle sorte que le

---

[1] Il est remarquable que la *Clef* de 1746 ne dit pas ce qu'on doit entendre par *l'île d'Ormus*; cette omission prouve que l'auteur de cette clef et des additions n'est pas l'auteur des Mémoires. Prosper Marchand crut reconnaître le *Havre-de-Grâce* dans *l'île d'Ormus* : il relève à ce sujet l'erreur d'une autre clef que nous n'avons pas vue, dans laquelle on interprétait la citadelle d'Ormus par la Bastille de Paris. *Dict. de P. Marchand*, art. Louis de Bourbon.

prince, dont l'armée pleurait la mort prématurée, conduit par des chemins détournés à l'île d'*Ormus*, était remis entre les mains du commandant de cette île, lequel avait reçu d'avance l'ordre de ne laisser voir son prisonnier à qui que ce fût. Un seul domestique, possesseur de ce secret d'état, avait été massacré en route par les gens de l'escorte, qui lui défigurèrent le visage à coups de poignard afin d'empêcher qu'il fût reconnu.

« Le commandant de la citadelle d'Ormus traitait son prisonnier avec le plus profond respect; il le servait lui-même et prenait les plats, à la porte de l'appartement, des mains des cuisiniers, dont aucun n'a jamais vu le visage de *Giafer*. Ce prince s'avisa un jour de graver son nom sur le dos d'une assiette avec la pointe d'un couteau. Un esclave, entre les mains de qui tomba cette assiette, crut faire sa cour en la portant au commandant, et se flatta d'en être récompensé; mais ce malheureux fut trompé, et on s'en défit sur-le-champ, afin d'ensevelir avec cet homme un secret d'une si grande importance. »

Les réflexions que l'auteur entremêle à son récit, et auxquelles on n'a jamais pris garde, sont fort judicieuses et méritent d'être remarquées. Ainsi le meurtre inutile de l'esclave amène ce commentaire, qui révèle en quelque sorte la position personnelle de l'auteur : « Précaution déplacée, puisqu'il est plus vraisemblable, par les faits qu'on vient de rapporter et par ceux qu'on va lire, que *le secret a été mal gardé*, accident très-ordinaire, surtout dans les affaires des grands, qui sont exposés à confier leurs secrets à plusieurs gens, parmi lesquels il s'en trouve toujours d'indiscrets, ou par *tempérament*, ou par des vues d'intérêt, et souvent par haine et par ingratitude ! »

« *Giafer* resta plusieurs années dans la citadelle d'*Ormus*, disent les Mémoires. On ne la lui fit quitter, pour le transférer dans celle d'*Ispahan*, que lorsque *Cha-Abas*, en reconnaissance de la fidélité du commandant, lui donna le gouvernement de celle d'*Ispahan* qui vint à vaquer. »

Ici l'auteur ajoute une observation qui a été souvent faite après lui. « Il était en effet de la prudence de faire suivre *à Giafer* le sort de celui à qui on l'avait confié, et c'eût été agir contre toutes les règles que de se donner un nouveau confident qui aurait pu être moins fidèle et moins exact. »

Les *Mémoires* continuent :

« On prenait la précaution, tant à *Ormus* qu'à *Ispahan*, de faire mettre un masque au prince, lorsque, pour cause de maladie ou pour quelque autre sujet, on était obligé de l'exposer à la vue. Plusieurs personnes dignes de foi ont affirmé avoir vu plus d'une fois ce prisonnier masqué, et ont rapporté qu'il tutoyait le gouverneur, qui au contraire lui rendait des respects infinis. »

L'auteur donne des raisons assez plausibles qui ne permirent pas de ressusciter *Giafer*, lorsque *Cha-Abas* et *Sephi-Mirza* furent morts : « Si l'on demande pourquoi, ayant de beaucoup survécu à *Cha-Abas* et à *Sephi-Mirza*, *Giafer* n'a pas été élargi comme il semble que cela aurait dû être, qu'on fasse attention qu'il n'était pas possible de rétablir dans son état, son rang et ses dignités, un prince dont le tombeau existait encore, et des obsèques duquel il y avait non seulement des témoins, mais des preuves par écrit, dont, quelque chose qu'on pût imaginer, on n'aurait pas détruit l'authenticité dans l'esprit des peuples encore persuadés aujourd'hui que *Giafer* est mort de la peste au camp de l'armée du *Feldran*. *Ali-Homajou* mourut peu de temps après la visite qu'il fit à *Giafer*. » Ce dernier aurait donc été encore vivant vers 1723, année de la mort du duc d'Orléans.

Tel fut le fondement de la plupart des versions

qui circulèrent depuis sur l'aventure du prisonnier masqué. Ce sujet devint aussitôt l'aliment des controverses historiques, et dès lors, quelques critiques distingués adoptèrent, sans hésiter, le témoignage des *Mémoires de la cour de Perse*, qui semblaient d'accord avec les mémoires authentiques du règne de Louis XIV, sur diverses particularités de cette anecdote singulière.

Le comte de Vermandois partit en effet pour l'armée de Flandre, peu de temps après avoir reparu à la cour, dont le roi l'avait exilé, parce qu'*il s'était trouvé dans des débauches* avec plusieurs gentilshommes; or, *le roi*, dit mademoiselle de Montpensier[1], *n'avait pas été content de sa conduite et ne le voulait point voir*. Le jeune prince, qui donna par là *beaucoup de chagrin* à sa mère, et qui *fut si bien prêché qu'on croyait qu'il se fût fait un fort honnête homme*, ne resta que quatre jours à la cour pour prendre congé, arriva au camp devant Courtray au commencement du mois de novembre 1683, se trouva mal le 12 au soir et mourut le 19 d'un fièvre maligne (les *Mémoires de Perse* en font la peste, *afin*, disent-ils, *d'effrayer et d'écarter tous ceux qui auraient*

---

[1] *Mémoires de Mlle de Montpensier*, dans la *Collection des Mém. relatifs à l'histoire de France*, publiée par Petitot, 2ᵉ série, t. 43, p. 474.

envie de le voir). Mademoiselle de Montpensier dit que le comte de Vermandois *tomba malade d'avoir bu trop d'eau-de-vie*, ce qui prouverait assez qu'il n'était pas corrigé de ses mauvaises habitudes, malgré la vie retirée qu'il menait à Paris auparavant, lorsque, *ne sortant que pour aller à l'Académie et le matin à la messe*, il avait, par son repentir, apaisé la colère du roi.

La probabilité d'un enlèvement du jeune débauché, sur des ordres secrets de Louis XIV, fut niée avec conviction, sinon avec talent, par le baron de C... (Crunyngen, selon P. Marchand; mais, à notre avis, c'est un pseudonyme) qui, dans une lettre écrite à un de ses amis et insérée dans la *Bibliothèque raisonnée des ouvrages des savans de l'Europe*, numéro du mois de juin 1745, mit l'aventure du prisonnier masqué au rang *des bruits populaires et des anecdotes romanesques et absurdes, dans lesquelles la vraisemblance même n'est pas observée.*

Cependant le baron de Crunyngen avoue que les *Mémoires de Perse* avaient *excité la curiosité du public*, à cause *des portraits assez ressemblans et crayonnés avec des traits hardis.* « L'auteur est sagement resté derrière le rideau, dit-il, et fera bien de s'y tenir : à son style et à ses sentimens, on voit qu'il est Français de naissance ; cependant M. de la C... (Armand de la Chapelle) pense que personne à Paris ne le connaît. » On remarque surtout dans cette lettre une phrase qui donne à réfléchir sur l'auteur du livre et de la lettre : « Le célèbre M. de V... assure que parmi beaucoup de vrai, il y a plus de faux encore dans cet ouvrage.» N'est-il pas au moins singulier que l'opinion de Voltaire soit invoquée ici, peu de mois après la publication des *Mémoires de Perse*, et que huit ans plus tard Voltaire parle de ces *Mémoires* à peu près dans des termes semblables, en soutenant toujours que personne avant lui n'avait publié l'anecdote du *Masque de fer*?

Le *Journal des Savans*, qu'on réimprimait en Hollande avec des additions extraites la plupart des *Mémoires de Trévoux*, ne demeura pas étranger à cette discussion qui manquait encore de documens certains : un M. de W... dans une lettre adressée à M. de G... (initiales supposées sans doute), et ajoutée au mois de juillet, p. 348 de l'édition d'Amsterdam, s'appuya encore du nom de Voltaire et d'une prétendue lettre de cet écrivain célèbre, pour réfuter l'opinion du baron de Crunyngen et pour défendre la valeur historique de l'anecdote des *Mémoires de Perse*. Suivant ce M. de W..., Voltaire aurait dit, dans cette lettre, qu'il *savait à fond* l'histoire du prisonnier au masque de fer, *ce que généralement on a cru désigner M. de Vermandois*. M. de W..., dans sa lettre au *Journal des Savans*, qu'on pourrait attribuer à Voltaire lui-même, si elle était d'un meilleur style, ajoute qu'il connaît *quelqu'un* (Voltaire sans doute) « qui a assuré avoir lu un manuscrit intitulé *le Prisonnier masqué;* que plusieurs de ses traits sont bien semblables à l'histoire de *Giafer;* que ce manuscrit avait été sur le point d'être rendu public; mais que des ordres supérieurs et des menaces effrayantes en avaient empêché, parce que c'était précisément l'histoire du prince de Vermandois. »

La lettre de Voltaire à l'abbé D..., que citait M. W... dans la sienne, non seulement n'était ni *publique*, ni imprimée, mais encore n'avait jamais existé, et l'annonce de ce manuscrit, qui devait dévoiler le mystère de l'homme au masque, produisit un détestable roman du chevalier de Mouhy, sous le titre du *Masque de fer, ou les Aventures admirables du père et du fils*, imprimé sans nom d'auteur à La Haye en 1746, chez Pierre de Hondt, et formant six petites parties in-12. Ce fut là probablement ce qui donna lieu au surnom de *Masque de fer*, forgé par l'imaginative du chevalier de Mouhy, espèce de spadassin plumitif aux gages de Voltaire, et scribe non moins fécond que son maître.

Ce roman est un imbroglio espagnol qui ne manque pas d'imagination, mais dont le style surpasse en barbarie tout ce que le chevalier de Mouhy a écrit; le sujet ne se rapporte nullement à l'anecdote des *Mémoires de Perse* : Don Pèdre de Cristaval, vice-roi de Catalogne, est marié secrètement avec la sœur du roi de Castille; ce roi s'introduit une nuit dans l'appartement où sont couchés les deux époux : « Il s'était muni, raconte l'auteur, de deux masques, en partant de sa cour, dont les serrures étaient faites avec tant d'art qu'il était impossible de les ouvrir, ni que le visage qu'ils renfermaient pût jamais être vu sans qu'on arrachât la vie à ceux à qui ils devaient être mis : il en couvrit le visage de don Pèdre et de sa sœur, et après les avoir fermés selon le secret qu'il possédait seul, il fit appeler ses officiers. » C'est dans ce style monstrueux que sont narrées les aventures de ces époux masqués et de leurs enfans : « Leur fille était belle comme le jour, excepté qu'elle avait un masque parfaitement dessiné sur la poitrine et ressemblant à celui de don Pèdre. » Malgré ces burlesques sottises, ce roman fut mis à l'index en France, à cause de son titre, et on le rechercha beaucoup, parce qu'on le connaissait peu [1].

L'*avertissement* est plus curieux que le livre : l'auteur suppose avoir trouvé, dans un coffre nageant sur l'eau, près du Pont-Neuf, le manuscrit qu'il publie d'après le texte espagnol, et voici comment il explique le mystère qui couvrait la tradition sur laquelle il a fondé son roman : « L'histoire du *Masque de Fer* contient des faits si extraordinaires, que ce n'est pas sans raison qu'on désirerait de connaître les personnages qui y sont dépein*tes*. Il y a lieu de croire qu'on n'est privé de cette connaissance que parce que nous vivons dans un siècle dont la politesse ne permet pas de faire assez d'honneur au despotisme et à la tyrannie pour nommer ceux qui en ont fait usage. » Après ce beau raisonnement, le chevalier de Mouhy ne cite pas moins de quatre *masques de fer*, en Turquie, en Ecosse, en Espagne et en Suède. Celui qu'il place dans le château des Sept-Tours, à Constantinople, était le frère d'un empereur turc qui, pour empêcher que la douleur et la majesté empreintes sur les traits du prisonnier ne séduisissent ses gardes, « lui couvrit le visage d'un

---

[1] Cet ouvrage est très-rare ; la Bibliothèque du roi n'en a qu'un exemplaire provenant de la Bibliothèque particulière de Choisy-le-Roi, lequel n'a pu être classé parmi les romans inscrits au Catalogue imprimé en 1750.

masque de fer fabriqué et trempé de telle sorte qu'il n'était pas possible au plus habile ouvrier de parvenir à le rompre ni à l'ouvrir. » On voit dans ce conte le germe du système qui fit plus tard de l'homme au masque un frère aîné de Louis XIV.

M. de W... trouva un adversaire plus redoutable que le baron de Crunyngen dans le savant bibliographe Prosper Marchand, qui envoya un prétendu extrait d'une lettre datée de Paris, du 30 décembre 1745, à la *Bibliothèque française* (t. 42, p. 362), pour convaincre d'erreur, et même d'ignorance, l'auteur de la *Clef* des *Mémoires de Perse*, lequel avait fait un *duc* du *comte* de Vermandois, faute commise aussi par des historiens contemporains. P. Marchand, qui pensa que *le merveilleux de cette anecdote la rendait très-propre à être avidement adoptée par beaucoup de petits esprits*, s'abstint pourtant de juger le point en litige, en avouant qu'il n'avait point de *lumières suffisantes, quelque voisin qu'il fût des lieux* (il entend sans doute parler de la Bastille, puisqu'il date sa lettre de Paris) *où la scène s'était passée* [1].

On voit, à ces répliques qui se suivirent de près,

---

[1] P. Marchand a reproduit son article avec des additions dans son Dictionnaire historique, à l'article *Louis de Bourbon*.

combien la révélation faite par des mémoires anonymes et satiriques avait ému la curiosité et préoccupait déjà les esprits.

Mais quel était l'auteur de ces *Mémoires ?* Pourquoi se cacha-t-il obstinément, malgré le succès de son livre ?

Serait-ce, selon l'opinion commune, le chevalier de Resseguier [1] qui fut mis à la Bastille vers cette époque ? Mais le motif de son emprisonnement est mentionné sur les registres de la Bastille : on sait qu'il avait composé des vers contre madame de Pompadour.

Ne serait-ce point, comme madame Du Hausset l'a consigné dans une lettre inédite, cette madame de Vieux-Maisons, *une des femmes les plus méchantes de son temps*, qui prenait Crébillon fils pour éditeur responsable ? Mais Crébillon fils, qui plaçait volontiers en Perse les aventures licencieuses de ses romans, et qui publia même, en 1746, les *Amours de Zéokinisul, roi des Kofirans* (Louis XV, roi des Français), attribués aussi à madame de Vieux-Maisons, ne se ris-

---

[1] Fevret de Fontette, qui avait dit à propos des *Mémoires de Perse* dans le t. 2 de la *Bibliothèque historique de la France* : « L'auteur de cet ouvrage est le chevalier de *Reseillé*, » mit cette correction dans le t. 4, p. 424 : « Ces Mémoires sont attribués au chevalier Reysseyguier, de Toulouse, officier aux gardes ; mais il n'est pas sûr qu'il en soit l'auteur. »

quait pas dans la haute satire politique, et se bornait à des récits galans fort goûtés à la cour.

Serait-ce plutôt un nommé Pecquet, commis au bureau des Affaires étrangères, embastillé, dit-on, à cause de cet ouvrage ? Mais le livre pénétrait en France, sans doute par l'entremise des secrétaires d'ambassade qui faisaient le commerce des livres défendus, et un seul exemplaire saisi dans les mains de Pecquet avait pu suffire pour motiver contre lui une lettre de cachet.

Serait-ce enfin le duc de Nivernais, qui se reposait alors de ses campagnes en composant des fables dans la compagnie de Voltaire et de Montesquieu ? Mais le duc de Nivernais a eu grand soin de recueillir tout ce qu'il a écrit dans une édition de ses œuvres (Paris, 1796, 8 vol. in-8°), faite dans un temps où la censure, qui avait poursuivi les *Mémoires de Perse*, n'était plus là pour le forcer à l'anonyme ; d'ailleurs, cette histoire allégorique ne présente aucun point d'analogie avec les habitudes littéraires de Nivernais, poète délicat, écrivain spirituel, mais faible, timide, et dépourvu d'invention.

Les preuves font donc faute dans cette déclaration de paternité problématique, et M. Barbier, en offrant plusieurs conjectures à ce sujet dans son *Dic-*

tionnaire de *Anonymes* (t. 2, p. 400, seconde édition), n'a point assez motivé sa préférence en faveur de Pecquet par la citation d'une note manuscrite en tête d'un exemplaire qu'il possédait. On sait ce que vaut la garantie d'un faiseur de notes marginales, quand il ne se nomme pas Huet, ou La Monnoye, ou Mercier de Saint-Léger.

Pour moi, je n'avancerai rien de mieux prouvé sur le véritable auteur de ces *Mémoires*, mais aussi ne donnerai-je mon avis que comme une simple présomption : je pense que les *Mémoires de la cour de Perse* doivent appartenir à Voltaire.

On y retrouve le style de ses contes avec plus de négligences, et quelquefois son esprit caustique : « Il ne paraît que trop d'ouvrages pour lesquels on demande grâce, dit l'Avertissement, et ce, avec d'autant plus de raison qu'il n'en est presque point qui méritent qu'on la leur fasse. » L'auteur suppose qu'un de ses amis, Anglais de nation, dans un voyage à Paris, eut communication de *quantité de Mémoires secrets, manuscrits, conservés dans la bibliothèque d'Ali-Couli-Kan, premier secrétaire d'état, seigneur d'un mérite distingué*, et entreprit de traduire une partie de ceux du règne de *Cha-Sephi* (Louis XV) : voilà bien les *Mémoires* inédits que

M. de W... signale dans sa lettre, en invoquant le témoignage de Voltaire, qui n'avait encore rien écrit sur ce sujet; on reconnaît, en outre, le duc de Richelieu dans l'éloge d'*Ali-Couli-Kan*, surtout lorsqu'on se rappelle que Voltaire recueillait alors les matériaux de son *Siècle de Louis XIV*, et consultait les souvenirs du maréchal, son ami et son protecteur.

Dans l'Avertissement, l'auteur annonce avoir traduit de l'anglais ces *Mémoires* : « Je prie le lecteur de considérer que le génie de la langue anglaise est bien différent de celui de la langue française. Celle-ci est plus claire, plus méthodique, mais moins abondante et moins énergique que la langue anglaise. » Voltaire n'a-t-il pas répété vingt fois dans les mêmes termes ce jugement sur les deux langues ?

En outre, Voltaire était en relation d'affaires avec la *Compagnie d'Amsterdam*, depuis le voyage qu'il avait fait en Hollande, dans l'année 1740, pour surveiller l'impression de l'*Anti-Machiavel* du roi de Prusse; ce fut dans cette circonstance qu'il eut à se plaindre d'un libraire hollandais, nommé Vanduren, *le plus insigne fripon de son espèce*, disent les *Mémoires* de Voltaire; il profita de ce voyage pour publier les *Institutions de Physique*, par madame Duchâtelet, avec une préface de sa façon, et ce livre, auquel le chancelier d'Aguesseau avait refusé un privilége du roi, parut chez les mêmes libraires associés qui, cinq ans plus tard, mirent au jour les *Mémoires de Perse.* Le portrait satirique de Voltaire, que l'éditeur ajouta dans la seconde édition, fut peut-être une vengeance de Vanduren, qui aurait trouvé plaisant de se moquer de l'auteur dans son propre ouvrage. Quoi qu'il en soit, ce portrait de *Coja-Sehid* ne peut avoir été tracé par Voltaire qui n'aurait jamais porté un pareil jugement sur lui-même : « Aussi était-il d'un orgueil insoutenable. Les grands, les princes même l'avaient gâté au point qu'il était impertinent avec eux, impudent avec ses égaux et insolent avec ses inférieurs... il avait l'âme basse, le cœur mauvais, le caractère fourbe ; il était envieux, critique mordant, mais peu judicieux, écrivain superficiel, d'un goût médiocre... il était sans amis, et ne méritait pas d'en avoir. Quoique né avec un bien fort honnête, il avait un si grand penchant à l'avarice, qu'il sacrifiait tout, lois, devoirs, honneur, bonne foi, à de légers intérêts. » Ne croit-on pas entendre le libraire qui se venge de l'auteur ? Comment expliquer le silence de Voltaire, à l'égard d'une critique aussi sanglante, lui qui rendait coup pour coup à ses nombreux ennemis, lui qui ne pardonnait pas la moindre attaque contre ses ouvrages, lui qui, en l'année où fut imprimé ce portrait si cruellement ressemblant, s'adressait à Moncrif, lecteur de la reine, pour obtenir la permission de poursuivre le poëte Roi qui avait *comblé la mesure de ses crimes* en répandant un libelle diffamatoire dans lelequel l'Académie était outragée et Voltaire *horriblement déchiré* [1]?

Enfin il est incontestable qu'à l'époque de la publication des *Mémoires de Perse*, Voltaire travaillait sur des matières analogues : il préparait le *Siècle de Louis XIV*, et traitait en contes des sujets orientaux que les *Lettres Persanes* avaient mis à la mode. *Babouc, Memnon, Zadig,* sont contemporains des *Mémoires de Perse*, et Voltaire enviait probablement à Montesquieu la popularité des *Lettres Persanes*.

Mais, me demandera-t-on, pourquoi Voltaire n'a-t-il pas plus tard avoué un ouvrage digne de sa naissance à quelques égards? Si Voltaire eût fait cet aveu, tous les doutes seraient levés, et je n'aurais pas besoin maintenant de chercher à déchirer le

---

[1] *Correspondance générale de Voltaire*, lettre à Moncrif, mars 1746.

voile de l'anonyme sous lequel je crois apercevoir l'auteur du *Siècle de Louis XIV*, ouvrant les voies, pour ainsi dire, à un fait nouveau qu'il voulait tirer de vive force des archives de la Bastille.

Veut-on une pure supposition qui a pourtant de quoi satisfaire la vraisemblance ? Je suppose que le maréchal de Richelieu, possesseur du secret de l'homme au masque, se laissa surprendre par les prières et les adroites manœuvres de Voltaire, qui fut initié, sous la foi du serment, dans ce ténébreux mystère, que possédaient seuls quelques serviteurs intimes de Louis XIV; c'est là du moins ce qu'on peut inférer de ce passage des *Mémoires de Perse*, où il est dit que *le secret a été mal gardé*, et que *les grands sont exposés à confier leurs secrets à plusieurs gens parmi lesquels il s'en trouve toujours d'indiscrets*.

Voltaire, qui était indiscret, n'eut pas plus tôt connaissance de l'énigme, sinon du mot de cette énigme commis à la fidélité de trois ou quatre personnes, qu'il se sentit tourmenté d'un désir immodéré de révéler ce qu'il savait, et peut-être de deviner davantage; mais c'était encourir la vengeance du roi et la haine ou le mépris du duc de Richelieu; d'ailleurs, la Bastille, qui avait si long-temps retenu dans ses entrailles de pierre l'existence et le nom d'un prisonnier d'état, pouvait ensevelir une seconde fois et à jamais l'imprudent écrivain, pour le punir d'avoir ajouté une nouvelle strophe aux *J'ai vu*.

Or, Voltaire trouvait bons tous les moyens capables de faire triompher la vérité et la raison; il ne craignait pas même de recourir au mensonge et de s'affubler d'un déguisement quelconque, avec la certitude d'être reconnu à son style et à son esprit : ainsi, tour à tour il s'intitulait Aaron Mathathaï, Jacques Aimon, Akakia, Akib, Alethès, Alethof, Aletopolis, Alexis, Arty, Aveline, et créait cent autres pseudonymes plus ou moins transparens; ou bien, gardant l'anonyme dans ses ouvrages les plus importans comme dans ses plus minces opuscules, il employait sans cesse les presses clandestines de Hollande.

On comprend qu'il n'ait pas revendiqué l'honneur d'un livre qui aurait pu le brouiller avec ses protecteurs, le maréchal de Richelieu et madame de Pompadour, dans la plus brillante période de sa fortune de courtisan; lorsque les grâces de Louis XV l'arrêtaient à Versailles, lorsqu'il était l'hôte de la reine d'Étioles, lorsqu'il se prosternait devant le soleil de Fontenoy, lorsqu'il étalait avec orgueil ses titres de gentilhomme ordinaire du roi et d'historiographe de France [1] !

Je pense donc que Voltaire a voulu mettre en circulation, par une voie détournée, l'histoire du *Masque de Fer* pour avoir le droit de s'expliquer sur un sujet qu'il n'eût point osé aborder en face, si quelqu'un n'avait pris l'initiative avant lui. Ce *quelqu'un* ne fut autre que lui-même ; par cette tactique, il devint maître de traiter en public un point historique fort singulier, qu'il n'avait pu aborder encore qu'en particulier avec le duc de Richelieu, sous le sceau du secret le plus inviolable. Voltaire ressemblait beaucoup à ce barbier du roi Midas, que la fable nous représente creusant la terre pour se soulager d'un secret confié, et pour répéter dans ce trou : Le roi Midas a des oreilles d'âne ! Voltaire publiait volontiers tout ce qu'il savait, et même souvent ce qu'il ne savait pas, bien différent de Fontenelle qui, la main pleine de vérités, refusait de l'ouvrir. Dès lors, le prisonnier masqué passa en tradition dans le grand monde, et Voltaire fut peut-être autorisé par Richelieu lui-même à confirmer ce fait extraordinaire, au

---

[1] Voyez sa *Correspondance*, notamment la lettre à Vauvenargues, du 3 avril 1745, et les lettres à M. d'Argenson, écrites la même année.

lieu de le démentir. Voilà pourquoi l'auteur des *Mémoires de Perse* ne se dévoila pas.

Six ans après que l'homme au masque eut été signalé à la curiosité des anecdotiers, Voltaire fit paraître, sous le pseudonyme de *M. de Francheville*, le *Siècle de Louis XIV* en deux volumes in-12, *Berlin*, 1751 : on chercha aussitôt dans cet ouvrage, attendu depuis long-temps, quelques détails sur le prisonnier mystérieux qui faisait alors le sujet de tous les entretiens.

Voltaire s'était hasardé enfin à parler de ce prisonnier plus explicitement qu'on n'avait fait jusqu'alors, et à faire entrer dans l'histoire *un événement que tous les historiens ont ignoré*[1]; il assignait une date au commencement de cette captivité : *quelques mois après la mort du cardinal Mazarin* (1661); il donnait le portrait de l'inconnu, qui était, selon lui, *d'une taille au-dessus de l'ordinaire, jeune et de la figure la plus belle et la plus noble, admirablement bien fait,* ayant *la peau un peu brune, et qui intéressait par le seul son de sa voix, ne se plaignant jamais de son état, et ne laissant point entrevoir ce qu'il pouvait être;* il n'oublia pas de

---

[1] T. 2, p. 11, de la première édition. Cette anecdote, dans toutes les éditions, se trouve au chapitre 25 de l'ouvrage.

décrire *le masque dont la mentonnière avait des ressorts d'acier, qui laissaient au prisonnier la liberté de manger avec ce masque sur son visage;* enfin il fixa l'époque de la mort de cet homme, *enterré,* disait-il, *en* 1704, *la nuit, à la paroisse Saint-Paul.*

Le récit de Voltaire reproduisait les principales circonstances de celui des *Mémoires de Perse,* hormis le roman qui amène dans ce livre l'emprisonnement de *Giafer* : Quand ce prisonnier fut envoyé à l'île Sainte-Marguerite, à la Bastille, sous la garde de Saint-Mars, *officier de confiance,* il portait son masque dans la route; « on avait ordre de le tuer s'il se découvrait; le marquis de Louvois alla le voir dans cette île, et lui parla debout et avec une considération qui tenait du respect; il fut mené en 1690 à la Bastille où il fut logé aussi bien qu'on peut l'être dans ce château; on ne lui refusait rien de ce qu'il demandait; son plus grand goût était pour le linge d'une finesse extraordinaire et pour les dentelles; il jouait de la guitare; on lui faisait la plus grande chère, et le gouverneur s'asseyait rarement devant lui. » On voit que Voltaire avait emprunté une partie de ces détails, et souvent les expressions même, aux *Mémoires de Perse,* sans s'approprier encore l'aventure dramatique du plat d'argent; il déclara en outre que plusieurs particularités lui avaient été fournies par M. de Bernaville, successeur de Saint-Mars, et par *un vieux médecin de la Bastille*, qui avait soigné le prisonnier dans ses maladies, et n'avait jamais vu son visage, *quoiqu'il eût souvent examiné sa langue et le reste de son corps*. Il raconta que *M. de Chamillard fut le dernier ministre qui eût cet étrange secret*, et que son gendre, le maréchal de La Feuillade, l'ayant conjuré *à genoux* de lui apprendre *ce que c'était que le Masque de Fer*, Chamillard mourant (1721) répondit qu'il avait fait serment de ne révéler jamais ce secret d'état. A ces détails certifiés par le duc de La Feuillade, Voltaire joignait une réflexion bien remarquable : « Ce qui redouble l'étonnement, c'est que, QUAND ON ENVOYA CET INCONNU DANS L'ILE SAINTE-MARGUERITE, IL NE DISPARUT DANS L'EUROPE AUCUN PERSONNAGE CONSIDÉRABLE. »

Cette réflexion si juste et si lumineuse ne frappa personne; mais tout le monde était saisi d'étonnement et de terreur en lisant ce petit roman, écrit de manière à faire désirer qu'on le complétât bientôt.

Le Siècle de Louis XIV fut surtout recherché à cause de ces deux pages relatives au *Masque de*

Fer, que Voltaire augmenta de nouveaux détails dans les éditions suivantes, publiées en 1753 et 1760. Il n'eut garde d'omettre une anecdote dont il était peut-être l'inventeur :

« Ce prisonnier était sans doute un homme considérable, car voici ce qui arriva les premiers jours qu'il était dans l'île de Sainte-Marguerite : le gouverneur mettait lui-même les plats sur la table, et ensuite se retirait, après l'avoir enfermé. Un jour, le prisonnier écrivit avec un couteau sur une assiette d'argent, et jeta l'assiette par la fenêtre, vers un bateau qui était au rivage, presque au pied de la tour. Un pêcheur, à qui ce bateau appartenait, ramassa l'assiette et la rapporta au gouverneur. Celui-ci, étonné, demanda au pêcheur : « Avez-vous lu ce qui est écrit sur cette assiette, et quelqu'un l'a-t-il vue entre vos mains? — Je ne sais pas lire, répondit le pêcheur; je viens de la trouver, personne ne l'a vue. » Ce paysan fut retenu jusqu'à ce que le gouverneur fût bien informé qu'il n'avait jamais lu, et que l'assiette n'avait été vue de personne. « Allez, lui dit-il, vous êtes bien heureux de ne savoir pas lire ! » Voltaire ajouta, en 1760, pour justifier cet emprunt aux *Mémoires de Perse* : « Parmi les personnes qui ont eu connaissance *immédiate* de ce fait, il y en a une très-digne de foi, qui vit encore. » Il voulait désigner sans doute le duc de Richelieu, car s'il entendait parler d'un témoin oculaire, ce témoin aurait eu au moins quatre-vingt-dix ans, le prisonnier masqué ayant quitté en 1698 l'île de Sainte-Marguerite, où l'événement eût lieu.

De ce moment, le fait du *Masque de Fer* passa pour constant, appuyé par l'autorité de Voltaire, de M. de Bernaville, du duc de La Feuillade, et du ministre Chamillard ; mais quel était le personnage caché sous ce masque ?

La Beaumelle, qui avait rencontré Voltaire à la cour du roi de Prusse, et qui n'attendait qu'une occasion de déclarer la guerre à ce despote littéraire, imagina de critiquer le *Siècle de Louis XIV*, parce qu'il connaissait à fond cette époque, peinte avec goût et jugée un peu superficiellement par Voltaire. La Beaumelle mit donc au jour, en 1753, ses *Notes sur le Siècle de Louis XIV*, in-8°, dans lesquelles il ne manqua pas de dire que l'histoire du *Masque de Fer* était tirée des *Mémoires de Persé*.

L'année précédente, un autre critique, Clément, moins savant, mais plus fin que La Beaumelle, avait répondu de même à la prétention de Voltaire, qui se donnait partout comme le premier révélateur du

Masque de Fer. « M. de Voltaire, disaient les *Nouvelles littéraires* du mois de mai 1752, se trompe quand il dit que tous les historiens ont ignoré ce fait. Vous le trouverez un peu différemment conté, et d'environ *vingt ans plus jeune*, dans les *Mémoires secrets pour servir à l'histoire de Perse*, publiés il y a huit ou neuf ans. Mais de qui s'agit-il ? Suivant l'auteur des *Mémoires*, c'est de M. le comte de Vermandois. Le récit de M. de Voltaire ne souffre point cette explication et ne s'en permet aucune. Reste à savoir lequel des deux est le plus sûr : pour moi, je crois en M. de Voltaire [1]. »

La *Réfutation des Notes de La Beaumelle* [2] ne se fit pas attendre, et Voltaire prit à cœur de montrer qu'il était mieux instruit que personne sur le *Masque de Fer*. Voltaire, qui avait fait sonner bien haut la nouveauté de l'anecdote, convint qu'elle se trouvait dans les *Mémoires de Perse*, libelle obscur et méprisable où *les événemens sont déguisés ainsi que les noms propres ;* mais il prétendit que son ouvrage était composé *en partie long-temps avant ces Mémoires*, qui n'ont paru qu'en 1745, et il n'eut pas de peine

---

[1] *Cinq Années littéraires, ou Nouvelles littéraires des années* 1748, 1749, 1750, 1751 et 1752, t. 2, lettre 99.

[2] Réimprimée sous le titre de *Supplément au Siècle de Louis XIV*, dans toutes les éditions de Voltaire.

à les réfuter en ce que le conte de *Giafer* renfermait de contraire à la vérité historique et chronologique. Depuis la publication des *Mémoires de Perse*, Voltaire avait rassemblé des renseignemens plus positifs, entre autres, la date de la mort du prisonnier, avec laquelle on ne pouvait accorder une visite du régent à la Bastille [1].

Voltaire, dans cette *Réfutation* du livre de La Beaumelle, avoua pourtant qu'il était *surpris* de trouver dans les *Mémoires de Perse* une anecdote *très-vraie parmi tant de faussetés*. Il crut devoir nommer encore quelques personnes recommandables, pour constater l'authenticité des documens qu'il avait eus, notamment au sujet de l'assiette d'argent trouvée par un pêcheur : M. Riousse, ancien commissaire des guerres à Cannes, avait été, dans sa jeunesse, témoin de la translation du prisonnier masqué à la Bastille; le marquis d'Argens assurait qu'en Provence, les *aventures* de ce pri-

---

[1] La négation expresse de Voltaire, qui dit que le duc d'Orléans n'alla *jamais* à la Bastille, est pourtant contredite par un manuscrit trouvé dans ce château et imprimé en tête de la première livraison de la *Bastille dévoilée*; on y lit ce qui suit : « Du temps de la régence, j'ai vu entrer dans la cour de l'intérieur du château M. le duc de Lorraine et M. le duc d'Orléans, accompagnés d'un seigneur de le cour, dont il ne me souvient pas du nom. »

sonnier étaient *publiques*, et qu'il avait entendu conter l'histoire de l'assiette *aux hommes les plus considérables de la province*; M. Marsolan, chirurgien du duc de Richelieu, et gendre du *vieux médecin de la Bastille*, se faisait garant des faits racontés par son beau-père; MM. de La Feuillade et de Caumartin avaient appris de la bouche même de Chamillard l'existence de l'homme au masque; enfin le témoignage des *vieillards qui en avaient entendu parler aux ministres* rendait ce fait, *fondé sur des ouï-dire, plus authentique qu'aucun autre fait particulier des quatre cents premières années de l'histoire romaine*.

Voltaire, pour tenir en haleine la curiosité de ses lecteurs, niait que ce prisonnier fût le comte de Vermandois, mort de la *petite-vérole* au camp de Courtray, en 1683; ou le duc de Beaufort, tué par les Turcs, qui lui avaient coupé la tête au siége de Candie, en 1669. Mais, au lieu d'opposer son opinion personnelle à ces deux opinions qui avaient cours alors, il se bornait à ouvrir une nouvelle porte aux conjectures, par ce paragraphe dont tous les mots veulent être pesés pour en définir le véritable sens : « M. de Chamillard disait quelquefois, pour se débarrasser des questions pressantes du dernier maréchal de La Feuillade et de M. de Caumartin, que C'ÉTAIT UN HOMME QUI AVAIT TOUS LES SECRETS DE M. FOUQUET. Il avouait donc au moins, par là, que cet inconnu avait été enlevé quelque temps après la mort du cardinal Mazarin. *Or, pourquoi des précautions si inouies pour un confident de M. Fouquet, pour un subalterne?* QU'ON SONGE QU'IL NE DISPARUT EN CE TEMPS-LA AUCUN HOMME CONSIDÉRABLE. Il est donc clair que c'était un prisonnier de la plus grande importance? »

C'était la seconde fois que Voltaire appuyait sur l'impossibilité de faire coïncider le commencement de la captivité du *Masque de Fer* avec la disparition d'un *homme considérable*. C'était la première fois qu'il nommait Fouquet dans la discussion de cet événement, et il le nommait en répétant les paroles de M. de Chamillard, *le dernier ministre qui eût cet étrange secret!* Mais personne n'y prit garde, et on ne pensa pas même à tirer une nouvelle induction de la place que Voltaire avait assignée dans le *Siècle de Louis XIV* à la disgrâce de Fouquet, immédiatement après l'anecdote du *Masque de Fer*.

Le judicieux Prosper Marchand, qui réunissait alors les matériaux de son *Dictionnaire historique* publié en 1756, deux ans après sa mort, regarda le récit fait dans le *Siècle de Louis XIV* comme une *reproduction* de celui des *Mémoires de Persé, revue, augmentée et retranchée à divers égards* [1].

La critique avait commencé à retourner en tous sens le champ fertile des conjectures historiques. On écarta bientôt la première interprétation qui avait tenté de reconnaître le comte de Vermandois dans le *Masque de Fer*, et quelques savans de Hollande se réunirent pour accréditer un paradoxe basé, tant bien que mal, sur l'histoire : ils avancèrent que le prisonnier masqué était certainement un jeune seigneur *étranger*, gentilhomme de la chambre d'Anne d'Autriche, et *véritable père* de Louis XIV.

La source de cette singulière et scandaleuse anecdote semble avoir été un petit livre assez rare, imprimé à Cologne, chez Pierre Marteau, en 1692, in-12, sous ce titre : *les Amours d'Anne d'Autriche, épouse de Louis XIII, avec M. le C. D. R., le véritable père de Louis XIV, roi de France; où l'on voit au long comment on s'y prit pour donner un héritier à la couronne, les ressorts qu'on fit jouer pour cela, et enfin le dénouement de cette*

---

[1] *Dictionnaire historique* de Prosper Marchand, p. 143.

comédie. La troisième édition de ce libelle, imprimée en 1696, porte sur son titre : *Cardinal de Richelieu*, au lieu des trois lettres C. D. R. Mais il est facile de se convaincre, à la lecture de l'ouvrage, qu'un imprimeur ignorant a mal traduit ces initiales, puisque le ministre joue dans l'ouvrage un rôle bien distinct de celui de père [1]. On a donc pensé que *le C. D. R.* signifiait *le comte de Rivière* [2], et que ce comte pouvait être le *Giafer* des *Mémoires de Perse*.

En effet, le roman des *Amours d'Anne d'Autriche* avait tout ce qu'il fallait d'extraordinaire pour servir d'introduction aux malheurs du prisonnier inconnu. L'auteur, dont la plume était aux gages du roi Guillaume, comme tous les libellistes hollandais de cette époque, annonce, dans son *Avis au Lecteur*, qu'il veut développer *le grand mystère d'iniquité de la véritable origine de Louis XIV* : « Quoique cette relation, dit-il, soit ici quelque chose d'assez nouveau et d'assez inconnu, elle n'est rien moins que cela en France. La froideur reconnue de Louis XIII, la naissance extraordinaire de Louis-Dieudonné, ainsi nommé parce qu'il naquit

---

[1] Il y a eu cinq éditions de ce libelle en 1692, 1693, 1696, 1722, 1738 ; celle de 1696 est la seule dont le titre porte le nom du *cardinal de Richelieu*.

[2] N'est-ce pas plutôt le *Comte de Rochefort*, dont les *Mémoires*, rédigés par Sandras de Courtilz, offrent aussi ces initiales : C. D. R. ?

après vingt-trois ans de mariage stérile, sans compter plusieurs autres circonstances remarquables, prouvent si clairement et d'une manière si convaincante cette génération empruntée, qu'il faut avoir une effronterie extrême pour prétendre qu'elle soit la production du prince qui passe pour en être le père. Les fameuses barricades de Paris et la formidable révolte qui se fit contre Louis XIV à son avènement au trône, et qui fut soutenue par des chefs si distingués, publièrent si hautement sa naissance illégitime, que tout le monde en parlait; et comme la raison le confirmait, à peine y avait-il quelqu'un qui eût des doutes et des scrupules là-dessus. » Cet auteur, sous l'anonyme duquel on trouverait peut-être le fameux Sandras de Courtilz[1], avait pourtant tiré de son imagination la fable de son livre, qu'il essaie dans sa préface de mettre sur le compte de l'histoire.

Voici cette fable assez habilement conçue :

Le cardinal de Richelieu, glorieux de voir sa nièce *Parisiatis* (Mme de Combalet) aimée de Gaston, duc d'Orléans, frère du roi, propose à ce

---

[1] M. Leber attribue ce livre à un sieur Le Noble, autre que l'auteur des satires contre le roi Guillaume, puisque l'*Avis au lecteur* fulmine contre les derniers ouvrages du Noble. Voyez le *Supplément au Manuel du libraire*, par M. Brunet, t. 1, p. 49.

prince la main de cette belle personne ; mais Gaston, indigné de tant d'orgueil chez le premier ministre, répond par un soufflet à cette offre de mariage. Le cardinal et sa nièce ne rêvent plus que vengeance, et le père Joseph, capucin, leur inspire le projet de frustrer Gaston de la couronne que lui promettait l'impuissance de Louis XIII. En conséquence, ils introduisent, la nuit, dans la chambre de la reine, un jeune homme, le C. D. R., qui était amoureux, sans espoir, de la femme de son roi. Anne d'Autriche, qui avait remarqué cet amant tendre et discret, le reconnaît à ses façons de faire, et lui oppose peu de résistance ; ensuite elle va révéler au cardinal ce qui s'est passé : « Eh bien ! lui dit-elle, vous avez gagné votre méchante cause ; mais prenez-y garde, monsieur le prélat, et faites en sorte que je trouve cette miséricorde et cette bonté céleste dont vous m'avez flattée par vos pieux sophismes. Ayez soin de mon ame, je vous en charge ; car je me suis abandonnée ! » *Cet excessif débordement de vie continuant, la bienheureuse nouvelle de la grossesse de la reine ne fut pas long-temps à se débiter dans le royaume. Ainsi naquit Louis XIV, fils de Louis XIII, par voie de transsubstantiation.* Quant à l'instrument docile de ce miracle, le libelliste n'en parle que dans une note où il annonce que « si cette histoire plaît au public, on ne tardera pas à donner la *Suite*, qui contient la fatale catastrophe du C. de R., et la fin de ses plaisirs qui lui coûtèrent cher. »

Cette Suite n'a point paru, mais on a prétendu que *la fatale catastrophe* devait être la découverte de l'amant de la reine par Louis XIII, et l'enlèvement de ce seigneur masqué et emprisonné. Alors, à quoi bon un masque? Mieux eût valu un bâillon pour l'honneur du mari et du fils.

L'autorité de ce pamphlet *orangiste* n'était point assez imposante pour accréditer en France une opinion qui entachait de bâtardise la gloire de Louis-le-Grand ; la critique dédaigna donc de s'en servir, et préféra s'attacher au système, plus honnête pour la dynastie des Bourbons, mais aussi peu vraisemblable, qui représentait le duc de Beaufort comme le prisonnier inconnu de l'île Sainte-Marguerite, malgré les dénégations formelles de Voltaire.

Lenglet Dufresnoy, qui ne perdait jamais une occasion de jeter dans la publicité un paradoxe hardi, et qui d'ailleurs avait pu dans ses fréquens voyages à la Bastille recueillir le souvenir du *Masque de Fer*, en dit quelques mots dans son *Plan de l'histoire générale et particulière de la Monarchie française*, publié en 1754. C'est au sujet de la disparition du duc de Beaufort devant Candie (t. 3, p. 268 et 269), qu'il rappelle l'*anecdote singulière* à laquelle donnèrent lieu les doutes existant sur la mort de ce prince. Après avoir raconté ce qu'on savait du prisonnier masqué, il ajoute cette réflexion : « Quelle raison y avait-il d'user de tant de mystère pour le duc de Beaufort? » Il mentionne ensuite l'opinion qui attribuait cette anecdote au comte de Vermandois « pour de prétendues causes rapportées dans les *Anecdotes persanes ;* mais je pense, dit-il, que *cela vient de plus haut ;* sur quoi il y aurait bien des particularités à examiner. Ce prisonnier fut inhumé non à Saint-Paul, mais aux *Célestins.* » Cette assertion erronée prouve l'incertitude qui régnait encore à cette époque pour les faits principaux de la captivité du *Masque de Fer*. Lenglet Dufresnoy ne cite pas Voltaire comme *le premier* qui eût parlé de l'anecdote, et Voltaire lui garda sans doute rancune de cet oubli, puisqu'il traita depuis avec un injuste mépris *le très-savant* auteur de la *Méthode pour étudier l'histoire* [1].

[1] Voyez, dans les OEuvres de Voltaire, *Doutes sur quelques points de l'Histoire de l'Empire; Mélanges historiques; Correspondance générale.*

Voltaire rencontra un adversaire plus redoutable dans Lagrange-Chancel. Ce vieux satirique, qui devait à ses *Philippiques* l'avantage d'avoir puisé quelques documens traditionnels aux lieux mêmes où le prisonnier inconnu avait habité vingt ans avant lui, écrivit, du fond de son château d'Antoniat en Périgord, une lettre publiée dans l'*Année littéraire* de 1759 (t. 3, p. 488), pour réfuter certains points de la narration du *Siècle de Louis XIV*.

Cette lettre, que le nom de son auteur, alors âgé de quatre-vingt-neuf ans, fit lire avidement, participait à la haine de Fréron contre Voltaire, et n'avait pas d'autre but que de contredire celui-ci, en révélant des particularités « qu'un historien plus *exact dans ses recherches* que M. de Voltaire aurait pu savoir, s'il s'était donné la peine de s'en instruire. » L'intention de Lagrange-Chancel était, disait-il, « d'arrêter le cours des idées que chacun s'est forgées à sa fantaisie, sur la foi d'un auteur qui s'est fait une grande réputation par le merveilleux joint à l'*air de vérité* qu'on admire dans la plupart de ses écrits; » mais ce ton dur et tranchant contrastait avec la pauvreté des faits que le libelliste avait rapportés de sa prison aux îles Sainte-Marguerite.

Il disait que M. de Lamotte-Guérin, gouverneur

de ces îles, du temps qu'il y était détenu (en 1718), lui avait *assuré* que le prisonnier était le duc de Beaufort, amiral de France, qu'on croyait mort au siége de Candie, et qui fut traité de la sorte parce qu'il *paraissait dangereux* à Colbert et qu'il traversait les opérations de ce ministre, chargé du département de la marine. Beaufort en effet eut pour successeur à l'amirauté le comte de Vermandois alors âgé de vingt-deux mois.

Les ouï-dires que citait Lagrange-Chancel, sur la foi de plusieurs contemporains de sa captivité, étaient peu dignes de balancer la version adoptée par Voltaire : comme Voltaire, Lagrange-Chancel raconte que le commandant Saint-Mars *avait de grands égards pour son prisonnier, le servait lui-même en vaisselle d'argent, et lui fournissait souvent des habits aussi riches qu'il le désirait*; mais le prisonnier était obligé, sur peine de la vie, *de ne paraître qu'avec son masque de fer en présence du médecin ou du chirurgien*, dans les maladies où il avait besoin d'eux ; pour toute récréation, *lorsqu'il était seul, il pouvait s'amuser à s'arracher le poil de la barbe avec des pincettes d'acier très-luisantes et très-polies*. Lagrange-Chancel avait vu une de ces pincettes entre les mains du sieur de Formanoir, neveu de Saint-Mars, et lieutenant de la compagnie franche des îles Sainte-Marguerite.

Suivant plusieurs personnes, on aurait entendu, lors du départ de Saint-Mars pour la Bastille, le colloque suivant : « Est-ce que le roi en veut à ma vie ? dit le prétendu duc de Beaufort *qui portait son masque de fer*. — Non, mon prince, reprit Saint-Mars, votre vie est en sûreté : vous n'avez qu'à vous laisser conduire. »

Enfin, le nommé Dubuisson, caissier du célèbre Samuel Bernard, avait été détenu aux îles Sainte-Marguerite en même temps que le *Masque de Fer*, et occupait avec d'autres prisonniers une chambre précisément *au-dessus de celle de cet inconnu*. Ce Dubuisson conta depuis à Lagrange-Chancel, que ses camarades de prison étaient parvenus, *par le trou de la cheminée*, à s'entretenir avec le mystérieux voisin et à *se communiquer leurs pensées*; mais que ceux-ci, lui ayant demandé la cause de sa détention si rigoureuse, ne purent le faire expliquer là-dessus, car il leur répondit que, s'il révélait son nom, on lui ôterait la vie ainsi qu'à toutes les personnes qui sauraient son secret. Voilà un prisonnier-d'état bien gardé ! Les conversations par les cheminées étaient fort en usage à la Bastille ; mais on devait prendre plus de précautions pour un homme dont il importait tant de cacher le nom.

Voltaire eût probablement relevé les critiques acerbes de cette lettre, si Lagrange-Chancel n'était mort la même année [1]; mais il se promit de faire payer les frais de la guerre à Fréron, qu'il immola en plein théâtre, en 1760, dans la comédie de l'*Écossaise*: il connaissait toutes les menées que Fréron avait faites pour lui enlever sa découverte du *Masque de Fer*. Voltaire rentra une dernière fois dans la lice, après que Saint-Foix et le père Griffet y furent descendus armés de citations irrécusables; mais ce ne fut pas pour se mesurer avec eux : semblable à un combattant qui dédaigne un adversaire trop aisé à vaincre, et reste immobile malgré tous les défis qu'on lui adresse, il se contenta de faire cette déclaration : « L'auteur du *Siècle de Louis XIV* est le *premier* qui ait parlé de l'homme au masque de fer dans une histoire *avérée*. C'est qu'il était *très-instruit* de cette anecdote, qui étonne le siècle présent, qui étonnera la postérité et qui n'est que trop vérita-

---

[1] La *Biographie universelle*, comme la *France littéraire* et d'autres ouvrages contemporains, place cette mort sous la date du 5 décembre 1758; mais comment aurait-il écrit à Fréron en 1759? Son éloge nécrologique se trouve dans le huitième volume de l'*Année littéraire* de 1759. D'après ces

ble¹. » Voltaire tenait à honneur d'avoir *le premier* livré à l'opinion publique et incorporé dans l'histoire la précieuse confidence du maréchal de Richelieu.

En 1768, le paradoxe s'empara encore du *Masque de fer* : ce fut Fréron, qui, tout meurtri des coups terribles que son ennemi lui avait portés en face dans l'*Écossaise*, lança contre Voltaire un nouveau champion, plus redoutable que Lagrange-Chancel, dans l'espoir d'amener une grande querelle où l'auteur du *Siècle de Louis XIV* aurait le dessous : le *Masque de fer* était une sorte d'appât bien capable d'attirer Voltaire dans une embuscade où Poullain de Saint-Foix l'eût mis à mal, avec ce caractère irascible et provocateur qui faisait l'effroi de la basse littérature.

Saint-Foix, par une lettre insérée dans l'*Année littéraire* (1768, t. 4), essaya de faire valoir une hypothèse qui avait du moins le mérite de la singularité, et qui réussit à ce titre auprès des amis du merveilleux : il imagina que le prisonnier masqué était le

rapprochemens, on pourrait bien croire que la lettre posthume fut supposée par Fréron.

1. L'*Anecdote sur l'Homme au Masque de fer*, dans laquelle se trouve cette déclaration, ne fut ajoutée à l'article *Ana* que dans les éditions du *Dictionnaire philosophique* postérieures à la publication de l'ouvrage du Père Griffet (1769).

duc de Monmouth, fils naturel de Charles II, condamné pour crime de rébellion et décapité à Londres le 15 juillet 1685.

Cette idée bizarre lui vint d'un passage de *l'Histoire d'Angleterre*, par Hume, d'après lequel on voit en effet que le bruit courut à Londres que le duc de Monmouth était sauvé, et qu'un de ses partisans, qui lui ressemblait beaucoup, avait consenti à mourir à sa place, pendant que le véritable condamné, secrètement transféré en France, devait y subir une prison perpétuelle.

Saint-Foix citait à l'appui de son système un petit ouvrage anonyme de la même famille que les *Amours d'Anne d'Autriche*, sans toutefois vouloir accorder une confiance aveugle aux *Amours de Charles II et de Jacques II, rois d'Angleterre*, quoique l'auteur ait mis ces paroles dans la bouche du colonel Skelton, ancien gouverneur de la tour de Londres : « La nuit d'après la *prétendue* exécution du duc de Monmouth, le roi, accompagné de trois hommes, vint lui-même le tirer de la tour ; on lui couvrit la tête d'une espèce de capuchon, et le roi et les trois hommes entrèrent avec lui dans un carrosse. » Saint-Foix invoquait un témoignage plus respectable : Le père Tournemine étant allé avec le père Saunders, confesseur de Jacques II, rendre visite à la duchesse de Portsmouth après la mort de ce prince, la duchesse eut occasion de dire qu'elle reprocherait toujours au roi Jacques d'avoir laissé exécuter le duc de Monmouth au mépris du serment qu'il avait fait sur l'hostie, près du lit de mort de Charles II, qui lui recommanda de ne jamais ôter la vie à son frère naturel, même en cas de révolte; le père Saunders reprit avec vivacité : « Le roi Jacques a tenu son serment ! »

Deux circonstances moins importantes semblaient à Saint-Foix propres à fortifier son opinion et à fixer celle du public. Un chirurgien anglais, nommé Nelaton, *qui allait tous les matins au café Procope*, rendez-vous habituel des gens de lettres, avait souvent raconté qu'étant *premier garçon* chez un chirurgien près de la porte Saint-Antoine, on l'envoya chercher pour une saignée, et qu'on le mena à la Bastille; que le gouverneur l'introduisit dans une chambre où était un prisonnier qui *se plaignait* de grands maux de tête; que ce prisonnier avait l'accent anglais, était vêtu d'une robe de chambre jaune et noire à grandes fleurs d'or et ne montrait pas son visage caché par une *longue serviette nouée derrière le cou*. Mais on ne peut prendre cette serviette pour un masque de fer; et l'on sait que les prisonniers de la Bastille n'avaient aucune communication avec les personnes du dehors sans un ordre signé du ministre ; d'ailleurs, il y avait un chirurgien, un médecin et un apothicaire attachés au service de la prison et y demeurant : le viatique même n'entrait à la Bastille qu'avec la permission du lieutenant de police.

Saint-Foix admettait aussi légèrement un bruit répandu autrefois en Provence où l'on avait parlé d'un prince nommé *Macmouth*, enfermé dans la citadelle de l'île de Sainte-Marguerite et gardé avec beaucoup de précautions. L'identité du nom de *Macmouth* avec celui de *Monmouth* aurait été une présomption favorable à ce système, si l'on eût constaté l'époque où ce bruit avait circulé; aujourd'hui nous pouvons l'expliquer par une autre captivité postérieure à celle du *Masque de Fer*.

Ce roman, soutenu par l'imperturbable aplomb de Saint-Foix et par l'élégance maniérée de son style, eut beaucoup de vogue et raviva la discussion qui durait depuis vingt-trois ans et qui changeait

[1]. Voyez *Observations concernant les usages et règles du château royal de la Bastille*, 1re livraison de *la Bastille dévoilée*.

[2]. Celle du patriarche arménien Arwedicks; voyez la suite de cette Histoire.

de terrain tous les jours, sans que la victoire penchât d'aucun côté.

Un partisan du nouveau système l'appuya par des *remarques* insérées dans le *Journal Encyclopédique* (1768, novembre, p. 112), et tira ses inductions d'un petit libelle anonyme qui contient la relation du supplice de Monmouth : les *Révolutions d'Angleterre sous le règne de Jacques II*, Amsterdam, 1680, in-12, ajoutaient peu de valeur à l'opinion de Saint-Foix.

Cependant Saint-Foix, ce fougueux et pétulant batailleur qui maniait aussi volontiers l'épée que la plume, ne rencontra pas d'abord de contradiction dans son paradoxe ; seulement un M. de Palteau, sans doute petit-neveu de Saint-Mars [1] et seigneur de la terre de Palteau en Champagne, qui avait appartenu à son grand-oncle, publia dans le volume suivant de *l'Année littéraire* quelques traditions de famille, qu'il avait déjà transmises à Voltaire, sans que celui-ci jugeât le moment venu d'en faire usage.

---

[1] Il devait être fils de Guillaume de Formanoir, neveu de Saint-Mars ; ce Formanoir, qu'on nommait *Corbé* à la Bastille, parce que son nom de terre était *Corbest*, hérita d'une partie des biens immenses de son oncle : « Il s'est retiré, dit l'*Histoire de la Bastille* par Renneville, dans une des terres que son oncle avait achetées près de Villeneuve-le-Roi, en Bourgogne, en changeant son nom infâme de *Corbé* en celui de *Palletot* (Palteau), qui est aussi celui de la terre. » T. 5, p. 406.

M. de Palteau, dont l'avis était d'un grand poids dans ce débat, s'appuyait de l'autorité d'un de ses parens, le sieur de Blainvilliers, officier d'infanterie *qui avait accès chez M. de Saint-Mars à Pignerol et aux îles Sainte-Marguerite* : les correspondances de Saint-Mars avec Louvois, publiées depuis, et les titres de la maison de Palteau [1], font foi de l'existence de cet officier en 1670 ; mais il était mort long-temps avant que l'anecdote du *Masque de fer* fût publique.

Selon les confidences de Blainvilliers à M. de Palteau, l'homme au masque était connu sous le nom de *Latour* dans ses différentes prisons ; mais rien n'indiquait que son masque fût *de fer et à ressorts ;* il avait toujours ce masque sur le visage dans ses promenades (sans doute sur les plate-formes ou les boulevarts de la forteresse) *ou lorsqu'il était obligé de paraître devant quelque étranger* ; il était toujours *vêtu de brun*, portait de beau linge et obtenait des livres et *tout ce qu'on peut accorder à un prisonnier ;* le gouverneur et les officiers *restaient debout devant lui et découverts jusqu'à ce qu'il les*

---

[1] Je rapporterai plus loin les énoncés de ces titres que je dois à l'obligeance de M. Ed. Barbier d'Aucourt, référendaire honoraire, propriétaire actuel du domaine de Blainvilliers, près Montfort l'Amaury.

fit couvrir et asseoir ; ceux-ci allaient souvent lui tenir compagnie et manger avec lui. Quand il mourut en 1704 (il fallait dire 1703), on mit dans le cercueil *des drogues pour consumer le corps.*

Cette lettre contient deux passages qui fixèrent alors l'attention, mais qui ne sont pas également dignes de foi.

Le sieur de Blainvilliers, curieux de voir à visage découvert le prisonnier avec lequel il dînait et parlait souvent aux îles Sainte-Marguerite, puisqu'il fut lieutenant de la compagnie franche pour la garde des prisonniers, avait pris, racontait-il, les habits d'une sentinelle qu'on plaçait dans une galerie *sous les fenêtres de la prison de Latour,* et était resté *toute une nuit* à examiner l'inconnu qui se promenait sans masque par sa chambre : cet homme, *blanc de visage, grand et bien fait de corps*, quoiqu'il eût *la jambe un peu trop fournie par le bas*, semblait être dans la force de l'âge, malgré sa chevelure blanche. Les observations d'une nuit *presque entière* n'auraient pas produit des renseignemens plus positifs, si l'on en croit ce vieil officier qui savait sans doute la valeur d'un secret d'état et qui ne se fût pas exposé à le trahir au risque de sa vie.

Lorsqu'en 1698, M. de Saint-Mars se rendit des

îles Sainte-Marguerite à la Bastille, dont il était nommé gouverneur, il séjourna avec *son prisonnier* à sa terre de Palteau, et les paysans, qui vinrent au-devant de leur seigneur et l'accompagnèrent jusqu'au château, furent témoins de ce singulier voyage : l'homme au masque arriva dans une litière qui précédait celle de Saint-Mars, sous l'escorte de plusieurs gens à cheval. Le dîner eut lieu dans la salle à manger du rez-de-chaussée : l'homme tournait le dos aux croisées ouvertes sur la cour, et Saint-Mars, assis en face, avait deux pistolets auprès de son assiette ; un seul valet de chambre les servait et fermait derrière lui la porte de la salle, chaque fois qu'il allait chercher les plats dans l'antichambre. Le prisonnier était de grande taille ; il avait un masque *noir* qui permettait d'apercevoir ses dents et ses lèvres, sans cacher ses cheveux blancs : les paysans le virent plusieurs fois traverser la cour avec ce masque sur le visage. Saint-Mars se fit dresser un lit de camp auprès de celui où coucha son hôte. Les particularités frappantes de cet événement avaient laissé des traces profondes dans la mémoire des vieillards que M. de Palteau interrogea lui-même, bien des années après le passage de Saint-Mars.

Saint-Foix, qui souffrait impatiemment la contradiction, s'empressa de combattre avec une fine ironie les assertions contenues dans la lettre de M. de Palteau, et n'eut pas de peine à infirmer le témoignage du sieur de Blainvilliers [1] : il remarqua qu'un officier était incapable de corrompre un soldat pour satisfaire une curiosité blâmable, qui les eût amenés tous deux devant un conseil de guerre, et que d'ailleurs les sentinelles ne demeuraient que trois heures à leur poste ; mais lors même que cet officier eût manqué de la sorte à son devoir et fût parvenu à tromper la vigilance des rondes qui se succèdent de demi-heure en demi-heure dans les prisons d'état, comment aurait-il pu, de la galerie où il était, au-dessous de la chambre du prisonnier, voir *le bas de la jambe* de cet inconnu, surtout à travers les barreaux de fer qui garnissaient les fenêtres ?

Saint-Foix, qui avait raison de penser qu'un

---

[1] La réponse de Saint-Foix à M. de Palteau et celle qu'il adressa plus tard au Père Griffet se trouvent dans les *Années littéraires* de 1768 et 1769 ; mais elles furent recueillies en un seul volume sous ce titre : *Réponse de M. de Saint-Foix au R. P. Griffet, et Recueil de tout ce qui a été écrit sur le prisonnier masqué*, Londres, 1770, in-12 de 131 pages. Nous renverrons donc, pour nos citations, à cet ouvrage qui a été réimprimé avec des additions dans le tome 5 des *OEuvres complètes de Saint-Foix*, Paris, 1778, in-8°.

prisonnier de cette importance était sans doute mieux gardé, ajoutait, d'après la *Description de la France*, par Piganiol de la Force (éd. de 1753, t. 5, p. 376), que Saint-Mars fit construire, dans le fort de l'île de Sainte-Marguerite, la prison la plus *sûre* qui fût en France. En effet, cette prison, que l'on montrait par tradition à l'époque où Saint-Foix écrivait, n'était éclairée que par une seule fenêtre regardant la mer, et ouverte à quinze pieds au-dessus du chemin de ronde; en outre, cette fenêtre, percée dans un mur très-épais, était défendue par *trois* grilles de fer placées à distance égale, ce qui faisait un intervalle de deux toises entre les sentinelles et le prisonnier [1].

Le conte du sieur de Blainvilliers, qui avait peut-être voulu par là mettre son secret à l'abri d'une dangereuse indiscrétion, ne résista pas à cet examen logique. Ensuite Saint-Foix saisit l'occasion de fortifier son système relatif au duc de Monmouth, en s'emparant d'un détail de la lettre qu'on ne saurait appliquer au duc de Beaufort, puisque Mme de Choisy répondit malignement à une épigramme de ce prince : *M. de Beaufort voudrait mordre et*

---

[1] *Voyage littéraire en Provence*, par le père Papon, 1780, in-12, p. 247.

ne le peut pas! or le duc de Beaufort n'aurait pas eu la bouche mieux garnie à quatre-vingt-sept ans qu'à cinquante. Ce n'était donc pas lui dont les paysans de Palteau avaient vu les dents à travers le masque.

Saint-Foix revint encore à la charge pour achever de détruire les présomptions qui pouvaient exister en faveur du duc de Beaufort, qu'on aurait enlevé au siége de Candie et emprisonné jusqu'à sa mort. Le système de Lagrange-Chancel ne reposait que sur un ouï-dire, et Saint-Foix fit observer, entre autres choses, que le prince, surnommé le *roi des halles*, autant à cause de la grossière trivialité de ses manières que de son extérieur malpropre et négligé, ne fût sans doute pas, vieux et captif, devenu soigné de sa personne et curieux de *riches habits*. Saint-Foix cependant aurait pu s'appuyer d'autorités plus recommandables que les *Mémoires du marquis de Montbrun*[1], supposés par Sandras de Courtilz, pour prouver que le duc de Beaufort

---

[1] Ces mémoires cependant sont curieux, et il est certain que Sandras de Courtilz les a rédigés sur les documens authentiques qui lui ont servi à narrer les mêmes faits dans les *Mémoires de M. d'Artagnan*, dans ceux du *comte de Rochefort*, etc. Courtilz était instruit à fond de l'histoire particulière du dix-septième siècle et il travaillait souvent sur des notes très-précieuses.

ayant été tué dans une sortie, sa tête fut coupée par les Turcs et envoyée par le grand-visir à Constantinople, où on la promena au bout d'une pique pendant trois jours.

Le système présenté par Saint-Foix, avec la verve spirituelle qui caractérise son talent, semblait prévaloir, lorsque le père Griffet, savant éditeur de l'*Histoire de France* du père Daniel, et auteur lui-même d'une bonne *Histoire de Louis XIII*, publia son *Traité des différentes sortes de preuves qui servent à établir la vérité dans l'histoire*, in-12, Liége, 1769, excellent ouvrage d'érudition et de critique, où le ch. 13, destiné à l'*examen de la vérité dans les anecdotes*, est rempli tout entier par celle du *Masque de Fer*.

Ce jésuite, qui avait exercé à la Bastille le ministère de confesseur durant neuf ans, était plus que personne en état de lever le voile étendu sur le prisonnier masqué, que bien des gens regardaient comme une création romanesque sortie du cerveau de Voltaire ou du chevalier de Mouhy ; car on ne connaissait encore aucune pièce authentique constatant que cet homme eût existé. Le père Griffet surpassa encore ce qu'on attendait de son esprit juste et impartial, en citant, pour la première fois, le journal manuscrit de M. Dujonca, lieutenant du roi à la Bastille en 1698, et les registres mortuaires de la paroisse de Saint-Paul.

Suivant ce journal, dont l'authenticité ne fût point révoquée en doute, Saint-Mars, arrivant des îles Sainte-Marguerite pour prendre le gouvernement de la Bastille, avait amené avec lui (jeudi 18 septembre 1698, à trois heures après midi), dans sa litière, UN ANCIEN PRISONNIER QU'IL AVAIT A PIGNEROL; *dont le nom ne se dit pas, lequel on fait toujours tenir masqué.* Ce prisonnier fut mis dans la tour de la Bazinière, *en attendant la nuit,* jusqu'à ce que M. Dujonca le conduisit lui-même, *sur les neuf heures du soir,* dans la troisième chambre de la tour de la Bertaudière[1], *laquelle chambre on avait eu soin de meubler de toutes choses*[2]. Le

---

[1] Cette chambre était au troisième étage : « Les chambres ont toutes leur numéro ; elles portent le nom du degré de leur élévation, comme leurs portes se présentent à droite et à gauche en montant : ainsi la *première bazinière* est la première chambre de la tour de ce nom, au-dessus du cachot ; puis la *seconde bazinière*, la *troisième*, la *quatrième* et la *calotte bazinière*. » *Remarques historiques et anecdotes sur la Bastille*, éd. de 1774, p. 13. Les tours de la *Bazinière* et de la *Bertaudière* portaient les noms des architectes qui les avaient construites, ou des anciens prisonniers qui les avaient habitées.

[2] Ce n'était sans doute pas l'ameublement ordinaire des chambres de la Bastille, où il y avait dans chacune « un lit de serge verte, avec rideaux,

sieur Rosarges, qui venait aussi des îles Sainte-Marguerite, à la suite de Saint-Mars, *était chargé*
paillasse et trois matelas, deux tables, deux cruches d'eau, une fourchette de fer, une cuiller d'étain et un gobelet de même métal, un chandelier de cuivre, des mouchettes de fer, un pot de chambre, deux ou trois chaises et quelquefois un vieux fauteuil. » *Rem. hist. et anec. sur la Bastille*, p. 14. Le père Griffet dit positivement que ces chambres sont *toujours meublées, mais fort simplement.* Constantin de Renneville, qui occupa la seconde chambre de la Bertaudière pendant que le *Masque de Fer* était renfermé dans la troisième (en 1702), a fait de sa prison un tableau après lequel on ne doutera pas que celle du prisonnier de Saint-Mars ne fût plus habitable, grâce au soin qu'on avait pris de la *meubler de toutes choses :*

« C'était un petit réduit octogone large environ de douze à treize pieds en tous sens, et à peu près de la même hauteur. Il y avait un pied d'ordure sur le plancher, qui empêchait de voir qu'il était de plâtre; tous les créneaux étaient bouchés, à la réserve de deux qui étaient grillés. Ces créneaux étaient du côté de la chambre larges de deux pieds et allaient toujours en diminuant en cône, dans l'épaisseur du mur, jusqu'à l'extrémité qui, du côté du fossé, n'avait pas demi-pied d'ouverture, et par ce même côté ils étaient fermés d'un treillis de fer fort serré. Comme c'était à travers ce treillis que venait le jour, qu'il était encore obscurci par cette épaisseur de mur qui de ce côté a dix pieds, par la grille et par une fenêtre qui fermait au-dedans de la chambre à volet garni d'un verre très-épais et très-sale, il était si faible que, quand il entrait dans la chambre, à peine servait-il à distinguer les objets et ne formait qu'un faux jour... Les murs de la chambre étaient très-sales et gâtés d'ordure. Ce qu'il y avait de plus propre était un plafond de plâtre très-uni et très-blanc (sans doute pour que les moindres trous percés dans ce plafond par le prisonnier de l'étage supérieur fussent visibles); pour tout meuble, il n'y avait qu'une petite table pliante, très-vieille et rompue, et une petite chaise enfoncée de paille, si disloquée qu'à peine pouvait-on s'asseoir dessus. La chambre était pleine de puces... cela provenait de ce que le prisonnier, qui en venait de servir et de soigner ledit prisonnier, qui était nourri par le gouverneur.

La mort de ce prisonnier était mentionnée dans le même journal, à la date du lundi 19 novembre 1703. « Le prisonnier inconnu, *toujours masqué d'un masque de velours noir*, que M. de Saint-Mars avait amené avec lui, venant des îles Sainte-Marguerite, et qu'il gardait depuis long-temps, s'étant trouvé hier un peu plus mal, en sortant de la messe, est mort aujourd'hui sur les dix heures du soir, *sans avoir eu une grande maladie, il ne se peut pas moins*. M. Giraut, notre aumônier, le confessa hier : surpris de la mort, il n'a pu recevoir ses sacremens, et notre aumônier l'a exhorté un moment avant que de mourir. Il fut enterré le mardi 20 novembre, à quatre heures du soir, dans le cimetière de Saint-Paul : son enterrement coûta quarante livres. »

de sortir, pissait sans façon contre les murs : ils étaient tapissés des noms de quantité de prisonniers... Sur les sept heures, on m'apporta un petit lit de camp de sangles, un petit matelas, un travers de lit garni de plumes, une méchante couverture verte toute percée et si pleine d'une épouvantable vermine que j'ai eu bien de la peine à l'en purger. » *Histoire de la Bastille*, t. 1, p. 105. Un prisonnier que M. de Saint-Mars amenait *dans sa litière*, et qui allait être *nourri par le gouverneur*, ne fut certainement pas si mal logé que l'auteur de l'*Inquisition française*.

Voici donc enfin des dates précises.

L'extrait des registres de sépulture de l'église Saint-Paul confirmait l'exactitude du journal de M. Dujonca : « L'an 1703, le 19 novembre, *Marchialy*, âgé de *quarante-cinq ans, ou environ*, est décédé dans la Bastille ; duquel le corps a été inhumé dans le cimetière de Saint-Paul, sa paroisse, le 20 dudit mars, en présence de M. Rosarges, major de la Bastille, et de M. Reih, chirurgien de la Bastille, qui ont signé. » Cet extrait fut collationné sur le registre original où le nom de *Marchialy* était écrit avec beaucoup de netteté. On ne pouvait donc plus soutenir, sur la foi de Lenglet-Dufresnoy, que ce prisonnier fut enterré aux *Célestins*.

Le père Griffet, qui mettait ainsi hors de doute le mystère de l'homme au masque sans prétendre toutefois le découvrir, crut devoir relater quelques faits qu'il tenait d'un des derniers gouverneurs de la Bastille, Jourdan Delaunay, mort en 1749.

Le souvenir du prisonnier masqué s'était conservé parmi les officiers, les soldats et les domestiques de cette prison ; et nombre de témoins oculaires l'avaient *vu passer dans la cour* pour se rendre à la messe. Dès qu'il fut mort, on avait brûlé *généralement tout ce qui était à son usage*, comme linge, habits, matelas, couvertures, etc.; on avait regratté et reblanchi les murailles de sa chambre, changé les carreaux et fait disparaître les traces de son séjour, de peur qu'il n'eût caché *quelque billet ou quelque marque* qui eût fait *connaître son nom.* Enfin, long-temps après, le lieutenant de police, Voyer-d'Argenson, qui visitait souvent la Bastille, soumise à son inspection, ayant appris qu'on s'y entretenait encore de ce prisonnier, voulut savoir ce qu'on en pensait, et le demanda aux officiers; mais, sur les vagues conjectures auxquelles ils se livraient entre eux, il se contenta de répondre : « On ne saura jamais cela ! »

Après avoir rapporté ces nouvelles pièces d'un procès qu'on avait débattu en l'air jusque-là, le père Griffet examina et réfuta tour à tour les *Mémoires de Perse* et les lettres de Lagrange-Chancel, de M. de Palteau et de Saint-Foix : il évita de se prononcer sur le récit de Voltaire, qu'il ne nomme même pas en citant ce récit comme tiré d'un livre *très-connu et très-bien écrit (le Siècle de Louis XIV)*; il se borna à rapprocher les différentes *traditions*, pour en faire ressortir les contradictions et les invraisemblances : il en tira seulement deux faits, incontestables à ses yeux, savoir, que LE PRISONNIER

AVAIT LES CHEVEUX BLANCS, et que son masque était de velours noir.

Quant aux trois opinions émises au sujet du personnage condamné à rester masqué toute sa vie, il ne voulut reconnaître ni le duc de Beaufort, ni le duc de Monmouth dans cette victime d'état, et il préféra pencher du côté de la version des *Mémoires de Perse*, parce que le comte de Vermandois lui semblait entrer plus naturellement dans cette mystérieuse captivité, dont il fixa le commencement à l'année 1683, plutôt qu'à l'année 1661, comme avait fait Voltaire ; plutôt qu'à l'année 1669, comme le prétendait Lagrange-Chancel ; plutôt qu'à l'année 1685, comme l'exigeait le système de Saint-Foix.

La date avancée par Voltaire, sans aucune preuve, aurait contredit les trois systèmes qui retrouvaient, dans le *Masque de Fer*, le duc de Beaufort, le duc de Monmouth et le comte de Vermandois : « Il n'y a aucune de ces dates (1669, 1683, 1685), dit le père Griffet, qui, une fois bien constatée, ne réfutât invinciblement une des trois opinions. »

Mais le père Griffet ne donnait aucune raison particulière qui l'autorisât à choisir la date de 1683 avec l'opinion qu'on y rattachait : il répéta les motifs que Saint-Foix avait développés avec une solide logique contre la lettre de Lagrange-Chancel, et il ajouta que le duc de Beaufort, non seulement n'était pas capable d'entraver les projets du roi et du ministre Colbert, mais encore bornait ses fonctions à celles de *grand-maître, chef et surintendant de la navigation et commerce de France*, la charge d'amiral ayant été supprimée par le cardinal de Richelieu. Il traita d'*absurde* la supposition de Saint-Foix, parce qu'un faux duc de Monmouth, quelle que fût sa ressemblance avec le condamné, n'aurait pas réussi à tromper les évêques qui l'assistèrent à ses derniers momens, et les officiers de justice qui le conduisirent au supplice en plein jour, à dix heures du matin, dans une place publique de Londres; et que d'ailleurs le véritable duc, aurait-il été soustrait à l'échafaud, ne pouvait demeurer ignoré à la Bastille après la révolution d'Angleterre et la mort de Jacques II, en 1701. Le témoignage du père Tournemine, que Saint-Foix invoquait avec confiance, ne semblait pas d'un aussi grand poids au père Griffet qui accusa de crédulité excessive ce bon jésuite connu pour son *imagination toujours vive et enflammée*.

Le père Griffet s'étendit avec plus de complaisance sur le fait raconté dans les *Mémoires de Perse*, et, malgré une lettre de la présidente d'Osembray, qui parle des *regrets infinis* que laissa le comte de Vermandois, lequel avait *donné tant de marques d'un prince extraordinaire que le regret de sa mort fut une douleur publique*, et qui dit positivement que le roi fut *fort touché* de cette perte pleurée par Mme de La Vallière aux pieds du crucifix [1]; malgré la pompeuse épitaphe gravée à la louange du défunt dans le chœur de l'église cathédrale d'Arras, il n'hésita point à soutenir que le comte de Vermandois, après des débauches avérées, s'était rendu coupable de quelque *grand attentat* avant son départ pour l'armée, tel qu'un soufflet donné au dauphin. « On en avait parlé, dit-il, long-temps avant que les *Mémoires secrets* aient paru, sur une de ces traditions qui ont, à la vérité, besoin d'être prouvées, mais qui ne sont pas toujours fausses. *Le souvenir de celle-ci s'était toujours conservé*, quoiqu'on n'en fît pas beaucoup de bruit du temps du feu roi, par la crainte de lui déplaire : c'est de quoi beaucoup de gens, qui ont vécu sous son règne, pourraient rendre témoignage. On ne prétend pas soutenir que l'attentat en question soit un fait indubitable, *on soutient seulement que l'on ne l'a pas réfuté jusqu'à présent par des preuves sans réplique.* »

[1] *Lettres de Roger de Rabutin, comte de Bussy*, éd. de 1716, t. 6, p. 135.

Le père Griffet alléguait enfin une induction, bien futile, il est vrai, tirée du nom supposé de *Marchiali* (le registre porte *Marchialy*), dans lequel on avait découvert *Hic amiral* (*c'est l'amiral*), sans prétendre que cette mauvaise anagramme, moitié latine et moitié française, pût être rangée même parmi les probabilités; cependant, après avoir incliné vers l'opinion qui faisait du comte de Vermandois l'homme au masque, il déclara vouloir attendre, *pour former une décision,* qu'on eût la date certaine de l'arrivée de ce prisonnier à la citadelle de Pignerol; car, jusque-là, on ignorerait la vérité : *il y a grande apparence qu'on ne la saura jamais!* disait-il à l'exemple du lieutenant de police Voyer-d'Argenson.

Saint-Foix se hâta de faire imprimer sa *Réponse* au père Griffet, et s'attacha surtout à démontrer que le prisonnier masqué ne pouvait être le comte de Vermandois : il s'efforça de prouver par des raisonnemens, plutôt que par des autorités contemporaines, que ce prince était incapable d'avoir porté la main sur le dauphin, et que Louis XIV n'avait pu se prêter à une *momerie* aussi indécente que celle des obsèques et de l'enterrement d'une *bûche* à la place de son fils; il se moqua de l'anagramme de

Marchiali [1], et soutint, à tort, qu'on n'était pas dans l'usage d'appeler le comte de Vermandois *M. l'amiral* [2] : il cita, sans propos et sans but, un passage très-remarquable d'une *Histoire de la Bastille*, imprimée en 1724, lequel coïncide en effet avec l'anecdote du *Masque de Fer;* mais il ne songea pas à profiter d'une découverte aussi neuve, qui pouvait être la base d'un nouveau système et servir en tous cas à constater les précautions qu'on prenait pour la garde du prisonnier inconnu.

Ensuite il présenta de nouveaux faits à l'appui d'une substitution de victime sur l'échafaud du duc de Monmouth : il faillit se croire personnellement offensé du trait de satire que le père Griffet avait lancé contre son confrère, le père Tournemine, célèbre dans toute l'Europe, aimé, estimé, considéré à la cour et à la ville. Mais les plus forts argumens du système de Saint-Foix ne reposaient que sur des

---

[1] On donnait quelquefois aux prisonniers un faux nom fabriqué avec l'anagramme du leur. Nous lisons dans la 3ᵉ livraison de *la Bastille dévoilée*, p. 79 : « *Villeman*, c'est encore M. Jean de *Manville* revenu des îles de Sainte-Marguerite à la Bastille : M. Delaunay avait renversé son nom et l'avait fait inscrire de même sur les registres, pour dérober à tout le monde le lieu de la détention du prisonnier. »

[2] Prosper Marchand rapporte dans son *Dictionnaire* plusieurs pièces de vers de Benserade, adressées à *Monsieur l'Admiral*, en 1681.

ouï-dire plus ou moins croyables; l'histoire lui fournissait à peine quelques vagues allégations.

Saint-Foix essaya pourtant de répondre au défi du père Griffet, en établissant, d'une manière irrécusable, que le prisonnier n'avait été amené qu'en 1685 à Pignerol, et, faute de pièces authentiques, il se jeta dans des suppositions souvent erronées.

Il fixe d'abord avec justesse, et pour la première fois, l'époque à laquelle M. de Saint-Mars fut nommé au commandement de la *citadelle* (ou plutôt du donjon et de la prison) de Pignerol, lorsque Fouquet fut envoyé dans cette forteresse, après son arrêt du 20 décembre 1664, sous la garde spéciale de Saint-Mars.

En 1681, une année environ après la mort de Fouquet, Saint-Mars devait conduire lui-même son second prisonnier d'état, le comte de Lauzun, aux eaux de Bourbon ; mais il fut exempté de cette commission à cause de ses fréquens démêlés avec Lauzun, et remplacé par Maupertuis, sous-lieutenant des mousquetaires du roi [1] : si l'homme au masque eût été enfermé à Pignerol en 1681, se demande Saint-Foix, Saint-Mars aurait-il été chargé de suivre Lauzun dans un voyage de *trois* mois?

[1] *Mém. de Mlle de Montpensier*, collection Petitot, 2ᵉ série, t. 42, p. 424.

En 1684, les réjouissances pour la naissance du duc d'Anjou furent l'objet d'une contestation assez vive entre M. d'Herleville, gouverneur de la ville et de la citadelle de Pignerol, et M. de Lamothe de Rissan, lieutenant du roi : cette contestation pouvait-elle avoir lieu, se demande Saint-Foix, sinon en l'*absence* de Saint-Mars, qui *avait encore les lettres de commandement* pour la citadelle, et Saint-Mars pouvait-il s'éloigner, si le prisonnier masqué lui eût été déjà confié ? Par malheur, Saint-Foix ignorait que Saint-Mars avait passé de Pignerol à Exilles, dont il fut nommé gouverneur au mois de mai 1681 [1].

Saint-Foix signala, malgré ces erreurs, plusieurs points intéressans, surtout une alliance de famille entre Saint-Mars et madame Dufresnoy, dont il avait épousé la sœur : or, madame Dufresnoy, femme du premier commis de la guerre et maîtresse de Louvois, était à portée de servir son beau-frère auprès du ministre qui avait la surintendance des places de guerre et des prisons d'état. Saint-Foix raconta, en

[1] « Sa Majesté, ayant connu l'extrême répugnance que vous avez à accepter le commandement de la citadelle de Pignerol, a trouvé bon de vous accorder le gouvernement d'Exilles, vacant par la mort de M. le duc de Lesdiguières. » Lettre de Louvois à Saint-Mars, du 12 mai 1681. Extr. des archives des Affaires étrangères, par M. Delort.

outre, comme un fait *certain*, que madame Lebret, mère de feu M. Lebret, premier président et intendant de Provence, *choisissait à Paris, à la prière de madame de Saint-Mars, son intime amie, le linge le plus fin et les plus belles dentelles,* et les envoyait à l'île de Sainte-Marguerite pour le prisonnier. Il raconta aussi, sans garantir l'exactitude de cette circonstance, que « le lendemain de l'enterrement de *Marchialy*, une personne ayant engagé le fossoyeur à le déterrer et à le lui laisser voir, ils trouvèrent un gros caillou à la place de la tête. »

Un *ami du père Griffet*, lequel sans doute n'était autre que ce jésuite lui-même, écrivit à *l'Année littéraire* de Fréron, théâtre principal de ce débat où Voltaire était mis en cause, une lettre au sujet des *pièces du procès*, réunies et publiées par Saint-Foix en 1770 : il pensait que *ce procès n'était pas encore assez instruit pour pouvoir être jugé*. Cependant il ne paraissait pas éloigné de croire à la *disparition* du comte de Vermandois, plutôt qu'à sa mort devant Courtray ; et il mit en avant une de ces traditions, qu'on peut toujours fabriquer sans crainte d'être convaincu de mensonge.

« On *assure*, dit-il, que le jour même où le corps du comte de Vermandois dut être transporté à Arras, il sortit du camp une litière, dans laquelle on crut qu'il y avait un prisonnier d'importance, quoiqu'on répandît le bruit que la caisse militaire y était renfermée; et l'on ajouta que cette litière prit un chemin détourné. J'ai lu, *quelque part*, que le caveau, dans lequel on dit que le comte de Vermandois fut inhumé, à Arras, a été gardé très-soigneusement. Il me semble encore qu'il y avait dans le même écrit diverses anecdotes qui annonçaient un mystère enseveli dans cette tombe. »

L'auteur de la lettre, adoptant, sans examen, l'*absence* de Saint-Mars hors de Pignerol, à la fin de l'année 1683 et au commencement de la suivante, comme Saint-Foix avait tenu à la constater, en interprétant mal l'*État de la France en* 1684, s'efforçait de la rapporter à l'enlèvement même du comte de Vermandois, que Saint-Mars serait allé chercher en secret au camp de Courtray, pour le transférer masqué à Pignerol.

Enfin l'*ami du père Griffet*, d'un ton semi-sérieux et semi-plaisant, avançait une nouvelle conjecture, et proposait de chercher, sous le masque du prisonnier, le sultan Mahomet IV, détrôné en 1687, puisque le sort de ce sultan était *assez incertain* depuis sa déposition, et que, le prisonnier passant pour un prince turc en Provence, le nom de *Marchialy* étant quasi turc, tout s'accordait à soutenir un système non moins vraisemblable que les autres.

Saint-Foix résolut de fermer la bouche à tous les *amis* que le père Griffet pouvait avoir encore : il fit venir d'Arras l'extrait des registres capitulaires de la cathédrale, constatant que Louis XIV avait écrit lui-même au chapitre pour lui enjoindre de *recevoir le corps* du comte de Vermandois, décédé *en* la ville de Courtray; qu'il avait désiré que le défunt fût inhumé, au milieu du chœur de l'église, dans le même caveau qu'Élisabeth, comtesse de Vermandois, et femme de Philippe d'Alsace, comte de Flandre, morte en 1182; qu'une somme de dix mille livres avait été donnée au chapitre pour la fondation d'un obit à perpétuité en mémoire du comte de Vermandois; que les magistrats et les officiers municipaux de la ville étaient avertis d'assister à ce service célébré solennellement; et que, quatre ans après l'enterrement, à l'occasion de cet anniversaire, le roi avait fait don à la cathédrale d'un *ornement complet de velours noir et de moire d'argent, avec un dais aux armes du comte de Vermandois, brodées en or.* Il n'était pas probable, en effet, comme le remarque Saint-Foix, que Louis XIV eût cherché un *caveau de famille* pour y enterrer une *bûche*, et qu'il eût fondé un obit perpétuel avec une telle solennité en présence d'un cercueil vide.

Saint-Foix, peu tolérant en matière de plaisanterie, accusa de mensonge *l'ami du père Griffet*, à cause d'une citation tronquée que l'anonyme avait faite des *Mémoires de Mlle de Montpensier*[1], et avoua dédaigneusement que cet *ami* était *très-capable de soutenir, par des citations aussi vraies*, que *le prisonnier au masque était Mahomet IV*.

La mort du père Griffet, arrivée l'année suivante (1771), mit un terme à cette longue et curieuse discussion : aucun *ami* ne sortit de ses cendres pour argumenter à sa place.

Un nouveau système, qui ne devait prendre faveur qu'un demi-siècle après son apparition, fut livré à la publicité dans cette même année où Saint-Foix se flattait d'avoir fondé le sien sur des bases inébranlables.

Le baron d'Heiss, ancien capitaine au régiment

---

[1] Il s'agissait de cette phrase : *Ce sont des histoires qu'on ne sait pas et que l'on ne voudrait pas savoir*. Mme Montpensier veut parler des débauches italiennes qu'on avait attribuées au comte de Vermandois : *l'Ami du père Griffet* applique ces paroles au démêlé que le prince aurait eu avec le dauphin.

d'Alsace, qui ne nous est connu que par le catalogue de sa bibliothèque et son amitié bibliographique avec Mercier de Saint-Léger, adressa au *Journal Encyclopédique* une lettre datée de Phalsbourg, 28 juin 1770, avec un ancien document qu'il regardait comme une explication de l'énigme du *Masque de Fer* : ce document était une lettre traduite de l'italien, et insérée dans l'*Histoire abrégée de l'Europe* (par Jacques Bernard), qu'on publiait à Leyde, chez Claude Jordan, 1685 à 1687, en feuilles détachées.

Par cette lettre, copiée scrupuleusement dans l'ouvrage périodique de Jacques Bernard (mois d'août, 1687 à l'article *Mantoue*), on apprend que le duc de Mantoue, ayant dessein de *vendre* sa capitale au roi de France, son secrétaire l'en détourna et lui persuada même de s'unir aux autres princes d'Italie, pour s'opposer à l'ambition de Louis XIV. En conséquence, ce secrétaire fit plusieurs voyages auprès des souverains, afin de les entraîner dans cette ligue; mais, à la cour de Savoie, ses complots furent dénoncés au marquis d'Arcy, ambassadeur de France. Celui-ci accabla de civilités cet agent de trahison, le *régala* fort souvent, et l'invita enfin à une grande chasse à deux ou trois lieues de Turin. Ils partirent ensemble; mais à peu de distance de la ville, ils furent enveloppés par douze cavaliers qui enlevèrent le secrétaire, *le déguisèrent, le masquèrent et le conduisirent à Pignerol.* Le prisonnier ne resta pas long-temps dans cette forteresse, qui était *trop près de l'Italie,* et *quoiqu'il y fût gardé très-soigneusement, on craignait que les murailles ne parlassent* : on le transféra donc aux îles Sainte-Marguerite, *où il est à présent sous la garde de M. de Saint-Mars,* dit la lettre. « Voilà une nouvelle bien surprenante, mais qui n'en est pas moins véritable! »

Le baron d'Heiss, sans faire grand fracas de sa découverte, en était fort satisfait, et, rappelant avec Voltaire qu'*aucun prince ni personne de marque* n'avait disparu en ce temps-là, il n'hésitait point à penser que ce secrétaire du duc de Mantoue dût être le prisonnier masqué.

Cependant cette opinion ne trouva pas d'abord beaucoup de partisans, soit que le *Journal Encyclopédique* fût peu lu, soit plutôt que les ingénieuses dissertations de Saint-Foix eussent épuisé pour un temps la curiosité des juges de ce procès plein de ténèbres. A peine si le document historique, qui mettait au jour un acte odieux du *grand roi,* sembla digne d'attention, et nul écrivain ne hasarda un commentaire sur un fait relégué dans le chaos des calomnies forgées par la presse de Hollande.

Quelques années après (1779), le *Journal de Paris* reproduisit l'extrait de l'*Histoire abrégée de l'Europe*, et le rédacteur, qui était probablement Sénac de Meilhan, fort habile à imaginer des travestissemens littéraires, alla jusqu'à dire que l'original italien de cette lettre existait à la Bibliothèque du roi. Mais personne n'eut la patience de l'y chercher ni le bonheur de le découvrir.

Voltaire était demeuré neutre durant ces débats, où son nom fut à peine prononcé de part et d'autre ; peut-être s'y mêla-t-il sous le voile d'un pseudonyme, selon son habitude, semblable à ces preux chevaliers qui venaient couverts d'armures noires dans les tournois, et ne s'y faisaient reconnaître que par leurs beaux coups de lance. Seulement, dans un supplément ajouté à une nouvelle édition de l'*Essai sur les mœurs,* et intitulé *Nouvelles remarques sur l'histoire*, il avait répété que l'anecdote du *Masque de fer* était *aussi vraie qu'étonnante,* et il avait consigné (12ᵉ *remarque*) une partie des faits relatés dans la lettre de M. de Palteau, en remarquant que *cette nouvelle preuve n'était pas néces-*

saire, quoiqu'il ne faille rien négliger sur un fait si éloigné de l'ordre commun.

Il voulut en finir avec deux systèmes qu'il avait déjà réfutés dédaigneusement, et comprendre dans cette dernière refutation celui de Saint-Foix, en faveur duquel la critique semblait se prononcer. Dans la septième édition du *Dictionnaire philosophique*, réimprimé sous le titre de *la Raison par alphabet*, 1770, 2 vol. in-8, où il fit entrer dans l'article ANA l'anecdote sur le *Masque de Fer*, il rectifia les erreurs qu'il avait commises lui-même, faute de documens authentiques, et il se servit pour cela du journal de Dujonca, publié par le père Griffet, qui avait, dit-il, *l'emploi délicat* de confesser les prisonniers de la Bastille. Il traita de *rêve* l'opinion qui faisait du prisonnier inconnu le duc de Beaufort ou le comte de Vermandois; il se moqua plus sérieusement des *illusions* de Saint-Foix, en disant que, pour les admettre, il faudrait croire que le duc de Monmouth fût ressuscité et eût changé l'ordre des temps, substitution plus difficile que celle d'un patient livré au bourreau. On voit que Voltaire donnait toujours la date de 1661 ou 1662 au commencement de la prison du *Masque de Fer*. Il railla surtout la condescendance qu'on supposait à Louis XIV, de *servir de sergent et de geôlier* au roi Jacques II, puis au roi Guillaume; puis à la reine Anne.

Voltaire rapporte ensuite que le prisonnier déclara *lui-même* à l'apothicaire de la Bastille, peu de jours avant sa mort, qu'il *croyait avoir environ soixante ans*. Au sujet de ce renseignement que rien ne constate, un plaisant dit que l'auteur de la *Henriade* en était réduit à faire des *comptes* d'apothicaire. Il est impossible en effet de s'en rapporter à ce ouï-dire, outre que cet infortuné, captif depuis tant d'années, et privé des moyens de calculer exactement la marche du temps, se trompait peut-être dans ses conjectures sur son âge : on sait que Latude, après une longue détention, n'avait plus aucune idée précise relativement aux années qui s'étaient écoulées pendant sa captivité.

Voltaire se demandait encore : « Pourquoi donner un nom italien à ce prisonnier ? On le nomma toujours *Marchialy !* » M. de Palteau avait pourtant fait connaître que le nom de *Latour* fut affecté à l'inconnu de son vivant. Quant au nom porté sur le registre des sépultures, quiconque était instruit du régime administratif des prisons d'état pouvait apprécier combien ce faux nom avait peu d'importance. Voltaire n'eut pas été intrigué du nom italien de

Marchialy, s'il avait lu ce passage des *Remarques historiques sur le château de la Bastille*, imprimées quatre ans plus tard : « Le ministère n'aime pas que les gens connus meurent à la Bastille. Si un prisonnier meurt, on le fait inhumer à la paroisse de Saint-Paul sous le nom d'un domestique, et ce mensonge est écrit sur le registre mortuaire pour tromper la postérité. Il y a un autre registre où le nom véritable des morts est inscrit (p. 33). » Ce registre n'a point été retrouvé dans les archives de la Bastille.

Voltaire finissait son article par cette espèce de proclamation dans laquelle on peut voir la conscience d'une vérité cachée ou l'orgueil d'un esprit qui déguise son ignorance sous un silence prudent : « Celui qui écrit cet article en sait peut-être plus que le père Griffet et n'en dira pas davantage. »

Cependant cet article fut suivi d'une *Addition de l'éditeur*, beaucoup moins discrète, attribuée à Voltaire par *bien des gens de lettres* et par les éditeurs de Kelh : cette *addition* parut dans une nouvelle édition du *Dictionnaire philosophique*, sous le titre de *Questions sur l'Encyclopédie distribuées en forme de dictionnaire, par des amateurs*, Genève, 1771, 9 vol. in-8. *L'éditeur*, ou Voltaire qui prenait souvent ce titre dans ses ouvrages pour faire passer quelque vérité audacieuse, sans en être personnellement responsable, dit : « Rien n'est plus aisé non-seulement de concevoir quel était le prisonnier, mais qu'il est même difficile qu'il puisse y avoir deux opinions sur ce sujet. L'auteur de cet article aurait communiqué plus tôt *son sentiment*, s'il n'eût cru que cette idée devait déjà être venue à bien d'autres et s'il ne se fût persuadé que ce n'était pas la peine de donner comme une découverte une chose qui, selon lui, saute aux yeux de tous ceux qui lisent cette anecdote. » C'était ne plus même admettre le doute dans une question si obscure et si peu éclaircie jusque-là. L'*éditeur*, qui s'appelle ici l'*auteur*, par distraction, s'étonne que « tant de savans et tant d'écrivains, pleins d'esprit et de sagacité, se tourmentent à deviner qui peut avoir été le fameux *Masque de Fer*, sans que l'idée la plus simple, la plus naturelle et la plus vraisemblable, se soit jamais présentée à eux ; » en conséquence, il se décide *enfin à dire ce qu'il en pense depuis plusieurs années*.

Il rejette sans réfutation les diverses opinions qui étaient en lutte, sans oublier la dernière, celle du baron d'Heiss, à propos de laquelle cette *addition* semble avoir été faite, et il juge impossible de concilier le personnage d'un secrétaire du duc de Mantoue *avec les grandes marques de respect* que Saint-Mars donnait à son prisonnier ; il *ne s'amuse pas* à prouver que ce prisonnier ne saurait être le comte de Vermandois, ni le duc de Beaufort, ni le duc de Monmouth, ni le secrétaire du duc de Mantoue : *l'auteur conjecture que Voltaire est aussi persuadé que lui du soupçon qu'il va manifester, mais que Voltaire, à titre de Français, n'a pas voulu publier tout net, surtout en ayant assez dit pour que le mot de l'énigme ne dût pas être difficile à deviner.*

Selon le *soupçon* de l'*éditeur*, le *Masque de Fer* était un frère aîné de Louis XIV. Anne d'Autriche l'avait eu d'un amant, et la naissance de ce fils aurait détrompé la reine sur sa prétendue stérilité. Après cette couche secrète, par le conseil du cardinal de Richelieu, un hasard avait été adroitement ménagé pour *obliger absolument le roi à coucher en même lit avec la reine* ; un second fils fut le fruit de cette rencontre conjugale, et Louis XIV avait ignoré jusqu'à sa majorité l'existence de son frère adultérin. La politique de Louis XIV, affectant un généreux respect pour l'honneur de la royauté, avait sauvé de grands embarras à la couronne et un horrible scandale à la mémoire d'Anne d'Autriche, en imaginant un *moyen sage et juste* d'ensevelir dans l'oubli la preuve vivante d'un amour illégitime. Ce moyen dispensait le roi de commettre une cruauté, qu'*un monarque moins consciencieux et moins magnanime que Louis XIV* eût estimée *nécessaire*.

« Il me semble, poursuit toujours *notre auteur*, que plus on est instruit de l'histoire de ce temps-là, plus on doit être frappé de la réunion de toutes les circonstances qui prouvent en faveur de cette supposition. »

Était-ce bien là réellement l'opinion de Voltaire? Avait-il en effet été initié à ce secret d'état par le duc de Richelieu ou par Mme de Pompadour? Est-ce lui-même qui a rédigé cette note assez mal écrite? Ne serait-ce pas plutôt une interpolation d'un véritable éditeur, qui aurait cru ne faire que reproduire plus explicitement l'opinion de Voltaire? En tout cas, il est certain que, depuis cette déclaration publiée sous la responsabilité d'un *éditeur* anonyme, Voltaire s'abstint, avec une affectation inexplicable, de revenir sur le sujet du *Masque de Fer*, comme s'il eût dit tout ce qu'il savait, ou peut-être tout ce qu'il en pouvait dire. Le système de Voltaire s'enracina dans les esprits, sans que personne osât songer à le renverser; et celui de Saint-Foix, au contraire, qui n'avait triomphé un moment qu'à force d'esprit et de témérité, ne survécut pas à son brillant auteur, mort deux années avant Voltaire (1776).

En 1774, un écrivain anonyme fit paraître sous le manteau un petit ouvrage sur la Bastille [1], dans lequel l'anecdote de l'*Homme au Masque de Fer* ne fut pas omise. La police poursuivit avec tant de rigueur cet écrit qui contenait bien des particularités secrètes sur le régime intérieur de la prison d'état, que peu d'exemplaires échappèrent aux saisies et au pilon : on n'en connaît guère que deux

---

[1] *Remarques historiques et Anecdotes sur le château de la Bastille*, 1774, petit in-12. Ce livre était si rare en 1789, qu'un éditeur (peut-être l'imprimeur Grangé qui a fait sortir de ses presses plusieurs opuscules sur la Bastille et sur le *Masque de Fer*) le réimprima sous ce titre : *Remarques et Anecdotes sur le château de la Bastille, suivies d'un détail historique du siége, de la prise et de la démolition de cette forteresse*, in-8° de 106 pages; et y ajouta une préface déclamatoire contre les prisons d'état, *ces monumens odieux de l'oppression, ces tombeaux vivans de la justice et de l'humanité!* « J'ai eu en possession, pendant bien peu de temps à la vérité, dit l'auteur de cette préface, un manuscrit précieux sur cette matière. Je pourrais même me prévaloir de sa rareté, puisque sans être très-volumineux, dix louis n'ont pu m'en rendre propriétaire. On pense bien que je n'ai pu ni peut-être dû le copier en entier. » Ce même ouvrage fut encore reproduit en 1789, sous une autre forme, avec d'importantes additions : *Remarques historiques sur la Bastille; sa démolition et Révolutions de Paris en juillet 1789 avec un grand nombre d'anecdotes intéressantes et peu connues*, Londres, in-8°, deux parties, 199 et 137 pages.

ou trois de l'édition originale portant les armes de France au frontispice, comme pour signaler les œuvres de la royauté. Ces *Remarques historiques* ne sont pourtant qu'un extrait textuel de la partie descriptive de l'*Inquisition française* de Constantin de Renneville, avec des additions curieuses. La note v est consacrée à un rapide examen des divers systèmes auxquels le mystère du *Masque de Fer* avait donné lieu jusque-là : l'auteur penche visiblement du côté de l'opinion du père Griffet en disant : « Ce jésuite, confesseur des prisonniers de la Bastille, n'atteste pas que l'*Homme au Masque de Fer* fût le comte de Vermandois ; mais il rassemble bien des raisons et des probabilités en faveur de cette opinion, et *il semble que sur cette matière le suffrage du père Griffet doit être d'un grand poids.* »

Le gouvernement, qui avait toujours redouté et contrarié les recherches relatives au prisonnier masqué, espéra enfin que ce sujet était épuisé pour la curiosité publique. Soulavie nous apprend que « le garde des sceaux, Hue de Miromesnil, n'avait jamais laissé discuter les anecdotes du mystérieux personnage, lorsqu'elles pouvaient indiquer un membre de la famille royale, et M. de La B... (La Borde, premier valet de chambre du roi) fut obligé d'envoyer, sous le nom de Voltaire, un mémoire manuscrit à Londres, le bureau de la librairie n'ayant jamais permis à ce sujet que d'amuser le tapis et de dire, avec le père Griffet ou ses semblables, que le prisonnier était le duc de Monmouth, le duc de Beaufort ou quelque autre de cette classe[1]. » Ce petit ouvrage, intitulé pompeusement l'*Histoire de l'Homme au Masque de Fer, par Voltaire*, in-12 de 32 pages, 1783, rassemblait en effet tout ce que Voltaire avait éparpillé dans ses œuvres au sujet du prisonnier, et Linguet, qui, dans son séjour à la Bastille, recueillit quelques lointaines traditions échappées à ses devanciers, en avait fait part à M. de La Borde, sans oser les mentionner lui-même dans ses *Mémoires de la Bastille*, imprimés à Londres la même année.

Selon Linguet, le prisonnier portait un masque

---

[1] *Mémoires du maréchal duc de Richelieu*, t. 6, p. 6. Soulavie ne laisse aucun doute sur le nom de l'auteur de cet opuscule, que nous avions attribué à quelque libraire spéculateur. Dans le 3ᵉ vol. des mêmes *Mémoires*, p. 104, il s'était expliqué plus clairement encore : « Les dernières anecdotes qu'on a puisées sur le *Masque de Fer* nous ont été données par M. Linguet, qui, long-temps détenu à la Bastille, obtint quelques renseignemens des plus anciens officiers ou serviteurs du château; il donna ses notes à M. de La Borde, qui les a publiées en ces termes, dans un petit ouvrage sur ce *Masque.* »

de velours et non de fer; le gouverneur lui-même le servait et *enlevait son linge ;* lorsqu'il allait à la messe, il avait les défenses les plus expresses de parler et de montrer sa figure : l'ordre était donné aux invalides qui l'accompagnaient de tirer sur lui dans le cas où il eût enfreint ces défenses ; lorsqu'il fut mort, on brûla tous ses meubles, on dépava sa chambre, on ôta les plafonds, on visita tous les coins, recoins, tous les endroits qui pouvaient cacher un papier, un linge ; en un mot *on voulait découvrir s'il n'y aurait pas laissé quelque signe de ce qu'il était.* Les personnes de la Bastille, qui avaient rapporté ces faits à Linguet, « les tenaient de leurs pères, anciens serviteurs de la maison, lesquels y avaient vu l'*Homme au Masque de Fer.* » On a peine à comprendre pourquoi Linguet choisit La Borde pour secrétaire dans cette circonstance et se priva d'un thème aussi fertile en déclamations, lui qui, dans ses *Mémoires de la Bastille*, raconte sérieusement qu'on l'*empoisonnait*, lui qui fait un drame horrible et ténébreux de l'ensevelissement d'un prisonnier mort dans une chambre voisine de la sienne, lui enfin qui accumule tant de malédictions contre les *souffrances inconnues* et les *peines obscures* de cette prison d'état.

7

La plupart des faits racontés par Linguet et par M. de La Borde entrèrent dans les *remarques* sur le *Masque de Fer* publiées en 1783 par le marquis de Luchet dans le *Journal des Gens du monde*, t. 4, n° 23, p. 282 et suiv. Ce journal, qui paraissait en Allemagne, n'était pas obligé de garder des ménagemens avec la mémoire d'Anne d'Autriche, et le rédacteur de ce journal, attaché à la cour du prince de Hesse-Cassel, avait toute liberté d'amuser ses lecteurs, en mettant à profit ses réminiscences des ouvrages et des conversations de Voltaire.

Cependant le marquis de Luchet n'adopta pas entièrement le système de l'*éditeur* anonyme des *Questions sur l'Encyclopédie*, qui d'ailleurs, en proposant l'histoire d'un fils naturel d'Anne d'Autriche, ne s'était point expliqué sur la personne du père; il fit honneur à Buckingham de cette paternité en litige, et réclama, en faveur de son opinion, un nouveau témoignage, celui de Mlle de Saint-Quentin, ancienne maîtresse du ministre Barbezieux, laquelle, retirée à Chartres où elle mourut dans un âge avancé vers le milieu du dix-huitième siècle, avait dit *publiquement* que Louis XIV condamna son frère aîné à une prison perpétuelle, et que la *parfaite ressemblance* des deux frères nécessita l'invention du masque pour le prisonnier. Voltaire avait pensé aussi que ce masque cachait une ressemblance *trop frappante;* mais d'où vient que Voltaire, à qui l'on écrivit de Chartres le bruit qu'on y avait répandu sous le nom de Mlle de Saint-Quentin [1], ne le consigna pas dans ses œuvres et se contenta d'en parler à Genève ?

Certes, Barbezieux avait un caractère léger et dissipé, bien différent de la fermeté et de l'esprit politique de Louvois son père; mais il n'eût point osé divulguer à une maîtresse ce formidable secret d'état, qui ne transpirait pas même dans les indiscrets libelles de Hollande, avant la mort de l'homme au masque : Barbezieux mourut en 1701 et *Marchialy* en 1703. Le marquis de Luchet n'était-il pas bien capable de supposer cette demoiselle de Saint-Quentin [2], comme il supposait un fils de Buckingham, comme il supposa plus tard *Mlle de Baudeon, la comtesse de Tersan, la duchesse de Morsheim,* et plusieurs autres dames dont il rédigea

---

[1] 9e liv. de la *Bastille dévoilée*, p. 145.

[2] Les auteurs de la *Bastille dévoilée* voulurent constater par un *procès-verbal* le séjour de la demoiselle de Saint-Quentin à Chartres, et l'anecdote racontée par elle à plusieurs personnes de cette ville encore vivantes en 1790; mais ils ne purent obtenir ce procès-verbal et attestèrent seulement la *notoriété* du fait.

les *Mémoires*, toujours pour l'amusement des *gens du monde* ?

Linguet, dont M. de La Borde et le marquis de Luchet avaient invoqué le témoignage, n'osa pas confirmer ces assertions dans les *Annales politiques*, et craignit peut-être de fournir à ses ennemis le prétexte d'une nouvelle lettre de cachet : le silence de Linguet est inexplicable. Certes, l'abbé Lenglet-Dufresnoy, qui ne se faisait pas scrupule de publier des vérités ou des mensonges hardis, aurait élevé la voix s'il eût encore vécu, lorsque le prieur Anquetil le cita dans une compilation historique, sans critique et sans style, intitulée : *Louis XIV, sa cour et le régent*, 4 vol. in-12, 1789. Anquetil rapportait, au sujet du *Masque de Fer*, ce que lui en avait dit Lenglet, qui assurait l'avoir *vu* à la Bastille, et même lui avoir *parlé*. Lenglet, malgré cet entretien, ne jeta aucune lumière sur l'histoire de ce prisonnier qui avait *l'esprit vif et orné*, disait-il, « parlait très-bien d'affaires, de politique, d'histoire, de religion, était au fait des nouvelles courantes, et montrait par sa conversation qu'il avait voyagé dans toute l'Europe (tome I.) »

Le crédule Anquetil, à qui l'auteur du *Traité des Apparitions* racontait ces belles choses recueillies dans un de ses nombreux séjours à la Bastille, eut la bonhomie de le *presser* de dire ce qu'il pensait de cet inconnu : « Voudriez-vous me faire aller une neuvième fois à la Bastille ? » répondit Lenglet qui n'y alla que cinq fois pendant sa vie littéraire, comme l'a prouvé son biographe Michault, de Dijon. En outre, il n'y était allé pour la première fois qu'en 1718, à moins qu'on veuille infirmer les recherches et les calculs de Michault par une note imprimée dans la *Bastille dévoilée* (1re livr., p. 113), où il est dit que Lenglet *est entré six fois à la Bastille*, la première en 1696. Quelle que soit la date de cette première entrée, l'abbé Lenglet, qui était en bon rapport de connaissance avec les officiers de ce château, avait pu apprendre d'eux ce qu'il prétendait savoir du *Masque de Fer* lui-même.

Le *Masque de Fer*, qui occupait avec tant d'ardeur les bureaux d'esprit, les journaux et les cafés, avait fait aussi l'entretien de la cour, où les mystères des lettres de cachet et des prisons d'état divertissaient quotidiennement le petit lever du roi et de ses maîtresses. Le régent Philippe d'Orléans avait, disait-on, refusé la confidence de ce grand secret aux instances les plus assidues de ses favoris et de ses compagnons de table : jamais le nom du prisonnier, masqué n'était sorti de ses lèvres, même au milieu des plus étourdissantes orgies de la Muette. Louis XV ne se montra point aussi discret, assure-t-on, et les caresses de Mme de Pompadour eurent tout l'empire qu'elle leur savait; mais la spirituelle marquise, qui laissait le censeur Jolyot de Crébillon s'asseoir sur son lit, et le gentilhomme de la chambre Voltaire se mettre à ses genoux, garda peut-être ce secret mieux que son rang dans la compagnie des gens de lettres qu'elle aimait : elle n'avait pourtant pas à craindre la destinée du pêcheur des îles Sainte-Marguerite.

Louis XV fut souvent questionné par ses courtisans sur un sujet qu'il abordait sans répugnance, et qu'il entendait en souriant approfondir devant lui. Mais, à l'occasion des deux systèmes débattus avec une égale probabilité par Saint-Foix et le père Griffet, Louis XV hocha la tête et dit : « Laissez-les disputer; personne n'a dit encore la vérité sur le *Masque de Fer*. »

Une autre fois, le premier valet de chambre du roi, M. de La Borde, essayant de mettre à profit un moment d'abandon et de familiarité de son maître, pour s'approprier sans péril ce secret qui avait causé la mort de plusieurs personnes, Louis XV l'arrêta dans ses conjectures par ces mots non moins énigmatiques que le *Masque de Fer* lui-même : « Vous voudriez que je vous dise quelque chose à ce sujet ? Ce que vous saurez de plus que les autres, c'est que *la prison de cet infortuné n'a fait tort à personne qu'à lui* [1]. »

Les ministres de Louis XVI n'étaient pas comme ceux de Louis XIV, confidens du secret de leur maître ; car le vertueux Malesherbes, pendant son premier ministère qui ne dura que neuf mois, s'imposa le devoir de tirer la vérité du tombeau de *Marchialy* et de venger la mémoire de cet infortuné, seule réparation que pût inventer l'humanité du ministre insatiable de faire le bien ; mais ses recherches, secondées par Amelot, ministre de Paris [2], ses visites à la Bastille, ses enquêtes dans les papiers de la police [3], demeurèrent sans résultat.

Chevalier, major de la Bastille, le même qui

---

[1] Soulavie ajoute de son crû une explication de ces paroles amphibologiques et la met aussi dans la bouche de Louis XV : « car il n'a jamais eu ni femme ni enfans.» *Mém. du maréchal de Richelieu*, t. 3, p. 109.

[2] On voit par une lettre du major Chevalier à M. Amelot, imprimée dans la 9e livraison de la *Bastille dévoilée*, p. 28, que cet officier lui avait envoyé, dès le 30 septembre 1775, les mêmes extraits historiques qu'il adressa ensuite à Malesherbes.

[3] Voy. la *Bastille dévoilée*, 1re livraison, p. 54.

avait inventé, dit-on, le grand registre des prisonniers, fut chargé spécialement de fouiller les archives et d'écrire l'histoire secrète du château depuis son origine [1], quoique un pareil travail demandât plus de lumières et d'instruction qu'il n'en avait : il recueillit pourtant des documens originaux très-curieux, et il les envoya au ministre le 19 novembre 1775, en lui disant, dans un style hérissé de barbarismes et de fautes d'orthographe : « Si dans la suite je trouve quelque chose qui puisse être utile, soit pour le service, soit pour la curiosité, de même que pour tout ce que vous pouvez désirer, je serai toujours à vos ordres. » La pièce concernant le *Masque de Fer* était rédigée d'après le journal de Dujonca et la dissertation du père Griffet. M. de Malesherbes n'en fit aucun usage et ne la rendit pas publique, sans doute parce qu'il espérait toujours arriver à la solution de ce grand problème historique [2].

En 1780, le père Papon, de l'Oratoire, qui avait visité les îles Sainte-Marguerite au commencement

---

[1] Voy. *Remarques historiques sur la Bastille*, 1774, p. 32.

[2] Ces pièces écrites de la main du major Chevalier sont aujourd'hui dans la collection de mon respectable ami, M. Villenave, qui les a eues avec beaucoup de papiers de Malesherbes.

de l'année 1778 pour y chercher des détails de localité utiles à son *Histoire de Provence* (4 vol. in-4, 1777—1786), publia de nouvelles anecdotes sur le *Masque de Fer* dans son *Voyage littéraire de Provence*, Paris, 1780, in-12, composé avec des notes dont il ne pouvait faire usage pour son histoire dédiée à M. de Boisgelin, archevêque d'Aix. Il avait recueilli ces renseignemens dans la citadelle, où un officier de la compagnie franche, âgé de soixante-dix-neuf ans, lui raconta ce qu'il tenait de son père, lequel était *pour certaines choses l'homme de confiance* du gouverneur Saint-Mars.

Un jour Saint-Mars s'entretenait avec son prisonnier, en restant hors de la chambre, *dans une espèce de corridor pour voir de loin ceux qui viendraient*. Le fils d'un de ses amis venait d'arriver pour passer quelques jours dans l'île; ce jeune homme s'avance du côté où il distingue des voix. Le gouverneur, surpris à l'improviste, ferme aussitôt la porte de la prison, court au-devant de l'indiscret et lui demande *d'un air troublé* s'il n'a rien entendu; rassuré par la réponse du jeune homme, il le fit pourtant repartir le jour même en écrivant à son ami que « peu s'en était fallu que cette aventure n'eût coûté cher à son fils, et qu'il le lui renvoyait de peur de quelque nouvelle imprudence. »

Un autre jour, un *frater* (garçon de chirurgien) aperçut, sous la fenêtre du prisonnier, *quelque chose* de blanc flottant sur l'eau : c'était une chemise très-fine, pliée avec assez de négligence et sur laquelle on avait écrit d'un bout à l'autre. Le pauvre homme la prit et l'apporta au gouverneur, qui ne l'eut pas plus tôt examinée qu'il demanda, *d'un air fort embarrassé*, au frater, s'il n'avait pas eu la curiosité de lire ce qui était écrit dessus; celui-ci protesta plusieurs fois qu'il n'avait rien lu; « mais deux jours après, il fut trouvé mort dans son lit. » N'est-ce pas là l'origine de l'anecdote du plat d'argent?

Le valet qui servait le prisonnier, et qui partageait ainsi sa captivité, mourut dans la prison, et ce fut le père de l'officier, que Papon interrogeait, qui chargea sur ses épaules le corps du défunt et qui le porta de nuit au cimetière. On chercha une femme pour remplacer ce valet : une paysanne du village de Mongins alla se présenter au gouverneur; mais quand elle fut avertie qu'elle devait, une fois pourvue de cet emploi, renoncer à ses enfans et au monde, elle refusa de s'enfermer pour le reste de ses jours.

Il n'y avait que peu de personnes qui eussent la liberté de parler au *Masque de Fer*, et sa prison, que l'épaisseur des murs et la force des grilles protégeaient contre toute tentative d'évasion, était gardée au dehors par des sentinelles qui avaient ordre de tirer sur les bateaux qui s'approcheraient à une certaine distance.

Mais le père Papon n'essaya pas même de découvrir quel était ce prisonnier *dont on ne saura peut-être jamais le nom*, dit-il. M. Dulaure, qui étudiait alors les antiquités nationales et surtout les fautes de la royauté pour en faire une leçon au peuple, reproduisit textuellement, dans sa *Description des principaux lieux de la France*, Paris, 1789, 6 vol. in-18 (1re partie, p. 184), les anecdotes rapportées dans le *Voyage littéraire de Provence;* il les accompagna des autres faits révélés par Voltaire et Lagrange-Chancel. Mais, au lieu d'adopter une opinion entre toutes celles qui avaient eu des avocats et des partisans, il avoua qu'elles *ne valaient pas la peine d'être répétées*, et il exposa nettement que « si l'on ne découvrait quelques *monumens* ignorés du temps de la régence d'Anne d'Autriche et du ministère du cardinal Mazarin, ou bien quelques *mémoires écrits par les personnes initiées dans le secret*, le nom de ce prisonnier, inconnu à ses contemporains, le serait aussi à la postérité. » Cette phrase semble une annonce indirecte du *mémoire* apocryphe que Soulavie préparait à cette époque dans son cabinet enrichi des matériaux dérobés à la bibliothèque du maréchal de Richelieu ; on peut, sans faire injure à la mémoire de Dulaure, que la passion aveuglait trop souvent, supposer qu'il avait vu cette pièce dans les mains de Soulavie et qu'il la regardait alors comme authentique, puisqu'il en fit usage depuis dans son *Histoire de Paris*.

Cependant un nouveau système s'élaborait en silence, et plusieurs hommes très-judicieux étaient portés à lui donner la préférence. Le chevalier de Taulès, secrétaire d'ambassade à Constantinople, ramassait mystérieusement les matériaux de ce système qui tendait à inculper les jésuites chassés de France et poursuivis de tous côtés avec la fureur des représailles. On ne peut apprécier quel sentiment de prudence ou de générosité l'empêcha de publier son livre, qui était dès lors connu dans les lettres, quoique manuscrit, et qui fut communiqué dès 1783 à M. de Vergennes, ministre des affaires étrangères.

Duclos prit les devans sur M. de Taulès, en imprimant qu'un jésuite *gros collier de l'ordre* lui avait avoué que « le *Masque de Fer* était une sottise de la Société; qu'il fallait ensevelir dans l'oubli. » Cette insinuation n'eut pas de suite à cette époque, et l'on ne demanda pas compte du prisonnier masqué à la société de Jésus, qui avait tant d'autres comptes plus graves à rendre.

C'était sous les décombres de la Bastille qu'on espérait retrouver les preuves de cette iniquité du *grand roi*, et quand la vieille prison féodale s'écroula sous le marteau du peuple, le 14 juillet 1789, le premier prisonnier qu'on chercha parmi les cachots, livrés au jour éclatant de la justice et de l'humanité, pour délivrer au moins son nom encore captif dans ces ténèbres, ce devait être le *Masque de Fer!*

Dès que la Bastille tomba au pouvoir du peuple, les portes des prisons furent brisées à coups de hache; mais on ne trouva que huit personnes à délivrer, au lieu des innombrables victimes qu'on supposait ensevelies au fond de cette sinistre forteresse : on prétendit que, peu de jours auparavant, la plupart des détenus avaient été transportés ailleurs secrètement.

Les souvenirs de plusieurs captivités célèbres planaient au-dessus des ruines, qu'on avait hâte de faire disparaître pour placer cette inscription : *Ici l'on danse*, à l'endroit même où tant de larmes avaient coulé depuis des siècles ; le fantôme du *Masque de Fer* était sans doute présent aux yeux des démolisseurs patriotes, et quand un des *vainqueurs* apporta en trophée au bout d'une baïonnette le grand registre de la Bastille [1], l'assemblée municipale de

---

[1] « C'est un in-folio immense ou plutôt une suite de cahiers qui augmentent journellement. Ces cahiers sont contenus dans un très-grand carton ou portefeuille en maroquin, fermant à clef, lequel est encore renfermé dans un double carton. Ces feuilles, distribuées en colonnes, portent des titres imprimés à chacune. Ire colonne : *Noms et qualités des prisonniers*. IIe col. *Dates des jours d'arrivée des prisonniers au château*. IIIe col. *Noms des secrétaires d'état qui ont expédié les ordres*. IVe col. *Dates de la sortie des prisonniers*. V^e col. *Noms des secrétaires d'état qui ont signé les ordres d'élargissement*. VIe col. *Causes de la détention des prisonniers*. VIIe col. *Observations et Remarques*. Le major remplit la sixième colonne suivant les indications qu'il peut avoir, et le lieutenant de police lui donne des instructions quand il veut et comme il veut. La septième colonne contient l'historique des faits, gestes, caractères, vie, mœurs et fin des prisonniers. Ces deux colonnes sont des espèces de mémoires secrets dont l'essence et la vérité dépendent du jugement droit ou faux, de la volonté bonne ou mauvaise du major et du commissaire du roi ; plusieurs prisonniers n'ont aucune note sur ces deux dernières colonnes. Ce livre est de l'invention du sieur Chevalier, major actuel. » *Remarques historiques sur la Bastille*, 1774, p. 31 et 32. La distribution des colonnes indiquée dans cet ouvrage n'est pas tout-à-fait la même que celle du registre qui a servi à la rédaction de la *Bastille dévoilée* ; ce dernier « est un registre de 280 pages in-folio, broché et soigneusement renfermé dans un portefeuille de maroquin ; d'un côté

l'Hôtel-de-Ville attendit dans un silence solennel que le secret du despotisme royal tombât de ces pages sanglantes [1] : le folio 120, correspondant à l'année 1698 et à l'arrivée du prisonnier masqué venu des îles Sainte-Marguerite, avait été enlevé et remplacé par un feuillet d'une écriture récente !

Dans les souterrains de la Bastille, on découvrit des squelettes entiers; dans les latrines, des ossemens brisés et putréfiés [2] : alors on se souvint avec terreur des horribles assertions que Constantin de Renneville avait avancées dans son *Histoire de la Bastille*, et qu'on avait trop légèrement traitées de fa-

---

est écrit en lettres d'or le mot *Bastille*; de l'autre, sont gravées les armes du roi : ledit portefeuille fermait à clef. Chaque page de ce registre est divisée en onze colonnes. Voici ce qui se trouve imprimé en tête de chaque colonne : Ire *Noms et qualités des prisonniers*. IIe *Dates de leur entrée*. IIIe *Noms de MM. les secrétaires d'état qui ont contresigné les ordres*. IVe *Tomes*. Ve *Pages*. VIe *Dates de leur sortie*. VIIe *Noms de MM. les secrétaires d'état qui ont contresigné les ordres*. VIIIe *Tomes*. IXe *Pages*. Xe *Motifs de la détention des prisonniers*. XIe *Observations*. Nota. Nous n'avons aucune connaissance des TOMES et PAGES auxquels renvoient les colonnes 4e, 6e 8e et 9e. » Première livraison, p. 44.

[1] Chap. 14 et 15 de *la Bastille, ou Mémoires pour servir à l'histoire du gouvernement français*, par Dufey de l'Yonne; 3e livraison de la *Bastille dévoilée*; les *Journées mémorables de la Révolution française*, t. 1, p. 21.

[2] « Quelques prisonniers ont péri à la Bastille par des voies secrètes, mais ces exemples sont rares. » *Rem. hist. sur la Bastille.*, p. 38. Voyez *Antiquités nationales*, par Millin, t. 1, art. de la Bastille, p. 15.

bles calomnieuses ; on pensa que bien des crimes, bien des vengeances, étaient restés enfouis dans les ombres impénétrables de cette prison d'état, et que les murs, tout couverts de noms et de dates [1], offraient des listes de proscription plus amples et plus véridiques que les registres du greffe.

Quelques curieux se mêlèrent donc aux travaux rapides de la démolition, et visitèrent en détail la tour de la Bertaudière que le *Masque de Fer* avait habitée cinq ans, et dans laquelle il avait pu laisser la trace de son passage ; mais on eut beau déchiffrer tout ce qui était écrit avec la pointe d'un couteau ou d'un clou sur les parois de pierre, sur les planchers de bois, sur les serrures, sur les meubles, sur le plomb des vitres, rien dans ces archives funèbres n'avait un rapport plus ou moins direct avec le malheureux *Marchialy*, et l'on ne douta plus que les ordres de Louis XIV pour effacer tout vestige de cette étrange mascarade n'eussent été ponctuellement exécutés.

Plusieurs personnes pourtant se demandèrent par

---

[1] On trouve dans les *Révolutions de Paris*, à la suite des *Remarques historiques sur la Bastille*, le *Relevé exact des noms et inscriptions gravées sur les murs des cachots*, et le *Langage des murs ou les cachots de la Bastille dévoilant leurs secrets*.

quelle raison le cadavre du prisonnier n'avait pas, comme ceux dont on retrouvait les débris, été confié aux oubliettes infectes de la Bastille plutôt qu'à la terre bénite du cimetière de Saint-Paul : on pouvait répondre à cette objection, que les restes humains découverts dans les fouilles appartenaient sans doute à une époque antérieure aux formalités de la prison d'état, ou n'accusaient que la scélératesse des officiers subalternes, capables d'un assassinat pour dépouiller un prisonnier; d'ailleurs en 1703, quand mourut *Marchialy*, Louis XIV, entièrement livré à Mme de Maintenon et à son confesseur le père Lachaise, avait une dévotion si scrupuleuse, qu'il n'eût pas refusé les secours de l'église et la sépulture chrétienne à son plus grand ennemi.

Cependant toutes les recherches ne furent pas infructueuses, s'il faut en croire la dernière feuille des *Loisirs d'un Patriote français*, recueil périodique [1], qui cita, le 13 août 1789, « une carte qu'un

---

[1] M. Deschiens, dans son catalogue des journaux de la révolution, ne nomme pas l'auteur de celui-ci, qui ne parut que pendant un peu plus d'un mois, et qui forme un seul volume (36 num. du 5 juillet au 13 août 1789). Ne pourrait-on l'attribuer à Brissot de Warville, et le regarder comme un annexe littéraire du *Patriote Français* que rédigeait alors ce journaliste, qui se souvenait d'avoir été pensionnaire du roi à la Bastille? Ce recueil est aujourd'hui fort rare et ne se trouve pas à la Bibliothèque royale.

homme curieux de voir la Bastille prit au hasard avec plusieurs papiers : cette carte contient, ajoute le rédacteur, le numéro 64389000 et la note suivante : Foucquet, arrivant des iles Sainte-Marguerite, avec un masque de fer; ensuite trois X.X.X., et au-dessous, Kersadion.» Le journaliste attestait avoir vu la carte, et présentait de rapides observations à l'appui de ce système, que la découverte vraie ou prétendue de la carte avait mis au jour.

Cette carte singulière, dont l'usage est aussi obscur que le chiffre, exista-t-elle réellement? La situation politique du moment était trop grave pour qu'on donnât beaucoup d'attention à ce document, dont l'authenticité est maintenant impossible à prouver, et d'ailleurs, les *Loisirs d'un Patriote français* avaient un fort petit nombre de lecteurs ; car la révolution, qui marchait déjà au son du tocsin en suivant la tête du gouverneur de la Bastille, M. Delaunay, et celle de M. de Flesselles, prévôt des marchands, n'accordait plus de *loisirs* aux patriotes enrôlés dans la milice citoyenne.

Néanmoins cette carte fut reproduite avec les réflexions du rédacteur, sous ce titre pompeux et trompeur : *Grande Découverte! l'homme au Masque de Fer dévoilé*, in-8° de sept pages d'impression.

« Ce n'est pas la seule carte qu'on ait tiré de la Bastille, lit-on dans cette feuille, il y en avait plusieurs signées de quelques ministres ou de quelques personnes inconnues avec des ordres relatifs au prisonnier. Quant à celle que je cite, *je l'ai vue!* » L'anonyme, après avoir cherché à établir que Fouquet ne mourut pas à Pignerol, présume, d'après le témoignage de cette carte, que ce prisonnier d'état réussit à se sauver, fut *repris*, ramené en secret dans sa prison, masqué et condamné à passer pour mort, en châtiment de sa tentative d'évasion.

Cet imprimé se vendit dans les rues, où la liberté de la presse faisait affluer une prodigieuse quantité de brochures et de feuilles volantes, et cette opinion nouvelle, jetée au public sans preuves, sans nom d'auteur, sans aucune sorte de garantie historique, produisit toutefois certaine impression, en présence même des autorités de Voltaire, de Lagrange-Chancel, de Saint-Foix, du père Griffet et du baron d'Heiss, qui n'avaient jamais introduit Fouquet dans leurs discussions.

On se rappela toutefois une phrase du *Supplément du Siècle de Louis XIV*, d'après laquelle le ministre Chamillart aurait dit que le *Masque de Fer* « *était un homme qui avait tous les secrets de*

Fouquet. » Des gens fort judicieux allèrent jusqu'à croire que Chamillart, que Saint-Simon (t. 7, p. 238) nous peint d'un caractère *vrai, droit, aimant l'état et le roi comme sa maîtresse, opiniâtre à l'excès*, avait dit la vérité sans pourtant manquer à son serment ni trahir un secret qui eût pu compromettre l'honneur de son maître ; selon une idée que d'autres ont eue avant nous, Chamillart voulait désigner Fouquet et ne le pas nommer, par un accommodement de conscience assez fréquent dans ces temps de morale jésuitique : en effet, qui était mieux instruit des secrets de Fouquet que Fouquet lui-même ?

Quant à la carte qui servait de base à ce système, elle ne me paraît point aussi absurde que l'ont jugée différens critiques.

1° Le numéro inintelligible de 64389000 renfermait peut-être un sens qu'on ne pouvait traduire par des lettres ; car l'emploi des chiffres était très-usité dans les affaires d'état ; ou bien encore, ce nombre extraordinaire avait-il été mal rapporté par négligence, sinon par suite de la détérioration de cette carte foulée aux pieds, mouillée, tachée de boue : dans cette seconde hypothèse, il faudrait lire d'abord, au lieu de 6438, l'année de l'entrée du prisonnier à la Bastille, 1698, et immédiatement après le numéro de l'écrou, 9000 ou plutôt 900.

2° Ces trois X.X.X. peuvent aussi s'interpréter de diverses manières également plausibles : est-ce la désignation d'un registre, d'une série, d'une armoire ? car les archives de la Bastille étaient si considérables, que le régent y avait créé, en 1716, une place de *garde* sous la surveillance immédiate du gouverneur[1]; or, dans tous les grands dépôts de livres et de papiers, on distingue les divisions par des lettres, suivant l'ordre alphabétique, que l'on répète plusieurs fois au besoin. Tel est le système de classement usité à la Bibliothèque du Roi.

3° Quant au nom propre de *Kersadion*, qui est un nom breton, et qu'on doit lire de préférence *Kersadiou* ou *Kersaliou*, c'est peut-être celui qu'on avait imposé à Fouquet, selon la règle des prisons d'état où de fréquens changemens de noms déroutaient la curiosité des indifférens et les démarches actives des intéressés : ainsi M. de Palteau prétend que l'homme au masque était connu sous le nom de *Latour* à la Bastille, et nous le voyons désigné par le nom de *Marchialy* sur les registres de la paroisse de Saint-Paul. Le fameux Latude, qui est resté

---

[1] Pièces envoyées par le major Chevalier à M. de Malesherbes. Cabinet de M. Villenave.

trente-quatre ans à la Bastille, a subi deux ou trois baptêmes de cette espèce.

Cette carte aurait donc fait partie d'un catalogue général des prisonniers, destinée qu'elle était à indiquer le nom véritable, le faux nom, le numéro du volume contenant le détail des faits et les observations relatives, le numéro du carton des pièces à l'appui, la date et tous les renvois correspondant à une vaste collection de documens qui n'existent plus [1].

Il est facile de prouver que les archives de la Bastille, qui étaient immenses, et qui contenaient les papiers des autres prisons d'état, ont été pillées avant et pendant le siége, anéanties et dispersées après le dépôt fait à l'Hôtel-de-Ville :

1° la troisième livraison de la *Bastille dévoilée*

---

[1] Les *Remarques historiques et Anecdotes sur la Bastille*, nous autorisent à supposer une classification semblable : « Lors de l'arrivée de chaque prisonnier, on inscrit sur un livre ses noms et qualités, le numéro de l'appartement qu'il va occuper et la liste de ses effets déposés dans la case du même numéro. Le livre de sortie contient un protocole de serment et protestation de soumission, de respect, de fidélité pour le roi.. Le troisième livre en feuilles contient les noms de tous les prisonniers, et le tarif de leurs dépenses... Enfin, le quatrième livre est un in-folio immense (le grand registre décrit plus haut)... On réunit en registre tous les ordres à jamais donnés et adressés au gouverneur de la Bastille, toutes les lettres des ministres et de la police ; tout est recueilli soigneusement, et se retrouve au besoin. » P. 30 et suivantes.

(par Charpentier), page 152, cite des lettres tirées de ces archives, et concernant le château de Pierre-Encise, à Lyon. On a lieu de croire que la police envoyait à la Bastille toutes ses correspondances secrètes pour y être conservées en sûreté.

2° Cette même livraison présente des renseignemens qui sont d'accord avec nos suppositions, et que le rédacteur tenait du chevalier de Saint-Sauveur, officier de la Bastille durant dix-huit ans. « Nous avons appris que les mots *tome* et *page*, qui sont deux fois répétés dans les colonnes de chaque page du grand registre, renvoient à de *gros volumes reliés* qui renferment *simplement* les ordres d'entrée et de sortie de chaque prisonnier. Cette découverte nous a fait moins regretter la perte de ces mêmes volumes; nous nous étions imaginés qu'ils renfermaient des objets bien plus intéressans. » Comment ces *gros volumes* ont-ils disparu? le gouvernement avait donc intérêt à leur destruction? Quand ils n'auraient contenu que les *ordres d'entrée et de sortie de chaque prisonnier*, n'était-ce point assez pour éclaircir beaucoup de faits obscurs, pour en révéler d'autres tout-à-fait ignorés? On conçoit la perte de feuilles volantes, réunies en liasse, mais non celle de gros volumes qui étaient couverts sans doute en parchemin, et capables de résister même à un incendie tel que celui qui consuma ou plutôt attaqua le dépôt des livres saisis et les archives, lorsque les assiégeans eurent mis le feu à l'hôtel du gouvernement.

3° Mon savant et honorable ami M. Villenave, qui visita la Bastille le lendemain de la prise, se souvient d'avoir remarqué dans les cours une énorme quantité de papiers à demi-brûlés; il en ramassa quelques-uns, manuscrits et imprimés, qu'il conserve encore dans sa précieuse collection de pièces relatives à la révolution; mais il se souvient aussi que des sentinelles empêchaient les curieux d'emporter ces papiers qu'on enlevait sous les yeux des commissaires nommés par la ville. « La vérité est, dit Cubières dans son *Voyage à la Bastille*, que M. de Mirabeau avait aussi un ordre pour venir faire sa moisson de manuscrits, et je ne doute pas qu'il n'en ait rapporté plusieurs de très-curieux. J'aurais bien voulu en ramasser à mon tour; mais je n'en avais *ni permission ni ordre*. »

4° Charpentier nous apprend avec quel soin l'autorité faisait recueillir les papiers de la Bastille, qui furent déposés à l'Hôtel-de-Ville, et *couverts d'un voile aussi impénétrable que celui qui les dérobait au jour quand ils étaient sous les voûtes de la Bastille.* Le bruit courut même qu'on ferait une perquisition à main armée chez les personnes soupçonnées de garder des pièces trouvées à la Bastille. L'Hôtel-de-Ville n'était pas le seul dépôt de ces papiers; le district de Saint-Germain-des-Prés en possédait un grand nombre [1]. Ces papiers, tombés dans les mains des particuliers, *se dispersaient tous les jours,* passaient en province et même dans les pays étrangers. Trente commissaires, choisis pour entreprendre le dépouillement du dépôt de l'Hôtel-de-Ville, s'arrêtèrent effrayés devant les difficultés et la longueur de ce travail, et Charpentier, qui criait toujours que les archives de la Bastille n'avaient fait que changer de cachot, avait déjà publié six livraisons de la *Bastille dévoilée,* à l'aide d'une collection particulière, rassemblée au Lycée, laquelle ne formait pas *la millième partie* des papiers déposés à l'Hôtel-de-Ville [2]. Charpentier ne fit paraître que neuf livraisons de son livre; le reste des documens conquis le 14 juillet 1789 a été détourné depuis par l'adresse des agens de l'ancien gouverne-

---

[1] Voyez les *Révolutions de Paris* citées plus haut, p. 34.
[2] *Bastille dévoilée,* première livraison, p. 7; 4ᵉ livraison, p. 3; 6ᵉ livraison, p. 1.

ment, ou perdu par l'incurie des gardiens de ce vaste répertoire d'iniquités morales et politiques.

On concevra l'intérêt que la royauté avait à l'anéantissement des preuves écrites de ses abus de pouvoir, en se représentant l'effet produit alors sur les masses par la dénonciation du moindre fait nouveau relatif à la Bastille, dont le fantôme épouvantait encore les Parisiens. Ces papiers accusateurs étaient autant de pierres que le peuple avait en main pour lapider la monarchie.

Nous démontrerons plus loin que le grand registre, qu'on n'eut pas le temps ni l'ordre de détruire au moment du siége, avait subi de nombreuses mutilations ou altérations à une époque antérieure, et que des officiers français avaient été chargés de rechercher et d'enlever, vers 1770, tous les papiers concernant Fouquet dans les archives de Pignerol.

Mais puisque cette carte n'a pas été conservée et que son existence ne fut point constatée par une exposition publique qui aurait attiré la foule en aussi grande affluence que l'échelle de Latude et les portes de fer de la Bastille, nous nous abstiendrons de la citer au rang des preuves, et même de défendre sa vraisemblance. Toujours est-il que la prise de la Bastille ayant accoutumé les esprits à l'imprévu et au merveilleux, on ne s'étonna pas de la trouvaille d'une carte et d'un nouveau système sur le *Masque de Fer*: les prisons républicaines allaient bientôt offrir des mystères plus inexplicables et plus horribles.

Le prisonnier masqué était encore une fois redevenu un objet de mode et d'engouement : les systèmes de Lagrange-Chancel, de Saint-Foix, du père Griffet, du baron d'Heiss et de Voltaire, repassèrent tour à tour sur la scène, sans qu'aucune découverte vînt les fortifier ; les écrivains de places et de carrefours s'emparaient à l'envi de ce sujet déjà si populaire et toujours aussi mal connu.

On imprima et l'on colporta dans le même mois une quantité de misérables imprimés qui sortaient presque tous d'une librairie de la rue de Chartres, à laquelle le *Masque de Fer* valut de bons profits. Il y eut d'abord *le véritable Masque de Fer, d'après les archives de la Bastille*, in-8° de huit pages : c'était le duc de Monmouth, d'après Saint-Foix ; ensuite, d'après Voltaire et les *Mémoires de Perse*, l'*Histoire du Fils d'un roi, prisonnier à la Bastille, trouvée sous les débris de cette forteresse*, in-8° de seize pages : c'était le comte de Vermandois, et le compilateur de cette notice, *trouvée*, disait-il, *parmi une foule d'autres papiers, lors de la prise de l'asile de la tyrannie*, se vantait de résoudre le problème, *grâce aux révolutions de Paris.*

L'effronterie du faussaire alla plus loin dans le *Recueil fidèle de plusieurs manuscrits trouvés à la Bastille, dont un concerne spécialement l'homme au Masque de Fer,* in-8° de 32 pages; c'était encore le comte de Vermandois; mais l'auteur avait la hardiesse de dire qu'il donnait la *copie exacte* d'une feuille découverte dans le mur d'une chambre de la tour de la Bertaudière, et que cette feuille avait été écrite par le comte de Vermandois, et cachée par lui *le 2 octobre 1701, à six heures du soir* [1]. Ce mensonge ridicule et impudent devait, selon le li-

[1] Plusieurs découvertes de ce genre eurent lieu cependant à la démolition de la Bastille; le nommé Mauclerc trouva, en visitant les cachots, un « morceau de papier taillé en pointe, aux deux côtés, roulé et placé dans un petit trou à gauche de la cheminée. » Sur ce papier était écrite une sentence politique qui fut attribuée à Linguet. Le même Mauclerc raconte qu'un jeune homme, visant comme lui ces cachots, « aperçut la longueur du petit doigt d'un suif noirci, qu'avec son couteau il enleva cette couche de suif et découvrit une fente au mur, dans laquelle il trouva un lambeau de toile rouge, large d'environ deux pouces, se terminant en pointe à l'une des extrémités, sur lequel lambeau sont tracés en fil blanc très-fin ces trois lignes :

+ + + + + + ans
J'ai respecté les jours de mon roi
Voilà mon crime.

Ce morceau de linge était roulé et contenait un bout de ce même fil

braire, servir de *supplément aux trois livraisons de la Bastille dévoilée*, qui commençait à paraître avec un succès bien mérité.

Plusieurs autres écrits, cachant leur pauvreté ou leur niaiserie sous de magnifiques intitulés, circulèrent dans Paris encore tout ému de l'enfantement d'une révolution; mais le public, trompé par ces mystifications méprisables, n'était que plus impatient de pénétrer ce secret, dont les dépositaires avaient tous disparu de même que les murs de la Bastille.

L'éditeur anonyme de la troisième édition des *Remarques historiques sur la Bastille* qui reparurent en 1789 comme un ouvrage nouveau, sous la rubrique de Londres, n'ajouta rien pour fixer *l'incertitude où l'on sera probablement toujours* à l'égard du prisonnier inconnu, pensait-il; mais il ne se fit pas scrupule de renchérir sur ce qu'on savait du masque et de l'enterrement de *Marchialy* : « Son masque était simplement de velours noir, garni de baleines très-fortes et attaché par derrière avec un cadenas scellé; il était fait de manière qu'il lui était impossible de l'ôter ou de l'arracher lui-même et qu'il pouvait manger avec sans beaucoup d'incom-

---

blanc, attaché à un brin de crin noir très-fort. » *Révolutions de Paris*, à la suite des *Remarques historiques sur la Bastille*, p. 136.

modité. » Où l'éditeur avait-il trouvé ces détails minutieux qu'il débitait avec tant d'effronterie ou de naïve crédulité? « Il est *très-certain* que le tronc seul du cadavre fut enterré, et que la tête coupée, puis partagée en divers morceaux, pour la défigurer, fut enterrée en plusieurs autres lieux. » L'éditeur ne nous dit pas comment il avait appris cette variante de la tradition recueillie par Saint-Foix; mais la Bastille, comme on sait, était une mine inépuisable. Charpentier, ami de Linguet qui l'encourageait à écrire un ouvrage historique sur la Bastille, et qui promettait de lui fournir des éclaircissemens singuliers, eut l'idée d'étaler au grand jour les injustices que cette prison d'état avait cachées dans son ombre. Un comité de gens de lettres s'était formé au Lycée, sous la direction de Charpentier, pour dépouiller et analyser tous les papiers de la Bastille, qu'on leur confierait, afin de *conserver des pièces intéressantes, déjà éparses, et qui, dans peu, seraient perdues sans ressource, si on ne les conservait au plus tôt.* Ce fut en quelque sorte un acte d'opposition contre la municipalité de Paris qui avait invité les possesseurs de ces pièces à en faire le dépôt à l'Hôtel-de-Ville, et qui ne se mettait pas en peine de les rendre publiques. *La Bas-*

tille dévoilée, ou Recueil de pièces authentiques pour servir à son histoire, fut donc publiée par livraisons, en 1789 et 1790, reproduisant et commentant le grand registre, dans lequel les entrées et les sorties des prisonniers étaient régulièrement marquées par ordre chronologique.

Ce travail fut exécuté avec autant de conscience que de célérité ; mais les pièces contenant l'entrée et la sortie des prisonniers ne remontaient pas au-delà de l'année 1663 ; à partir de cette époque, Charpentier avait puisé ses documens « dans de petits feuillets manuscrits enfilés par un lacet, qui paraissaient être les dépositaires des notes relatives aux prisonniers jusqu'à ce que le temps permît de les mettre au net sur le grand registre. » Ces notes présentaient pourtant bien des lacunes. Il en était de même du grand registre, dans lequel on avait *enlevé avec beaucoup de précaution* le folio 120, correspondant à l'année 1698 et à l'arrivée du prisonnier inconnu à la Bastille ; on avait aussi *déchiré* et *mutilé* les feuillets qui comprenaient la fin de l'année 1703 et les suivantes, comme pour effacer tout ce qui pouvait avoir rapport à *Marchialy*.

L'absence du folio 120 fit croire naturellement à Charpentier « qu'on avait mis autant de soin pour anéantir après la mort du prisonnier tout ce qui aurait pu donner quelques lumières sur son sort, qu'on en avait mis pendant sa vie pour dérober aux regards des curieux le mystère caché sous ce masque de fer; » il désespéra donc de trouver dans les papiers de la Bastille la moindre indication à ce sujet, et il dut se borner à faire une dissertation historique à l'aide des témoignages existant ; mais cette dissertation ne parut que dans la neuvième livraison de la *Bastille dévoilée*, qu'elle occupe tout entière.

Durant cet intervalle de temps, signalé par la publication de plusieurs ouvrages sur la Bastille et son prisonnier masqué, le folio 120 du grand registre fut remis entre les mains de Charpentier, non pas l'original, mais *un feuillet semblable, entièrement écrit de la main propre* du major Chevalier.

On obtint la certitude qu'en 1775 M. Amelot, ministre de la ville de Paris, s'était fait communiquer toutes les pièces qui concernaient directement ou indirectement l'homme au masque : le major Chevalier, qui avait rempli les fonctions de sa charge à la Bastille depuis 1749, déclara lui-même qu'il avait, par l'ordre du ministre, opéré cette soustraction et envoyé à M. Amelot les feuillets déchirés du grand registre : on avait lieu de croire que ces feuillets étaient anéantis, mais on les retrouva, dit-on, par les soins de M. Duval, ancien secrétaire de la police, et leur authenticité fut à peine mise en doute, lorsque Charpentier les imprima dans son livre, rédigé avec modération et plein d'une sage critique, qu'on traduisait au fur et à mesure en Allemagne et en Angleterre.

Il est remarquable que ce folio où l'entrée du prisonnier a été relatée dans la forme ordinaire des écrous est divisé par colonnes, et en contient plusieurs réservées pour marquer les renvois aux tomes et pages d'un journal, d'une correspondance ou d'un recueil très-volumineux (37 volumes, d'une part, et 80 ou 8, de l'autre) qu'on n'a plus, ce qui s'accorde assez bien avec la disposition de la carte décrite dans les *Loisirs d'un Patriote français*.

Voici le tableau figuré de cette feuille, copié d'après l'original autographe du major Chevalier [1] et reproduit avec une scrupuleuse fidélité, sans omettre les fautes de français et d'orthographe qu'on remarque dans la rédaction de cet étrange historien de la Bastille.

[1] Le cabinet de M. Villenave nous fournit cet original envoyé à M. de Malesherbes, et presque entièrement semblable à celui que Chevalier avait fait passer à M. Amelot, peu de mois auparavant, et qui tomba dans les mains de l'éditeur de la *Bastille dévoilée*.

NOMS ET QUALITÉS DES PRISONNIERS.	DATES DE LEURS ENTRÉES.	NOMS DE MESSIEURS LES SECRÉTAIRES D'ÉTAT QUI ONT CONTRESIGNÉ LES ORDRES.	TOM.	PAG.	DATES DE LEURS MORTS.	TOM.	PAG.	MOTIF DE LA DÉTENTION DES PRISONNIERS.	OBSERVATIONS.
Ancien prisonnier de Pignerol, obligé de porter toujours un masque de velours noir dont on n'a jamais sçû le nom ni ses qualités.	18e 7bre. 1698 à 3 heures après midy	....	Dujonca	v. 37	le 19e 9bre. 1703	Dujonca	v. 80	on ne l'a jamais sçû.	C'est le fameux homme au masque que jamais personne n'a jamais sçû ni connû. Mort le 19e 9bre. 1703. agé de 45 ans ou environs, enterré à St. Paul le lendemain à 4 heures après midy, sous le nom de *Marchiati*, en présence de M. Rosarges major dud. chateau et M. Reilhe chirurgien major de la Bastille qui ont signés sur les registres mortuaires de Saint Paul. Son enterrement a couté 40 l. Ce prisonnier a resté à la Bastille cinq années et soixante et deux jours non compris celuy de son enterrement.

Nota. Ce prisonnier a esté ammené à la Bastille par M. de Saint Mars, dans sa litierre, lorsqu'il est venu prendre possession du gouvernement de la Bastille venant de son gouvernement des illes de Sainte Margueritte et Honnoraté et qu'il avoit cy devant à Pignerol.

Ce prisonnier estoit traité avec une grande distinction de M. le Gouverneur, et n'estoit vû que de luy et de M. Rosarges major dud. chateau, qui seul en avoit soin. Il n'a point été malade que quel heures, mort comme subitement; il a été enseveli dans un linceuil de toille neuve et generalement tout ce qui s'est trouvé dans sa chambre a esté brulés, comme son lit tout entier y compris des matelats, tables, chaises et autres ustanciles reduits en poudres et en cendres, et jettés dans les latrines, le reste a esté fondu comme argenterie, cuivre ou étain.

Ce prisonnier estoit logés à la troisième chambre de la tour Bertodierre, laquelle chambre a esté regrattés et piqués jusqu'au vif dans la pierre et blanchie de neuf de bout à fonds, les portes, chassis et dormant des fenetres ont esté brulés comme le reste.

Il est à remarquer que le nom de Marchiali que l'on lui a donnés sur le registre mortuaire de Saint Paul, on y trouve lettre pour lettre ces deux mots l'un latin l'autre françois, Hic Amiral, c'est l'Amiral.

* La *Bastille dévoilée*, 9e liv. p. 34, porte : vol. 8e; la plupart des ouvrages où cette feuille a été copiée depuis offrent en toutes lettres : volume 8me.

Ce feuillet est évidemment composé avec le journal de Dujonca et les anciennes notes que le père Griffet avait employées dans sa dissertation ; il y a entière analogie de faits et souvent d'expressions entre ces documens et la rédaction assez peu littéraire de Chevalier. Cependant on a sujet de croire que le folio soustrait au grand registre différait de celui qui fut représenté comme une copie ; car dans le registre les feuilles sont divisées en *onze* colonnes (voyez ci-dessus, la note de la page 114), tandis que le folio envoyé à messieurs Amelot et de Malesherbes ne contient que *dix colonnes*, l'une desquelles porte ce titre imprimé : *Dates de leurs morts*, au lieu de *Dates de leurs sorties*. La colonne qui manque dans le folio est intitulé au grand registre : *Noms de messieurs les secrétaires d'Etat qui ont contresigné les ordres*. Comment d'ailleurs expliquer l'enlèvement de ce folio, autrement que par l'intention de cacher ce qu'il renfermait et même d'en détruire la preuve ?

Rien ne fait supposer que le grand registre, où n'existait plus le folio 120, fût celui dont on attribue l'invention à Chevalier, major de la Bastille depuis 1749 : le grand registre commence à l'année 1686 et ne paraît pas plus moderne ; au contraire, on est bien certain que le major est l'auteur du feuillet apocryphe, remis par M. Duval aux éditeurs de la *Bastille dévoilée*, soit qu'il l'ait imaginé en entier, soit qu'il l'ait copié sur le feuillet original avec de notables modifications, d'après des ordres supérieurs. Comment aurait-on écrit au commencement du 18e siècle : *C'est le fameux homme au masque*, tandis que cet homme ne devint *fameux* qu'en 1751, après la publication du *Siècle de Louis XIV ?*

On reconnaît la main de la police de Sartines et de Lenoir, dans la perte de ce feuillet et dans la manière dont il fut remplacé ; peut-être avait-il disparu avant que Chevalier fût chargé de recherches dans les archives. Les minutieuses précautions qu'on avait prises à la mort de *Marchialy* donnent assez à entendre qu'on n'eût pas laissé subsister quelque pièce écrite, capable de faire deviner le nom de ce prisonnier. En tout cas, les volumes 37 et 80 ou 8 de Dujonca, auxquels renvoyaient les colonnes des *tomes* et des *pages* dans le feuillet écrit par le major, ne vinrent à la connaissance de personne, et à peine put-on obtenir quelques témoignages pour constater qu'une collection de *gros volumes* avait figuré dans les archives de la Bastille.[1]

[1] On sait combien le gouvernement de Louis XVI employa d'argent et

A propos de ces renvois, dignes de prêter aux conjectures, quelqu'un eut l'idée de rectifier ainsi le numéro de la carte citée dans les *Loisirs d'un Patriote français*, 6-4-37-8-9000, pour le rendre compréhensible par l'addition d'un seul chiffre, et par cette explication : la carte, faite après la mort du prisonnier, aurait renvoyé au volume 6e pour l'entrée de Fouquet à la Bastille en 1663 ; au volume 4e pour sa sortie en 1664, lorsqu'on le transféra à Pignerol ; au volume 37e, pour son retour à la Bastille en 1698 ; au volume 8e, pour sa mort en 1703 ; et enfin au numéro d'ordre 9000, désignant le nombre de prisonniers enregistrés avant lui.

Mais l'auteur de *la Bastille dévoilée* n'eut pas recours à ces calculs problématiques : dans sa neu-

---

de ruse pour étouffer toutes les accusations qui pouvaient sortir contre lui des ruines de la Bastille. Les auteurs des différens ouvrages publiés alors sur cette prison d'état ne trouvèrent de renseignemens qu'auprès d'anciens officiers qui avaient été, à une époque antérieure, éloignés du service, et qui gardaient rancune à l'administration. Mais presque tous ceux qui, en dernier lieu, étaient attachés à la Bastille par des fonctions élevées ou subalternes, refusèrent de se faire dénonciateurs : on doit présumer qu'ils furent indemnisés généreusement, d'après ce seul fait (autographe de M. Villenave) : un lieutenant de la Bastille, ayant perdu ses effets dans le sac du château, adressa une pétition à Louis XVI, pour obtenir un secours ; le roi écrivit de sa main, au bas de la pétition : *Bon pour quatre mille livres.*

vième livraison, il fit un examen succinct, mais judicieux, des diverses opinions qu'on avait fait valoir jusqu'alors à l'égard du *Masque de Fer*, en discutant pour la première fois celle de M. de Taulès, qui ne révélait son *secret* à ses amis que *sous la foi du serment* (p. 171 de la 9ᵉ liv.); mais il retomba dans le système de l'*éditeur* des *Questions sur l'Encyclopédie*, ou du libelliste des *Amours d'Anne d'Autriche*, en s'efforçant de prouver que, suivant la solution *la plus vraisemblable*, le prisonnier était fils naturel d'Anne d'Autriche et frère aîné de Louis XIV.

Le champ s'ouvrait plus large et plus libre aux paradoxes, les moins respectueux pour l'honneur de la monarchie, depuis que l'*approbation* des censeurs royaux et le *privilége du roi* n'étaient plus nécessaires pour les nombreux ouvrages que la presse lançait de toutes parts, depuis que la police avait renversé son encre rouge et que le pilou ne faisait plus la guerre aux livres.

La Bastille fut encore le prétexte de plusieurs compilations moins importantes, dans lesquelles figurait le *Masque de fer* sous différens noms.

Le chevalier de Cubières, qui mena la muse de Dorat à la Bastille, le 16 juillet 1789, voulut aussi dire son mot sur le *Masque de Fer,* dans le récit de son *Voyage* en prose et en vers [1], sans doute pour justifier les qualités de *citoyen et soldat* qu'il avait prises en tête de sa brochure : Cubières aspirait déjà à devenir poète républicain, afin de se venger des épigrammes de Rivarol, auxquelles il devait son unique célébrité. Ce fut dans les notes de cet opuscule, qui rappelle seulement par la forme le spirituel *Voyage de Chapelle et Bachaumont,* que Cubières se vanta d'être mieux instruit que ses contemporains au sujet du prisonnier masqué. « Le bruit a couru d'abord, dit-il avec la légèreté d'un faiseur de poésies fugitives, que, dans cet immense et redoutable dépôt des secrets de la monarchie, on avait trouvé des pièces qui renfermaient celui du célèbre *Masque de Fer :* ce bruit a cessé tout-à-coup, et l'on a même dit qu'on n'avait rien trouvé de relatif à cet illustre prisonnier. On m'a révélé ce secret long-temps avant la prise de la Bastille ; et comme on ne m'a point fait une condition de n'en rien dire, et que le temps est venu de ne plus rien dissimuler, je vais écrire ce que je sais,

---

[1] *Voyage à la Bastille, fait le 16 juillet 1789, et adressé à Mme de G....
à Bagnols, en Languedoc,* par Michel de Cubières, citoyen et soldat, in-8°; Paris, 1789.

et l'écrire avec la franchise qui me caractérise. »

Après cet exorde charlatanique, écrit de ce style qui était bien digne d'être appliqué plus tard à l'*Éloge de Marat,* Cubières raconte que, le 5 septembre 1638, Anne d'Autriche, qui avait mis au monde, entre midi et une heure, un fils qui fut Louis XIV, accoucha d'un second fils *pendant le souper du roi,* et que Louis XIII résolut de cacher la naissance de cet enfant, pour éviter les prétentions d'un frère jumeau à la couronne de France. Cubières a la bonne foi d'ajouter qu'il n'en sait pas davantage. On doit lui tenir compte de la réserve qu'il a mise dans sa prétendue révélation : il pouvait ne pas se contenter d'un mensonge de quinze lignes, lui qui avait déjà publié dix ou douze volumes sans y faire entrer une idée !

Le fougueux journaliste Carra, sous le voile de l'anonyme, qui fut levé par le *Moniteur* du 6 juillet 1790, publia les *Mémoires historiques et authentiques sur la Bastille, dans une suite de près de trois cents emprisonnemens, détaillés et constatés par des pièces, notes, lettres, rapports, procès-verbaux, trouvés dans cette forteresse, et rangés par époques, depuis 1475 jusqu'à nos jours ;* 1789, 3 vol. in-8°.

Les noms de l'auteur et du libraire-éditeur (Buisson) de ces *Mémoires* nous avaient d'abord mis en défiance contre leur caractère d'authenticité, si hautement réclamé dans le titre de l'ouvrage; l'esprit et le style des *observations* qui entrecoupent les pièces historiques n'eussent pas servi à nous faire changer d'avis, et nous supposions que ce livre avait été fabriqué par les scribes de Soulavie, avec des documens plus ou moins falsifiés, sous les yeux de Carra, qui aurait écrit le *Discours préliminaire*, où la déclamation va jusqu'au burlesque. « Rois imbécilles, rois fanatiques, Sardanapales français, sortez un instant des abîmes de la mort, pour subir le plus grand des supplices, celui de voir proclamer vos forfaits par toute la terre; et vous, peuples de la terre, lisez ces annales du crime!... » Mais nous nous sommes convaincus que ces *Mémoires* sont aussi exacts et non moins curieux peut-être que la *Bastille dévoilée*. Les pièces citées existaient réellement dans les archives de la Bastille, et les plus anciennes qui sont aussi les plus considérables avaient été copiées dès 1775, et transmises par le major Chevalier à M. de Malesherbes [1].

---

[1] Nous avons entre les mains ces copies, qui sont conservées dans le cabinet de M. Villenave, et en les comparant avec le tome 1 de l'ouvrage

L'article du *Masque de Fer* reproduit presque textuellement, sans avoir égard aux colonnes imprimées du grand registre, le folio 120, tel que Chevalier l'avait envoyé à Malesherbes; l'éditeur ajoute seulement que le masque de velours noir était *attaché sur le visage* du prisonnier, et *qu'un ressort le tenait par derrière*. Il passe rapidement en revue les versions des *Mémoires de Perse*, de Voltaire, de La Grange-Chancel et de Saint-Foix : il en conclut que *tous se sont également trompés sur les dates, et vraisemblablement sur leurs conjectures*. Ensuite il cite, dans ses propres *observations*, l'extrait d'une lettre que nous rapporterons ailleurs, après laquelle on ne peut plus douter qu'en 1691 le prisonnier fût *sous la garde* de Saint-Mars depuis *vingt ans* au moins. On doit regretter cependant que Carra, plus curieux de phrases que de faits, ait négligé d'indiquer la source de cette lettre qui nous semble authentique, par la raison que cet ouvrage est rempli de pièces originales publiées

de Carra, nous ne trouvons que des suppressions peu importantes dans l'imprimé. On voit à l'article du *Masque de Fer*, p. 315, que Carra avait eu communication, avant Charpentier, du folio 120 du grand registre, écrit par le major Chevalier, et des autres pièces envoyées à Malesherbes en 1775. On a lieu de soupçonner que ces pièces étaient fournies à l'éditeur par Malesherbes lui-même, dans les papiers duquel on les a trouvées.

avec autant de bonne foi que d'ignorance. Le déclamateur Carra n'était point assez adroit pour inventer un pareil artifice; et sans doute il ne regardait pas cette lettre comme un document si extraordinaire et si précieux, qu'il dût en justifier à ses lecteurs. Au reste, il croyait résoudre le problème, en adoptant le sentiment de *beaucoup de personnes* qui pensaient que le prisonnier masqué était un frère aîné de Louis XIV.

Louis Dutens, dont la réputation de poète et de littérateur français était fort accréditée en Angleterre, ne s'amusa pas à réunir dans la lettre sixième de sa *Correspondance interceptée*, in-12, 1789, les systèmes de ses devanciers : il en choisit un, celui du baron d'Heiss, qu'il appuya de quelques faits aussi neufs que singuliers; il prouva qu'un ministre du duc de Mantoue avait été enlevé par ordre de Louis XIV, vers 1685, croyait-il, et enfermé secrètement à Pignerol, parce que le cabinet de Versailles craignait l'habileté et la perfidie de cet Italien dans les négociations entamées avec la cour de Piémont. L'enlèvement semblait incontestable, quoique le cabinet de Versailles l'eût toujours nié, malgré la dénonciation de l'*Histoire abrégée de l'Europe*; mais Dutens prétendait que la victime de cet attentat contre le droit des gens était un comte Girolamo Magni.

Dutens dit que ce fut à Paris, en 1778, peut-être en fouillant les archives des affaires étrangères, qu'il acquit des lumières sur ce sujet ; il avait recueilli aussi la tradition à Turin, où il alla ensuite avec lord Mount-Stuard, envoyé extraordinaire du roi d'Angleterre ; mais il ne put compulser les archives de Mantoue, qu'on avait transportées à Vienne en 1707, et il ne trouva rien dans celles de Turin, où une lacune de quarante années (1660 à 1700) ne permettait pas de constater un fait qui avait sans doute mis en jeu les ressorts de la diplomatie italienne.

Durant le séjour de Dutens à Paris, l'abbé Barthélemy, dont la bonne foi ne peut être suspecte, lui montra un mémoire fait à l'instance du marquis de Castellane, gouverneur des îles Sainte-Marguerite, par un nommé Claude Souchon, alors âgé de soixante-dix-neuf ans, fils d'un homme qui avait été *cadet* de la compagnie franche des îles, du temps de Saint-Mars. Ce Claude Souchon est certainement le même officier que Papon avait interrogé en 1778 ; mais, dans son Mémoire, il fut moins réservé qu'il l'avait été dans ses paroles. Instruit par les confidences de son père et du sieur Favre, aumônier de la prison; il rapporta en détail les circonstances de l'enlèvement du prisonnier masqué (en 1679) qu'il appelait un *ministre de l'Empire;* et son récit s'accorde si fidèlement avec les correspondances officielles relatives à cette affaire, publiées depuis, qu'on est forcé de l'admettre comme véritable dans toutes ses parties. Claude Souchon assure que le prisonnier *mourut aux îles Sainte-Marguerite, neuf ans après sa disparition.*

Dutens démentait par là, disait-il, les assertions de Voltaire, et faisait évanouir le *merveilleux* de l'anecdote, en établissant que le *Masque de Fer* n'était autre que le ministre du duc de Mantoue, quoique celui-ci, mort *neuf ans après sa disparition,* c'est-à-dire en 1697, aux îles Sainte-Marguerite, ne pût avoir été transféré à la Bastille en 1698, ainsi que l'atteste le journal de Dujonca. Dutens, à l'appui de son opinion, cite de plus le témoignage du duc de Choiseul, qui, n'ayant pu arracher à Louis XV le secret du *Masque de Fer,* pria Mme de Pompadour de le demander elle-même au roi, et apprit par l'entremise de la favorite que ce prisonnier était *un ministre d'un prince italien.*

Ce petit écrit, qui avait passé inaperçu en 1789,

reparut avec de légers changemens dans le deuxième volume (p. 204 et suiv.) des *Mémoires d'un Voyageur qui se repose,* publiés à Paris, en 1806, par Dutens, qui n'osa pas néanmoins répéter cette conclusion qu'il avait tirée d'abord de ses recherches : « Il n'y a aucun point d'histoire mieux établi que le fait que le prisonnier au masque de fer fut un ministre du duc de Mantoue enlevé à Turin. »

Le *Masque de Fer* inondait encore une fois le public de dissertations plus ou moins hypothétiques; et ce sujet tenait aussi occupés les meilleurs critiques de l'Angleterre. M. Quentin Crawfurd publia, en 1790, un article anglais, dans lequel, après avoir comparé les systèmes soutenus jusqu'à cette époque, il opinait en faveur de celui de Voltaire, avec tant de conviction, qu'il ne pouvait douter, disait-il, que le prisonnier masqué fût le fils d'Anne d'Autriche, sans toutefois déterminer la date de sa naissance. Depuis, M. Crawfurd renouvela dans un ouvrage français cette discussion judicieuse, mais plus forte d'inductions morales que de preuves écrites.

Ce prétendu fils d'Anne d'Autriche semblait alors réunir toutes les probabilités en sa faveur, et devoir mettre fin aux conjectures que l'homme au masque soulevait depuis quarante-cinq ans : aussi ne s'occupait-on plus que de découvrir son père infortuné.

M. de Saint-Mihiel, qui travaillait à la recherche de cette paternité, fit paraître à Strasbourg, en 1790, une brochure in-8°, que nous n'avons pas vue, intitulée : *Le véritable Homme dit au Masque de Fer, ouvrage dans lequel on fait connaître, sur des preuves incontestables, à qui ce célèbre infortuné dut le jour, quand et où il naquit*. M. de Saint-Mihiel avait imaginé un *mariage secret* entre la reine-mère et le cardinal Mazarin !

C'était sans doute un bel exemple à suivre pour les prêtres ennemis du célibat ; mais on ne tint pas compte à l'auteur d'avoir légitimé la naissance du *Masque de Fer* : la critique refusa de prendre part aux noces de Mazarin. N'eût-il pas été plus logique d'imiter l'avocat Bouche, qui, dans son *Essai sur l'Histoire de Provence*, 2 vol. in-4°, publié en 1785, regardait l'histoire du *Masque de Fer* comme une *fable* de l'invention de Voltaire, ou bien n'était pas éloigné de conclure que ce prisonnier fût *une femme ?*

La vérité historique n'existait plus dans ces temps de révolution sociale, où les événemens du jour contredisaient ceux de la veille, où les hommes ne se reconnaissaient plus eux-mêmes, où le présent, semblable à un volcan en éruption, jetait son reflet et ses laves sur le passé. Le faux régnait dans les sentimens, dans les idées, dans les mœurs; l'exagération gâtait les meilleures choses, et personne n'y prenait garde, puisque chacun participait à ce vertige général. Le fait extraordinaire du *Masque de Fer* avait été jusque-là soumis à une analyse chimique, pour ainsi dire, et dégagé de tout l'alliage mensonger que lui prêtait la tradition : en 1790, on ne disserta pas davantage, on supposa un document d'après lequel la question était résolue, sans appel, sous les auspices de ce maréchal de Richelieu qui passait pour avoir été dépositaire du secret de Louis XIV.

L'abbé Soulavie, qui trouvait moyen de changer en roman les pièces les plus authentiques, et qui donnait pour vraies ses plus grossières impostures, ne manqua pas de faire entrer le *Masque de Fer* dans les *Mémoires du maréchal de Richelieu* [1], et

---

[1] *Mémoires du maréchal duc de Richelieu*, pour servir à l'histoire des cours de Louis XIV, de la minorité et du règne de Louis XV : ouvrage composé dans la bibliothèque et sur les papiers du maréchal, et sur ceux de plusieurs courtisans ses contemporains. Londres, 1790, les quatre premiers volumes; Paris, Buisson, 1793, les cinq derniers. Le succès de ce livre fut si grand, qu'on en fit une seconde édition cette année-là.

prétendit avoir découvert de quoi expliquer cette énigme, dans les papiers du maréchal. Celui-ci, en effet, avait eu l'imprudence de confier sa bibliothèque, ses notes et ses correspondances à Soulavie, qui s'en servit avec une insigne mauvaise foi, comme le déclara le duc de Fronsac dans une protestation énergique contre le secrétaire de son père; mais on peut assurer que la ridicule *relation*, insérée dans le troisième volume des *Mémoires*, ch. IX, ne fut pas trouvée par Soulavie, ni par M. de La Borde, comme le dit la *Correspondance* de Grimm (t. 16, p. 234, de la première édition), dans les cartons du duc de Richelieu. Le titre seul de ce morceau suffirait pour le démentir, en prouvant l'inexpérience de l'auteur qui a voulu déguiser son style et qui n'a pas su éviter ces mauvaises locutions que l'école encyclopédiste avait introduites dans la langue : « Relation de la naissance et de l'éducation du *prince infortuné*, *soustrait* par les cardinaux de Richelieu et Mazarin à la *société*, et renfermé par l'ordre de Louis XIV; composée par le gouverneur de ce prince *au lit de la mort*. »

Quelques citations, choisies dans le récit où le changement d'orthographe ne déguise pas l'imitation maladroite du style du dix-septième siècle, ne laisseront aucun doute sur la fausseté de cette pièce aussi grossièrement fabriquée que les poésies de *Clotilde de Surville*.

« Le *prince infortuné*, que j'ai élevé et gardé *jusqu'à la fin de mes jours*, naquit le 5 septembre 1638, à huit heures et demie *du soir* pendant le souper du roi ; son frère, à présent régnant (Louis XIV), était né le matin à midi pendant le dîner de *son père ;* mais *autant la naissance du roi fut splendide et brillante, autant celle de son frère fut triste et cachée avec soin.* » Le gouverneur, quoique *au lit de la mort*, se souvient de sa rhétorique ! Selon lui, Louis XIII fut averti par la sage-femme que la reine devait *faire un second enfant*, et cette double naissance lui avait été annoncée depuis longtemps par deux pâtres qui disaient dans Paris que si la reine accouchait de deux *dauphins, ce serait le comble du malheur de l'état*. Le cardinal de Richelieu, consulté par le roi, répondit que dans le cas où la reine mettrait au monde deux jumeaux, *il fallait soigneusement cacher le second, parce qu'il pourrait à l'avenir vouloir être roi*. Louis XIII était donc *souffrant dans son incertitude ;* quand les douleurs du second accouchement commencèrent, il pensa tomber à la renverse. Ayant réuni en présence de la reine l'évêque de Meaux, le chancelier, le sieur Honorat, la dame Péronnette sage-femme, il leur dit que celui d'entre eux qui publierait l'existence d'un second dauphin en répondrait sur sa tête. La reine accoucha donc d'un dauphin « plus *mignard* (voilà une expression de rondeau gaulois) et plus beau que le premier, qui ne cessa de se plaindre et de crier, *comme s'il eût déjà éprouvé du regret d'entrer dans la vie où il aurait ensuite tant de souffrances à endurer.* » (Ah! monsieur le gouverneur, vous avez lu les *Épreuves du sentiment* de Baculard d'Arnaud!) Le roi fit faire plusieurs fois le procès-verbal de cette *merveilleuse* naissance, *unique dans notre histoire,* et tous les témoins le signèrent avec serment de ne jamais rien révéler de ce qui s'était passé; la sage-femme fut *chargée* de cet enfant et le cardinal s'empara plus tard de l'éducation du prince destiné à remplacer le dauphin, si celui-ci venait à décéder. Quant aux bergers qui avaient prophétisé au sujet des couches d'Anne d'Autriche, le gouverneur n'en a plus entendu parler; d'où il conclut que le cardinal *aura pû les dépayser.* (Le verbe *dépayser* pris dans cette acception figurée ne se trouverait pas avant la cinquième édition du *Dictionnaire de l'Académie,* publiée l'an VII de la République.)

Dame Péronnette éleva comme son fils le prince qui passait pour le bâtard de quelque *grand seigneur du temps;* le cardinal le confia plus tard au gouverneur *pour l'instruire comme l'enfant d'un roi, mais en secret,* et ce gouverneur l'emmena en Bourgogne dans sa propre maison. La reine-mère paraissait craindre que, si la naissance de ce jeune dauphin était connue, les mécontens ne se révoltassent, « parce que plusieurs médecins pensent que le dernier né de deux frères jumeaux est le premier conçu, et par conséquent qu'il est roi de droit ; » néanmoins Anne d'Autriche ne put se décider à détruire les pièces qui constataient cette naissance. Le prince, à l'âge de dix-neuf ans, apprit ce secret d'état, en fouillant dans la cassette de son gouverneur, où il trouva des lettres de la reine et des cardinaux de Richelieu et Mazarin ; mais pour mieux s'assurer de sa condition, il demanda les portraits du feu roi et du roi régnant : le gouverneur répondit qu'*on en avait de si mauvais,* qu'il attendait qu'on en fît de meilleurs pour les placer chez lui. Le jeune homme projetait d'aller à Saint-Jean de Luz où était la cour, à cause du mariage du roi et de l'infante d'Espagne (1660), et de *se mettre en parallèle avec son frère :* son gouverneur le retint et ne le quitta plus.

« Le jeune prince alors était *beau comme l'amour*, *et l'amour l'avait aussi très-bien servi* pour avoir un portrait de son frère ; » car une servante, avec laquelle il avait une liaison intime, lui en procura un. Le prince se reconnut et courut chez son gouverneur en lui disant : « Voilà mon frère et voilà qui je suis ! » Le gouverneur dépêcha un messager à la cour pour réclamer d'autres instructions ; l'ordre vint de les enfermer ensemble. Ce gouverneur, qui n'oublie rien si ce n'est de se nommer, termine ainsi sa confession générale écrite en manière de nouvelle sentimentale : « J'ai souffert avec lui dans notre prison, jusqu'au moment que je crois que l'arrêt de partir de ce monde est prononcé par mon *juge d'en haut*, et je ne puis refuser à la tranquillité de mon âme ni à mon élève une espèce de déclaration qui lui indiquerait les moyens de sortir de l'état ignominieux où il est, si le roi venait à mourir sans enfans. *Un serment forcé peut-il obliger au secret sur des anecdotes incroyables qu'il est nécessaire de laisser à la postérité ?* » Touchante attention d'un homme qui se meurt et qui songe à éclairer la *postérité* sur des *anecdotes incroyables !*

Cette belle histoire fut tellement goûtée, que Champfort, en rendant compte des *Mémoires du maréchal de Richelieu* dans le *Mercure de France*, s'écriait avec une bonhomie assez peu digne de son caractère *mordicant* : « Il est enfin connu ce secret qui a excité une curiosité si vive et si générale ! » Certes, rien ne coûtait à Soulavie en fait de mensonges, *grâce au sentiment patriotique dont il était animé*, disait Champfort ; car Soulavie prétendait que la *relation* avait été remise par le régent lui-même à Mlle de Valois, sa fille, pour prix d'une complaisance d'autre nature, et que cette princesse, qui s'immolait ainsi à la curiosité du duc de Richelieu, son amant, avait donné à celui-ci le manuscrit, payé en monnaie fort déshonnête, comme il appert d'un étrange billet en chiffres que l'abbé, biographe du maréchal, n'a osé traduire que dans sa seconde édition : « *Le voilà le grand secret ; pour le savoir, il m'a fallu me laisser 5, 12, 17, 15, 14, 1, trois fois par 8, 3*[1]. » L'abbé Soulavie ne se faisait pas faute d'un inceste de plus ou de moins, pour ajouter du

---

[1] Ce billet obscène courait déjà manuscrit en 1789, comme je l'ai supposé d'après une phrase de Dulaure. On lit dans la sixième livraison de la *Bastille dévoilée*, qui parut en janvier 1790 : « Dans plusieurs journaux, dans plusieurs brochures, on a annoncé la découverte prochaine du secret tant désiré, tant attendu, de l'homme au Masque de Fer. J'ai vu une *copie* de la pièce sur laquelle cette espérance est fondée. C'est une lettre en chiffres, de sept à huit lignes, écrite à M. le maréchal duc de Riche-

piquant à ses révélations, rédigées dans d'excellens *principes* que Champfort louait de préférence au style négligé de l'ouvrage.

On peut croire que M. de La Borde, qui aimait à inventer des mystifications historiques et qui avait déjà fait un roman de ce genre dans la *Lettre de Marion de Lorme aux auteurs du Journal de Paris*[1], prit la plume au nom du *gouverneur d'un prince infortuné plus beau que l'amour*, et fournit ce méchant pastiche aux compilations de Soulavie. Cependant on ne contesta pas l'authenticité de ce conte fait à plaisir, parce qu'on n'avait pas le loisir de s'arrêter sur un sujet aussi frivole à l'approche de la Terreur et au bruit du canon d'alarme.

D'ailleurs Soulavie ne regardait pas lui-même comme très-convaincant le récit qu'il avait supposé, car il ne se dispensa pas de rassembler, avec des commentaires contradictoires, tous les faits rapportés tour-à-tour par les *Mémoires de Perse*, par Voltaire, par Lagrange-Chancel, par l'abbé Papon, lieu, par Mlle de Valois d'Orléans. » Charpentier, dans sa neuvième livraison, ne jugea pas que cette *monstrueuse* anecdote fût digne d'une réfutation détaillée.

[1] On sait que dans cette facétie, imprimée en 1780, in-12, Laborde essaya de prouver que la célèbre Marion Delorme était morte le 5 janvier 1741, à l'âge de cent trente-quatre ans et dix mois.

par M. de Palteau et par le père Griffet : il en tira
cet argument que le prince devait avoir une ressemblance qui l'eût fait reconnaître *pendant un demi
siècle et d'un bout de la France à l'autre*. Soulavie
ne se fait pas faute d'adopter et de paraphraser une
circonstance que le chevalier de Cubières avait avancée dans son *Voyage à la Bastille* : il raconte que
Louis XV était impatient de savoir les aventures du
Masque de Fer, et que le régent lui répondait toujours que *Sa Majesté ne pouvait en être instruite
qu'à sa majorité*; la veille même du jour où cette
majorité devait être déclarée en parlement, le duc
d'Orléans refusa encore de dévoiler ce secret, en
prétextant qu'*il manquerait à son devoir*, s'il parlait avant le terme fixé. « Le lendemain, le roi, en
présence des seigneurs de la cour, tirant ce prince
à l'écart pour être instruit du secret, tous les yeux
accompagnèrent le roi, et on vit le duc d'Orléans
émouvoir la sensibilité du jeune monarque. Les
courtisans ne purent rien entendre; mais le roi dit
tout haut en quittant le duc d'Orléans : « Eh bien! s'il
vivait encore, je lui donnerais la liberté! » Cette
anecdote, fût-elle vraie, n'ajoute aucune présomption en faveur de l'opinion défendue par Soulavie, car
le malheur d'un étranger pouvait *émouvoir* le jeune

roi de quinze ans, sans que sa *sensibilité* fût mise en jeu par les infortunes d'un personnage de sa famille. Mais une note, dont l'authenticité semble d'autant plus incontestable que Soulavie n'y attache presque pas d'importance, mérite bien plus de créance que les quarante pages précédentes : c'est le résumé d'un entretien de l'auteur avec le maréchal de Richelieu, qui avait toujours été *très-réservé* sur le secret du prisonnier masqué. Soulavie, dans un entretien particulier, lui demande *ce qu'on doit croire du Masque de Fer* et lui dit : « Il serait bien intéressant de laisser dans vos mémoires ce grand secret à la postérité ! vos liaisons avec le feu roi, avec les favorites, toujours fort curieuses de secrets, et avec toute l'ancienne cour qui le fut sans cesse sur le mystérieux prisonnier, ont pu vous l'apprendre, et vous avez vous-même instruit Voltaire *qui n'osa jamais publier le secret en entier*. N'est-il pas vrai, monsieur le maréchal, que ce prisonnier était le frère aîné de Louis XIV, né à l'insu de Louis XIII? » Ces questions embarrassèrent visiblement le vieux courtisan, qui se jeta dans une réponse évasive : il avoua que le *Masque de Fer* n'était ni le frère adultérin de Louis XIV, ni le duc de Monmouth, ni le comte de Vermandois, ni le duc de Beaufort ; il appela *rêve-*

ries ces différens systèmes, quoique leurs auteurs eussent relaté des anecdotes *très-véritables*, et convint qu'il y avait ordre de tuer le prisonnier s'il essayait de se faire connaître. « Tout ce que je puis vous dire, monsieur l'abbé, continua-t-il, c'est que ce prisonnier n'était plus aussi intéressant, quand il mourut, au commencement de ce siècle, très-avancé en âge ; mais qu'il l'avait été beaucoup, quand, au commencement du règne de Louis XIV par lui-même, il fut renfermé pour de grandes raisons d'état. »

Cette réponse remarquable fut recueillie par Soulavie qui l'écrivit sous les yeux du maréchal et qui lui en soumit la rédaction ; M. de Richelieu corrigea seulement quelques expressions et ajouta de vive voix cette observation plus énigmatique : « Lisez ce que M. de Voltaire a publié en dernier lieu sur ce *masque*, ses *dernières paroles* surtout, et réfléchissez ! » Quelles sont ces *dernières paroles* de Voltaire ? faut-il les prendre dans les *Questions sur l'Encyclopédie*, dans l'article même consacré au *Masque de Fer* ou dans l'*addition de l'éditeur* de 1771 ? faut-il plutôt entendre par là les *dernières paroles* du principal endroit où cette anecdote est discutée dans les ouvrages de Voltaire, et recourir au *Siècle de Louis XIV* et au *Supplément* de cette histoire ? en ce cas, ce seraient celles-ci : « Pourquoi des précautions si inouies pour un confident de M. Fouquet, pour un *subalterne* ? qu'on songe qu'il ne *disparut* en ce temps-là aucun homme considérable ! »

Ces *dernières paroles* pouvaient fortifier, il est vrai, le système de Soulavie, en même temps qu'elles en indiquaient un autre à établir.

Soulavie finit peut-être par se persuader que sa découverte était réelle, et il essaya de le prouver clairement dans la suite des *Mémoires du maréchal de Richelieu*, qu'il augmenta de cinq volumes en 1793. Mais ses *Nouvelles considérations sur le Masque de Fer*, imprimées en tête du 6e vol. de ces *Mémoires*, ne méritent pas plus d'estime que le manuscrit du *gouverneur* anonyme.

Il était si plein de son opinion, qu'il la regarda comme adoptée généralement, et qu'après avoir décidé ainsi le fond de la question ; *le prisonnier fut un frère de Louis XIV*, il s'occupa seulement de rechercher si ce frère était légitime ou adultérin, et il s'en tint au texte même de sa fameuse *relation* qu'il certifiait *sortie de la maison d'Orléans*. Cette dissertation semble avoir été faite pour combattre l'*addition* ajoutée à l'article du *Masque de Fer* dans le

Dictionnaire Philosophique par l'*éditeur* de 1771, addition que les éditeurs de Kelh avaient attribuée à Voltaire, en réfutant avec une note assez vive la pièce fausse produite depuis peu dans les *Mémoires du maréchal de Richelieu*.

Conçoit-on que Soulavie, qui avait sacrifié si légèrement l'honneur de Mlle de Valois à une accusation infâme, s'érigeât en champion de la vertu d'Anne d'Autriche et s'inscrivit en faux contre le système qui tendait à faire du *Masque de Fer* le fils naturel de cette reine et de Buckingham, ou de Mazarin, ou de tout autre amant?

Soulavie, comme on voit, tenait beaucoup à son roman, non moins mystérieux que les romans d'Anne Radcliff, qui eurent la vogue des Mémoires apocryphes publiés chez le libraire Buisson, entrepreneur du scandale de l'ancienne monarchie; on a lieu de supposer, d'après nombre d'inductions, que cet abbé défroqué avait un intérêt occulte à déshonorer la maison d'Orléans pour rendre ce nom odieux et affaiblir le parti de Philippe-Égalité.

Un écrivain spirituel, qui s'était fait un nom dans la littérature avec les Mémoires supposés d'*Anne de Gonzague, princesse palatine,* fut dégoûté de ce genre facile par les succès peu honorables de Soulavie, et lorsqu'il voulut traiter le sujet du *Masque de Fer*, il choisit exprès l'opinion du baron d'Heiss, comme la moins romanesque, pour s'y rattacher dans un article fort sensé, qui fait partie de ses *OEuvres philosophiques et littéraires*, 2 vol. in-12, imprimées à Hambourg en 1795.

Sénac de Meilhan, pendant son émigration, retournait ainsi en France, par la pensée, à la suite du prisonnier inconnu, qu'il avait pris pour le secrétaire du duc de Mantoue. A l'appui de la lettre italienne traduite dans l'*Histoire abrégée de l'Europe*, il invoqua le témoignage des journaux italiens de 1782, qui avaient rapporté de la même manière l'anecdote de l'enlèvement de Matthioli, trouvée dans les papiers d'un marquis de Pancalier de Prie, mort à Turin cette année-là.

L'opinion de Sénac fut reproduite, avec quelques nouveaux rapprochemens de faits et de dates, dans un article intitulé : *Mémoires sur les problèmes historiques et la méthode de les résoudre, appliqué à celui qui concerne l'Homme au masque de fer*, et signé C. D. O., que le *Magasin encyclopédique* publia en 1800 (6ᵉ année, t. VI, p. 472.) Cet article, surchargé de considérations vagues et verbeuses, est écrit par une personne qui n'avait point approfondi la question, et qui annonce que des notes découvertes à la bibliothèque de Turin prouvent l'identité du *Masque de Fer* et de Girolamo-Magni, premier ministre du duc de Mantoue.

Le savant Millin, directeur de l'estimable recueil où parut cet article, avait précédemment, dans ses *Antiquités nationales* (in-4, t. I, art. I, la *Bastille*) examiné les systèmes émis sur le *Masque de Fer*, et adopté de préférence celui qui donnait à Louis XIV un frère aîné, fruit des galanteries d'Anne d'Autriche : c'était pour lui une occasion d'envisager ce fait *sous un point de vue politique* et de comparer Louis XIV aux *despotes asiatiques*. Aussi fut-il *accueilli favorablement*, quand il présenta en 1790 à l'Assemblée Nationale son ouvrage, qui devait servir de liste de proscription aux monumens mis hors la loi !

Le système de Soulavie, enté sur sa ridicule *relation*, avait pourtant trouvé des partisans en Allemagne ; non seulement on représentait à Berlin un drame, *le Masque de Fer*, où Louis XIV, amoureux de la femme de son frère, voyait les deux époux s'empoisonner devant lui, pour échapper l'un à sa haine et l'autre à son amour ; mais encore M. Spittler avait, dans le *Magasin de Gottingue*, essayé d'établir, avec toute la conscience de son érudition germanique, une opinion qui n'était déjà plus admissible en France, et qui reposait principalement sur un livre français que nous ne connaissons pas, intitulé : *Mémoires secrets du Masque de Fer*.

Ce fut alors que le système que Sénac de Meilhan avait défendu en dernier lieu prévalut en France par la seule force des pièces qu'on découvrit à Paris dans les archives des Affaires Étrangères, et il a été presque seul soutenu jusqu'à ce jour, avec quelque apparence de vérité, il faut l'avouer.

M. Roux-Fazillac fit paraître le premier, en 1800, ces pièces authentiques dans les *Recherches historiques et critiques sur l'Homme au masque de fer, d'où résultent des notions certaines sur ce prisonnier*, in-8º de 142 pages. Ces recherches, puisées à des sources que la Révolution avait pu seule mettre à la discrétion des curieux, se composent de correspondances secrètes relatives aux négociations, aux intrigues et à l'enlèvement d'un secrétaire du duc de Mantoue, nommé Matthioli et non Girolamo-Magni. On ne pouvait plus douter de cet enlèvement exécuté en 1679, avec les circonstances révélées déjà par l'*Histoire abrégée de l'Europe*; mais le plus mince esprit de critique eût établi des différences capitales dans la position humiliante de ce prisonnier *subalterne* à Pignerol, et dans les respects que Saint-Mars témoignait pour le prisonnier masqué, suivant le consentement unanime de toutes les traditions.

Un anonyme, qu'on croit être le baron de Servière, revint deux ans après sur la plupart des faits que les *Recherches* de Roux-Fazillac avaient constatés; mais il ne fit aucune mention de l'ouvrage de son devancier, dans cette *Véritable clef de l'Histoire de l'Homme au masque de fer*, in-8°, de onze pages, sous la forme d'une lettre signée *Reth*, adressée au général Jourdan et datée de Turin, 10 nivose an XI (31 décembre 1802), où l'on trouve de nouveaux détails historiques sur la personne et la famille de Matthioli.

Reth rapporte que dînant un jour chez le général, on lui demanda son avis sur le *Masque de Fer* et qu'il ne voulut pas s'expliquer avant que toutes les pièces à l'appui de son système fussent réunies entre ses mains : il annonce dans sa lettre la publication de ces pièces en un ouvrage spécial qui n'a point paru, et prie le général de lui *garder le secret*, quoique ce prétendu secret eût été mis en circulation publique par le baron d'Heiss, depuis plus de trente ans.

Au milieu des documens authentiques cités dans cette notice, l'auteur a glissé plusieurs faits hasardés qui ne reposent que sur une tradition vague : selon lui, en 1723, le lendemain de la majorité de Louis XV, le régent, *en présence de la cour*, aurait révélé *mystérieusement* au roi le secret du prisonnier masqué. Il est à peu près avéré que la cour ignorait en 1723 l'existence de ce prisonnier ; autrement, une anecdote si singulière fût arrivée plus tôt à la publicité.

L'auteur de la lettre fait valoir avec adresse la ressemblance qui existe en effet entre le nom de Matthioli et celui de *Marchialy*, écrit sur le registre mortuaire de Saint-Paul ; il ajoute cette particularité, qui n'a pas l'importance qu'il y attache pour son système, savoir que Saint-Mars, dans sa correspondance officielle, défigure le nom de son prisonnier en écrivant *Marthioly*, ce qui se rapprocherait davantage de *Marchialy* : mais comment supposer qu'on ait presque divulgué le véritable nom du *Masque de Fer* dans les actes publics d'une paroisse ?

Enfin le pseudonyme Reth démontre jusqu'à l'évidence que le secrétaire du duc de Mantoue a été enlevé, masqué et emprisonné par ordre de Louis XIV : il oublie seulement de prouver que ce secrétaire et l'homme au masque de fer ne sont qu'une seule et même personne, sous deux noms différens et à des époques différentes.

Les Anglais n'étaient pas moins curieux que les Français de connaître à fond ce terrible épisode du règne du *grand roi* : la dissertation que M. Crawfurd avait déjà publiée fut augmentée considérablement et incorporée dans un ouvrage anglais sur la Bastille, traduit en français et imprimé à Londres, sous la date de 1798 [1]. Cette histoire, tirée en partie des *Remarques historiques sur la Bastille*, semble avoir été écrite par un homme d'état, peu partisan de la révolution française et surtout fort opposé à la politique du Directoire ; nous croyons pouvoir l'attribuer à M. Crawfurd, tant on remarque d'analogie entre la *discussion* sur le *Masque de Fer*, insérée dans ce livre, et la notice plus détaillée qu'il donna depuis dans la première édition de ses *Mélanges d'histoire et de littérature*, in-4°. Ces

---

[1] Cet ouvrage, extrêmement rare en France, est intitulé : *Histoire de la Bastille*, avec un appendice contenant entre autres choses une discussion sur le prisonnier au masque de fer, traduit sur la seconde édition de l'original anglais, 1798, sans nom de lieu, in-8° de 474 pages. Nous n'avons pas connaissance de l'original ; mais on peut juger avec certitude, d'après le type des caractères et la qualité du papier, que la traduction a été imprimée en Angleterre.

deux notices, rédigées dans le même esprit de critique et souvent avec les mêmes expressions, doivent être parties de la même main. L'auteur inconnu de cette *Histoire de la Bastille* achève en ces termes l'examen des divers systèmes : « Je ne puis douter que l'homme au masque n'ait été le fils d'Anne d'Autriche; mais sans pouvoir décider s'il était frère jumeau de Louis XIV et s'il était né pendant le temps que la reine n'habitait pas avec le roi ou pendant son veuvage. Les abbés Barthélemy et Beliardy, qui avaient fait beaucoup de recherches sur ce prisonnier, le pensaient *comme moi*. » M. Crawfurd s'appuie aussi de l'autorité des abbés Barthélemy et Beliardy, qu'il avait interrogés à ce sujet, après la publication de la *Correspondance interceptée*, pour établir une opinion tout-à-fait conforme sur la naissance du *Masque de Fer*.

M. Crawfurd ne changea pas d'opinion depuis la publication des documens authentiques sur lesquels se fondait le système de Roux-Fazillac : il le réfuta d'une manière assez satisfaisante dans les *Mélanges d'histoire et de littérature, tirés d'un portefeuille*, 1809, in-4°, réimprimés à petit nombre sous le même titre en 1817, in-8°. M. Crawfurd confirmait la réponse de Louis XV à M. de Choiseul, rapportée par

Dutens, et ajoutait cette circonstance, que le duc de Choiseul avait, à la prière des abbés Barthélemy et Beliardy, adressé des questions au roi, qui parut *fort embarrassé*, en disant qu'il croyait que *le prisonnier était un ministre d'une des cours d'Italie.*

M. Crawfurd réfuta aussi le système de M. de Taulès, d'après le manuscrit encore inédit dont il avait eu communication. Ce système, que M. de Taulès avait soumis sans doute à Voltaire, qui lui fut en effet redevable d'un grand nombre d'anecdotes sur le siècle de Louis XIV [1], tendait à prouver que le *Masque de Fer* était un patriarche des Arméniens, nommé Arwedicks, enlevé de Constantinople, et conduit secrètement aux îles Sainte-Marguerite par les intrigues des jésuites. M. Crawfurd ne se montra pas plus favorable à l'opinion de M. de Taulès qu'à celles qu'il avait déjà combattues avec beaucoup de logique ; il persévéra dans la sienne plus fortement, et répéta que le prisonnier masqué ne pouvait être qu'un fils d'Anne d'Autriche et sans doute de Buckingham.

On peut mentionner ici que cette supposition, purement romanesque, avait été mise à sa place dans

---

[1] Voyez les lettres inédites de Voltaire à M. de Taulès, tome 70 de l'édition des *Œuvres de Voltaire*, publiée par Dupont.

un roman de M. Regnault-Warin, lequel eut quatre éditions à cause de son titre : *l'Homme du masque de fer*, 1804, 4 vol. in-12 ; jamais roman de Ducray-Dumesnil ou de Montjoye ne réunit mieux les conditions voulues d'un imbroglio faux, invraisemblable et sentimental. L'auteur avait essayé de faire de sa préface une espèce de dissertation, dans laquelle il donnait son thème de romancier comme un fait incontestable : il avait même fait graver en taille-douce le portrait de son héros pour tenir lieu de pièce justificative.

Napoléon, qui lisait parfois des romans, et des plus mauvais, entre deux victoires, puisa peut-être dans celui-ci une vive impatience de connaître le secret de Louis XIV; il ordonna même de grandes recherches qui demeurèrent sans résultat, malgré le zèle des courtisans empressés à satisfaire la volonté impériale. Durant plusieurs années, le secrétaire de M. de Talleyrand fureta dans les archives des Affaires étrangères, et M. le duc de Bassano appliqua toutes les lumières de son esprit judicieux à éclaircir les abords de ce ténébreux mystère historique. Ils ne trouvèrent l'un et l'autre que des suppositions à mettre sous les yeux du grand homme qui exprima tout haut son dépit, en songeant qu'il serait maître de l'Europe sans jamais le devenir d'un secret enseveli dans le tombeau de ses prédécesseurs. Il comprit alors que la puissance avait des bornes [1].

Après que le soldat de fortune fut tombé prisonnier à Sainte-Hélène, comme le *Masque de Fer* aux îles Sainte-Marguerite, le sort du premier préoccupa seul l'attention publique.

La Biographie universelle admit dans sa nomenclature le *Masque de Fer*, faute de pouvoir le classer sous un autre nom; et le laborieux M. Weiss, de Besançon, dans un article du tome 27, publié en 1820, imagina de rassembler, en abrégé, une monographie de cet illustre prisonnier, sans toutefois se prononcer pour un des systèmes qu'il cataloguait comme les livres de sa bibliothèque. Cet article est curieux, malgré les fautes [2] qu'on ne peut attribuer à l'érudit biographe, qui termine sa nomenclature en reconnaissant qu'une lettre de Barbezieux, où ce ministre dit à Saint-Mars : *Sans vous expliquer à qui que ce soit de ce qu'a fait votre ancien pri-*

---

[1] Mme la duchesse d'Abrantès nous a communiqué ces détails; elle se souvient de plusieurs conversations qui eurent lieu sur ce sujet à la Malmaison en présence de l'empereur, et auxquelles chacun prenait part. Napoléon était sombre et pensif pendant ces débats qui l'intéressaient vivement.

[2] *L'Histoire générale de Provence* de Papon est citée au lieu du *Voyage littéraire en Provence*; *Marchialy* est nommé *Marthioli*, etc.

sonnier, « semble renverser tous les systèmes suivant lesquels cet infortuné n'aurait dû son malheur qu'au hasard de sa naissance. »

La froide impartialité de M. Weiss ne fut pas imitée par M. Dulaure. Ce vieux savant, qui consacrait à l'étude de l'histoire philosophique la fin d'une vie à demi-dépensée dans les travaux de la révolution, n'oublia pas d'accorder une place au *Masque de Fer* dans l'*Histoire de Paris*, préparée depuis quarante ans et publiée en 1821, 7 vol. in-8°. Cette histoire populaire, malheureusement trop passionnée et trop superficielle, produisit une si longue émotion de scandale, qu'on ne s'arrêta pas particulièrement au chapitre destiné à prouver que l'homme au masque était fils d'Anne d'Autriche et frère de Louis XIV. Mais M. Dulaure, en analysant le conte ridicule de Soulavie, déclara qu'il citait les faits *sans les garantir*, et avoua même que si cette relation contenait quelques vérités, « elles sont défigurées par des fictions qui n'amènent que des doutes. » Il avait à cœur de démontrer que la captivité de cet inconnu était « un des crimes inhérens aux gouvernemens arbitraires, que leurs auteurs cherchent à justifier comme nécessaires, et que le tribunal de l'histoire ne manque jamais de découvrir et de condamner. »

On était alors trop absorbé par les événemens de chaque jour et par leurs conséquences pour ne pas laisser reposer le *Masque de Fer*; il y eut un petit journal occulte qui prit ce nom pour donner à entendre que le rédacteur garderait l'anonyme *quand même*, et qui rentra dans le néant sous les coups de *la Foudre*, instrument périodique des vengeances de la Congrégation. Le *Masque de Fer* n'était pourtant pas usé, après avoir si long-temps et de tant de manières occupé la curiosité publique.

En 1825, faute d'aliment plus nouveau, ou plus digne de repaître cette insatiable avidité de savoir qui tourmente les esprits, on se rejeta tout à coup sur le mystère du prisonnier masqué, et l'on essaya d'en finir avec cette grande abstraction historique : les systèmes anciens se remuèrent comme des tronçons de serpens, et ne réussirent pas à renouer leurs trames rompues par la critique ; ils n'avaient plus même de principe vital.

M. Delort, qui passait sa vie à chercher et à comparer des autographes, fut amené, par sa passion exclusive, à découvrir dans les Archives du Royaume diverses lettres qu'il crut relatives à Matthioli, et par suite au *Masque de Fer*, selon la prétention de Roux-Fazillac. M. Delort, aussi persuadé de l'infaillibilité de ses conjectures que l'avait été son devancier, ne se fit aucun scrupule de les intituler : *Histoire de l'homme au Masque de Fer*, et de les publier en 1825, in-8°, avec un pompeux appareil de pièces justificatives, qui, plus précieuses par leur contenu que par le commentaire de l'éditeur, ajoutaient à peine quelques probabilités au système du baron d'Heiss.

Ce volume, vraiment utile et intéressant, quoique diffus et mal écrit, eut du retentissement jusqu'en Angleterre, où l'honorable George Agar Ellis, membre du parlement, le traduisit en anglais avec de nombreuses améliorations et quelques additions importantes puisées dans l'ouvrage de Roux-Fazillae. La traduction ou plutôt l'imitation d'Ellis fut retraduite en français et imprimée à Paris en 1830 : *Histoire authentique du prisonnier d'état connu sous le nom du Masque de Fer*, in-8°. Agar Ellis, aux yeux de qui les documents recueillis par Delort établissaient le nom de ce prisonnier *d'une manière claire et certaine*, ne daigna discuter aucune opinion contraire, et affirma que le *Masque de Fer* était *réellement* le malheureux secrétaire du duc de Mantoue.

On lit avec surprise dans cette histoire que, suivant le sentiment de l'historien Gibbon, beaucoup de savans anglais persistaient encore à croire que l'homme au masque pouvait bien être Henri, second fils d'Olivier Cromwell, gardé en otage par la royauté de Louis XIV.

Aux affirmations de M. Delort, le chevalier de Taulès répondit par un opuscule posthume, ou du moins cet opuscule, rédigé naguère contre le système du baron d'Heiss, fut rajeuni par ce titre charlatanique : *Du Masque de Fer, ou Réfutation de l'ouvrage de M. Roux-Fazillac, et Réfutation également de l'ouvrage de M. J. Delort, qui n'est que le développement de celui de M. Roux-Fazillac*, in-8°, 1825.

L'éditeur, propriétaire des manuscrits de M. de Taulès, mort peu d'années auparavant, mettait sous presse, en même temps, l'ouvrage inédit que ce dernier avait préparé pendant sa vieillesse. L'ouvrage parut quelques mois après, avec ce titre approprié aux circonstances : *l'Homme au Masque de Fer, Mémoire historique où l'on réfute les différentes opinions relatives à ce personnage mystérieux, et où l'on démontre que ce prisonnier fut une victime des jésuites*, in-8°.

Cet éditeur avait, comme on le voit, l'imagination

des titres; mais quoiqu'il se flattât d'attirer l'attention en accusant les jésuites sur la couverture verdâtre de sa publication, celle-ci fut confondue avec ce déluge de mauvais écrits qui proclamaient la résurrection des *révérends pères,* annoncée par une chanson de Béranger.

Le *Masque de Fer* avait été l'idée fixe du chevalier de Taulès, qui se plaisait à rassembler des anecdotes singulières et peu connues. Voltaire lui écrivait en 1768 [1] : « Je ne doute pas que, si vous dites un mot à M. le duc de Choiseul, il ne vous permette de m'envoyer des vérités : il les aime ; il sait qu'il est temps de les rendre publiques. » Voltaire avait dit de M. de Taulès : « C'est un homme fort instruit, et le seul capable de fournir des anecdotes vraies sur le siècle de Louis XIV. »

Dès cette époque, M. de Taulès *déterrait de vieilles vérités dans le fatras du dépôt des Affaires étrangères* : il avait probablement d'abord un système différent de celui qu'il soutint plus tard sur le *Masque de Fer*; car ce ne fut qu'à la lecture d'un mémoire manuscrit de M. de Bonac, ambassadeur de France à Constantinople en 1724, qu'il aperçut

---

[1] Voyez les lettres inédites de Voltaire, t. 70 de l'édition de Dupont.

une identité remarquable entre le prisonnier inconnu et le patriarche Arwedicks.

Ce patriarche, *ennemi mortel de notre religion, et auteur de la cruelle persécution que les Arméniens catholiques avaient soufferte*, fut enfin exilé, et enlevé à la sollicitation des jésuites, par une barque française, pour être conduit en France et *mis dans une prison d'où il ne pourrait jamais sortir*. L'entreprise réussit; Arwedicks fut mené aux îles Sainte-Marguerite, et de là à la Bastille, où il mourut. Le gouvernement turc réclama instamment la délivrance du patriarche jusqu'en 1713, et le cabinet français nia toujours sa participation à cet enlèvement.

M. de Taulès avait trouvé, au dépôt des Affaires étrangères, une foule de dépêches concernant ce fait extraordinaire, qui était resté jusqu'alors ignoré en France, mais non en Turquie, où les agens subalternes des jésuites avaient avoué leur crime en subissant la question: ces dépêches concordaient parfaitement avec le récit de M. de Bonac; et M. de Taulès les avait fait servir à l'appui de son système, qu'il prétendait élever sur les ruines des précédens; il était si bien convaincu de la réalité de ce système, qu'il commence son livre par cette fière déclaration:

« J'ai découvert le *Masque de Fer*, et j'ai cru de mon devoir envers la France, pour faire taire des bruits injurieux répandus au préjudice de ma patrie, de rendre compte à l'Europe et à la postérité de ma découverte. »

Le chevalier de Taulès rapportait aussi certaines paroles, échappées devant lui au père Brottier et à l'abbé de Nolhac, recteur du noviciat des jésuites à Toulouse, lesquelles semblaient impliquer la société de Jésus dans l'affaire du prisonnier masqué ; il accusait enfin le père Griffet d'avoir falsifié le journal de M. Dujonca, et d'avoir appuyé exprès sur la fable des *Mémoires de Perse*, pour donner le change aux conjectures et cacher l'attentat des jésuites ; il allait même jusqu'à supprimer d'autorité le masque de fer ou de velours, comme une *mesure impolitique, inutile et dangereuse*.

Cependant le traité de M. de Taulès opéra peu de conversions, puisque, six ans après l'apparition bruyante de ce livre, MM. Fournier et Arnould ne lui empruntèrent aucun détail pour leur drame du *Masque de Fer*, représenté avec un brillant succès au théâtre de l'Odéon en 1831 : ils suivirent de préférence la donnée de Soulavie, et se vantèrent de s'être conformés à une tradition conservée dans la famille de M. le duc de Choiseul ; ils firent une pièce plus pathétique qu'historique, et le public qui les applaudit se souciait peu d'être instruit, mais bien d'être intéressé.

Depuis, le sujet du drame de MM. Arnould et Fournier fut signalé comme renfermant la vérité sur le *Masque de Fer*, et M. Auguste Billiard, ancien secrétaire général au ministère de l'intérieur, dans une lettre adressée à l'*Institut historique*, et insérée en 1834 au journal de cette société, nous apprit qu'il avait copié, par ordre de feu M. le comte de Montalivet, ministre de l'intérieur sous l'Empire, aux archives des Affaires étrangères, une relation écrite par M. de Saint-Mars lui-même, et conforme à celle des *Mémoires du maréchal de Richelieu*.

Suivant ce *précieux document*, dont *l'authenticité*, dit-il, *ne peut inspirer le moindre doute*, M. de Saint-Mars aurait été le gouverneur du fils d'Anne d'Autriche, à qui l'on cachait sa naissance pour empêcher l'accomplissement d'une funeste prédiction ; mais le frère jumeau de Louis XIV ayant deviné ce secret d'état, on l'avait envoyé aux îles Sainte-Marguerite, dont le commandement fut remis *alors* (en 1687) à son gouverneur.

Cette pièce n'est autre qu'une des nombreuses

copies de la *Relation* de Soulavie, qu'on faisait circuler en 1789 [1] et dans laquelle on avait donné le nom de Saint-Mars au gouverneur anonyme du *prince infortuné*, sans réfléchir que les dates démentaient hautement cette nouvelle fausseté, puisque Saint-Mars avant 1687 ne pouvait être à la fois *gouverneur* d'un prince en Bourgogne et commandant du fort d'Exilles en Dauphiné. Ce n'était donc qu'un roman méprisable saisi avec les papiers posthumes de quelque personnage suspect, ainsi que cela se pratiquait par précaution sous le règne de Louis XV et de Napoléon : les innocens Mémoires de Dangeau n'ont pas même été exempts de cette proscription, que motivait un simple soupçon de vérité et de scandale. On a lieu de présumer que le manuscrit que M. de Montalivet fit copier, sans doute pour le mettre sous les yeux de l'empereur, s'était trouvé dans le cabinet de Soulavie après sa mort, en 1813, et avait été transporté aux archives des Affai-

---

[1] Voyez dans les OEuvres de Voltaire, éd. de Kelh, une note du t. 70 qui parut en 1789 : « Aujourd'hui il *se répand* une lettre de Mlle de Valois écrite au duc de Richelieu, où elle se vante d'avoir appris du duc d'Orléans, son père, à d'étranges conditions, quel était l'homme au *Masque de Fer*, et cet homme, dit-elle, était un frère jumeau de Louis XIV, né quelques heures après lui. »

res étrangères, *par ordre*, avec ses collections de brochures et de caricatures historiques [1].

Le dernier ouvrage où le problème du *Masque de Fer* ait été traité avec quelque détail et quelque critique parut en 1834 : *La Bastille, Mémoires pour servir à l'histoire secrète du gouvernement français depuis le* XIVe *siècle jusqu'en* 1789, in-8°. L'auteur, M. Dufey, de l'Yonne, a fait preuve, ici comme ailleurs, d'une prodigieuse lecture, mais d'une partialité systématique. Les dates et les faits ne sont pas toujours respectés dans cette chaude compilation qui se sent, à chaque page, de l'esprit républicain de 1789 : la révolution de juillet 1830 devait encore chercher le prisonnier masqué à la place où fut la Bastille.

M. Dufey, après avoir rapidement reproduit les opinions précédentes sur ce célèbre inconnu, présente la sienne avec chaleur, et s'autorise surtout de plusieurs passages des *Mémoires de Mme de Motteville*, pour démontrer que la passion de Buckingham fut partagée par Anne d'Autriche : il cite particulièrement certain tête-à-tête des deux amans

---

[1] La *relation* signalée par M. A. Billiard a été imprimée depuis, sous le titre de *Mémoires de M. de Saint-Mars sur la naissance de l'homme au Masque de Fer*, dans le t. 3 des *Mémoires de Tous*, Levasseur, 1835, in-8°.

dans un jardin *où une palissade les pouvait cacher au public.* « La reine, dans cet instant, surprise de se voir seule, et apparemment importunée par quelque sentiment trop passionné du duc de Buckingham, *s'écria* et appela son écuyer, et le blâma de l'avoir quittée. »

D'après ces paroles expresses de Mme de Motteville, M. Dufey croit pouvoir inférer que ce *cri* fut celui de la pudeur aux abois, et que les suites de cette scène furent d'une part l'exil, la disgrâce ou l'emprisonnement des personnes qui avaient si mal gardé la vertu de la reine, et, d'autre part, la naissance d'un fils que Louis XIII ne connut jamais. M. Dufey va jusqu'à insinuer que l'assassinat de Buckingham ressemble à une vengeance de mari trompé, et que la tendresse d'Anne d'Autriche pour Mazarin provenait de la confidence qu'elle lui avait faite du mystère de l'enfant, à qui Louis XIV donna plus tard une prison et un masque. Enfin M. Dufey appelle en garantie l'article du *Journal des gens du monde*, qu'il nomme aussi un *document précieux*, pour *résoudre* cette question posée en titre du chapitre IV de son livre : *L'homme au Masque de Fer était-il frère aîné de Louis XIV, ou son frère jumeau?*

Voilà donc jusqu'à ce jour quel est l'état de ce *procès*, qu'on n'a pas encore terminé, ce me semble.

En attendant qu'un nouveau *découvreur*, plus audacieux et mieux armé de paradoxes, vienne proclamer que le Masque de Fer fut certainement par anticipation le dauphin, fils de Louis XVI, qu'on dit mort à la prison du Temple, et qui reparaît tous les ans sur les bancs de la police correctionnelle, je vais battre en brèche les systèmes que j'ai examinés chronologiquement et les renverser, s'il se peut, avec des faits et surtout des dates qu'on a surnommées *inexorables*, avant d'élever, à mon tour, sur des dates et sur des faits, un système solide et capable de résister à une attaque réglée de la critique. Dans un procès d'histoire, la confrontation des dates est aussi puissante que les interrogatoires des témoins dans les causes ordinaires.

I.

ARWEDICKS.

Le manuscrit de M. de Bonac dit positivement que ce patriarche fut enlevé *pendant l'ambassade de M. Feriol à Constantinople*, et M. Feriol succéda dans cette ambassade à M. de Châteauneuf, en 1699 ; or, Saint-Mars arriva, en 1698, à la Bastille avec son prisonnier masqué.

En outre, on sait maintenant qu'Arwedicks se convertit au catholicisme, recouvra sa liberté, et mourut libre à Paris, comme le prouve son extrait mortuaire conservé aux archives des Affaires étrangères.

II.

MATTHIOLI.

L'enlèvement du secrétaire du duc de Mantoue est maintenant aussi bien prouvé que celui d'Arwedicks ; mais, quoique Matthioli, arrêté en 1679 par l'entremise de l'abbé d'Estrades et de Catinat, ait été conduit à Pignerol dans le plus grand secret et emprisonné sous la garde de M. de Saint-Mars, on ne peut lui faire l'honneur de le confondre avec le *Masque de Fer*.

Catinat dit de lui, dans une lettre à Louvois : *Personne ne sait le nom de ce fripon*[1] ; Louvois écrit à Saint-Mars : *J'admire votre patience, et que vous attendiez un ordre pour traiter un fripon comme il le mérite, quand il vous manque de res-*

---

[1] Cette citation et les suivantes sont tirées des pièces mises au jour par MM. Roux-Fazillac et Delort.

pect; Saint-Mars répond au ministre : *J'ai chargé Blainvilliers de lui dire, en lui faisant voir un gourdin, qu'avec cela l'on rendait les extravagans honnêtes;* Louvois écrit une autre fois : *Il faut faire durer trois ou quatre ans les habits de ces sortes de gens,* etc. Ce n'est point là certainement ce prisonnier inconnu qu'on traitait avec tant d'égards, devant qui Louvois se découvrait, à qui l'on donnait de beau linge, des dentelles, etc.

En lisant avec attention les correspondances publiées par M. Delort, on reste convaincu qu'il a tort de rapporter à ce Matthioli les lettres postérieures à 1680, où Saint-Mars n'emploie que cette désignation : *mon prisonnier.* Ces lettres concernent évidemment l'homme au masque de fer; car, dans celles qui regardent Matthioli, Saint-Mars ne se fait aucun scrupule de l'appeler par son vrai nom ou bien par celui de *Lestang,* qu'on lui avait imposé pour mieux cacher ce qu'il était devenu. Tout semble même indiquer dans ces correspondances que ce malheureux, enfermé avec un jacobin aliéné, devint fou lui-même et succomba vers la fin de l'année 1686. Le mémoire de Claude Souchon, que Dutens avait vu, dit positivement que Matthioli mourut *neuf ans* après son enlèvement.

Telle était aussi l'opinion de M. le comte de V-l-i (Biogr. univ., article *Masque de Fer*), qui devait l'appuyer sur des preuves recueillies à Pignerol, et qui, dans un ouvrage mis sous presse en 1820 [1], se proposait de démontrer que le prisonnier masqué n'était pas Matthioli, mais don Juan de Gonzague, frère naturel du duc de Mantoue. Ce don Juan, qui accompagnait Matthioli, aurait été enlevé avec lui et retenu en prison, parce qu'en le relâchant on eût craint de divulguer une violation du droit des gens, que le gazetier de Hollande ne soupçonne que huit ans après.

Mais on ne voit nulle part, dans les pièces connues jusqu'à ce jour, qu'une autre personne ait partagé le sort de Matthioli, et sans doute le duc de Mantoue eût élevé plus haut la voix pour réclamer la liberté de son frère naturel. « J'arrêtai hier (2 mai 1679), écrit Catinat à Louvois, à trois milles de Pignerol, sur les terres du roi, Matthioli, dans une entrevue que l'abbé d'Estrades avait adroitement ménagée, pour en faciliter les moyens, *entre lui, Matthioli et moi*. Je me suis seulement servi, pour l'arrêter, du chevalier de Saint-

---

[1] Nous ne croyons pas que cet ouvrage ait paru, du moins en France.

Martin et de Villebois, officiers de M. de Saint-Mars et de quatre hommes de sa compagnie. Cela s'est passé sans aucune violence. » Il est donc certain que Matthioli était venu seul à cette conférence.

En attendant donc que le système de M. de V-l-i soit présenté, il suffit de faire remarquer que M. de Blainvilliers, que Saint-Mars choisit *à son goût* pour surveiller et bâtonner Mathioli, n'aurait pas pris les habits d'une sentinelle pour voir le *Masque de Fer* aux îles Sainte-Marguerite, comme M. de Palteau le raconte dans sa lettre, si ces deux prisonniers eussent été le même personnage : en tous cas, M. de Blainvilliers eût reconnu le secrétaire qui voulut lui faire présent d'une bague de diamant à Pignerol.

III.

HENRI CROMWELL.

Il est étrange en effet que ce second fils du Protecteur soit rentré en 1659 dans une obscurité si complète, qu'on ne sait ni où il a vécu, ni où il est mort : Henri Cromwell avait un *très-bon caractère*, selon Rapin de Thoyras, avec *plus de feu* que Richard son frère aîné, selon Burnet ; pourquoi se résigna-t-il à descendre de la scène politique ? Mais aussi pourquoi serait-il devenu prisonnier d'état en France, où son frère avait le privilége de séjourner sans être inquiété ? Le probable ne supplée pas ici à l'absence de toute espèce de preuves.

IV.

LE DUC DE MONMOUTH.

Sans mettre en question le plus ou moins de vraisemblance qu'on trouverait dans une substitution de personne au supplice de Monmouth, il suffit d'opposer à la date du 15 juillet 1685, jour de l'exécution de ce prince, cette phrase d'une lettre de Barbezieux à Saint-Mars, écrite le 13 août 1691 : *Lorsque vous aurez quelque chose à me mander du prisonnier qui est sous votre garde* DEPUIS VINGT ANS, *je vous prie d'user des mêmes précautions que vous faisiez quand vous écriviez à M. de Louvois* [1].

V.

UN FILS NATUREL OU LÉGITIME D'ANNE D'AUTRICHE.

Barbezieux écrivait à Saint-Mars, le 17 novembre 1697 : *Sans vous expliquer à qui que ce*

---

[1] *Mémoires historiques sur la Bastille*, par Carra, t. 1, p. 321.

*soit de ce qu'*A FAIT *votre ancien prisonnier* [1]. Ce prisonnier avait donc *fait* quelque chose qui motivât sa rigoureuse prison ? Le ministre ne se fût pas servi de cette locution précise, dans le cas où l'inconnu n'aurait eu que sa naissance à expier.

Au reste, ce système n'a jamais produit un seul document authentique, et ne repose que sur des présomptions romanesques : on pourrait se dispenser de le combattre.

Saint-Mars aurait donc reçu par écrit communication d'un si grave secret, puisqu'il ne quitta pas son poste depuis l'année 1665, où il fut envoyé à Pignerol pour la garde spécial de Fouquet, jusqu'en 1684 où il eut un congé pour aller à la cour, suivant l'*État de la France* de cette année-là ? son lieutenant Rosarges commandait à Exilles en son absence.

Certes un fils d'Anne d'Autriche n'était point à Pignerol en 1680, lorsque Louvois écrivait à Saint-Mars après avoir donné des ordres pour *l'entretiennement* de Lauzun : *A l'égard des* AUTRES *prisonniers dont vous êtes chargé, Sa Majesté vous en fera payer la subsistance à raison de* QUATRE LIVRES

---

[1] M. Weiss, dans son article de la *Biographie universelle*, cite cette phrase si décisive sans indiquer la source d'où il l'a tirée ; néanmoins on peut s'en rapporter à M. Weiss pour l'exactitude d'une citation.

pour chacun par jour. Ces *autres* prisonniers étaient à peine de *bons bourgeois*, si on juge leur *état* au tarif de leur nourriture [1].

Est-ce au sujet d'un fils de Louis XIII ou d'un bâtard d'Anne d'Autriche que Louvois aurait écrit à Saint-Mars en 1687 : *Il n'y a point d'inconvénient de changer le chevalier de Thezut* (C'est un faux nom comme *Marchialy*) *de la* PRISON *où il est, pour y mettre votre prisonnier jusqu'à ce que celle que vous lui faites préparer soit en état de le recevoir* [2] ? Est-ce en parlant d'un prince, que Saint-Mars aurait dit, la même année, à l'exemple du ministre : *Jusqu'à ce qu'il soit logé dans la* PRISON *qu'on lui préparera ici, où il y aura joignant une chapelle* [3] ?

---

[1] « Un tarif réglait la dépense des prisonniers (à la Bastille) pour la table, le blanchissage et la lumière, selon leur état. Un prince du sang était à 50 livres par jour ; un maréchal de France, à 36 livres ; un lieutenant-général, à 24 livres ; un conseiller au parlement, à 15 livres ; un juge ordinaire, un prêtre, un financier, à 10 livres ; un bon bourgeois, un avocat, à 5 livres, un petit bourgeois, à 3 livres, et les membres des moindres classes étaient à 2 livres 10 sols : c'était le taux des gardes et des domestiques. » *Bastille dévoilée*, 2e livraison, p. 40.

[2] *Mémoires historiques sur la Bastille*, par Carra, p. 323. « Saint-Mars, qui fut gouverneur de la citadelle de l'île Sainte-Marguerite avant que de l'être de la Bastille, obtint la permission d'y faire bâtir des prisons pour les criminels d'état. » *Description de la France*, par Piganiol, t. 5, p. 376.

[3] La lettre entière se trouve dans l'ouvrage de Roux-Fazillac, ainsi que celle dont est extraite la situation suivante.

Enfin, ce prisonnier n'était donc pas plus important à garder que Fouquet et Lauzun, puisque Saint-Mars mandait à Louvois en 1683 : *Pour son linge et autres nécessités,* MÊMES *précautions que je faisais pour mes prisonniers du passé.*

VI.

LE COMTE DE VERMANDOIS.

La fameuse lettre de Barbezieux, du 13 août 1691, qui met en échec tous les systèmes, ne laisse pas même discuter l'identité du comte de Vermandois, mort en 1683, avec l'inconnu, prisonnier *depuis vingt ans* en 1691.

VII.

LE DUC DE BEAUFORT.

Ce système, il faut l'avouer, est plus raisonnable que tous les précédens, et on aurait pu le soutenir d'une manière presque victorieuse en rassemblant de meilleures inductions prises dans les Mémoires contemporains.

Dès l'année 1664, le duc de Beaufort, par son insubordination et sa légèreté, avait compromis plusieurs expéditions maritimes; en octobre 1666, Louis XIV lui adresse des reproches avec beaucoup de ménagemens, et l'invite à se rendre *de plus en plus capable de le servir par l'augmentation des talens* qu'il possède, et par *la cessation des défauts qu'il peut y avoir dans sa conduite* : « Je ne doute pas, ajoute-t-il, que vous ne profitiez de l'avis que je vous donne, et que vous ne reconnaissiez que vous m'êtes d'autant plus obligé de cette marque de bienveillance, *qu'il y a peu d'exemples de rois qui en aient usé de la sorte* [1]. » On citerait plusieurs occasions où le duc de Beaufort fut très-funeste à la marine du roi. L'*Histoire de la Marine*, par M. Eugène Sue, laquelle renferme une foule de renseignemens neufs et curieux sous une forme dramatique et colorée, a fort bien précisé la position du roi des Halles vis-à-vis de Colbert et de Louis XIV. Colbert, de son cabinet, voulait diriger toutes les opérations militaires et pour ainsi dire les manœuvres de la flotte que commandait le grand-maître de la navigation avec toute l'inconséquence de son caractère frondeur et *matamore*, comme dit M. Eugène Sue (pièces justificatives du 1er volume).

En 1669, Louis XIV envoya le duc de Beaufort

---

[1] *OEuvres de Louis XIV*, t. 5, p. 388 et suiv. Voyez aussi dans ce recueil les autres lettres du roi à M. de Beaufort, dans lesquelles perce souvent un grave mécontentement qui n'ose éclater.

pour secourir Candie assiégée par les Turcs ; Beaufort fut tué dans une sortie, le 26 juin, sept jours après son arrivée : le duc de Navailles, qui commandait avec lui l'escadre française, dit seulement dans ses Mémoires (liv. 4, p. 243) : « Il rencontra en chemin un gros de Turcs qui pressaient quelques-unes de nos troupes ; il se mit à leur tête, et combattit avec beaucoup de valeur ; mais il fut abandonné, et *l'on n'a jamais pu savoir depuis ce qu'il était devenu.* »

Le bruit de sa mort se répandit rapidement en France et en Italie, où, dans les magnifiques obsèques qui lui furent faites à Paris, à Rome et à Venise, on prononça diverses oraisons funèbres ; néanmoins, comme son corps n'avait pas été retrouvé parmi les morts, bien des gens crurent qu'il reparaîtrait. « Plusieurs veulent gager ici, écrivait Guy-Patin le 26 septembre 1669, que M. de Beaufort n'est pas pas mort : *O utinam!* »

Guy-Patin, dans une autre lettre du 14 janvier 1670, nous atteste que cette croyance n'était pas abandonnée six mois après la nouvelle de la disparition du duc de Beaufort : « On dit que M. de Vivonne a, par commission, la charge de vice-amiral de France pour vingt ans ; mais il y en a encore qui veulent que M. de Beaufort n'est point mort, et qu'il est seulement prisonnier dans une île de Turquie. Le croie qui voudra! pour moi, je le tiens mort, et ne voudrais pas l'être aussi certainement que lui. »

Plusieurs relations du siége de Candie, écrites par des témoins oculaires et imprimées à cette époque, avaient rapporté que les Turcs, selon leur usage, coupèrent la tête du duc de Beaufort sur le champ de bataille, et que cette tête fut exposée à Constantinople : de là les détails que Sandras de Courtilz répéta dans les *Mémoires du marquis de Montbrun* et dans les *Mémoires de d'Artagnan;* et, en effet, on conçoit bien que le corps nu et sans tête n'ait pas été reconnu parmi les morts. M. Eugène Sue, dans son *Histoire de la Marine* (t. 2, ch. 6), a adopté cette version conforme au récit de Philibert de Jarry et du marquis de Ville, qui ont laissé des lettres et des mémoires manuscrits conservés à la Bibliothèque du roi.

Mais sans faire valoir le danger et les difficultés d'un enlèvement que le cimeterre des Ottomans pouvait d'ailleurs remplacer d'un jour à l'autre dans ce mémorable siége, on se bornera ici à déclarer positivement que la correspondance de Saint-Mars avec

Louvois depuis 1669 jusqu'en 1680 [1] ne permet pas de supposer que le gouverneur de Pignerol eût sous sa garde, pendant cet intervalle de temps, quelque grand prisonnier d'état, outre Fouquet et Lauzun.

Quel était donc cet *ancien* prisonnier masqué que Saint-Mars *avait à Pignerol,* suivant le journal authentique de M. Dujonca?

---

[1] M. J. Delort a publié cette correspondance, dont les originaux sont aux Archives du Royaume, dans le premier volume de l'*Histoire de la détention des philosophes et des gens de lettres à la Bastille et à Vincennes, précédée de celle de Fouquet, Pellisson et Lauzun, avec tous les documens authentiques et inédits,* Paris, 1829, 3 vol. in-8°.

SECONDE PARTIE.

D'après ma conviction formée par l'étude du règne de Louis XIV et par la minutieuse comparaison des faits et des dates, l'homme au masque de fer était Fouquet, ce malheureux surintendant des finances, victime de tant de noires intrigues de cour, que l'histoire n'a pas encore éclaircies ; Fouquet, qui fut arrêté en 1661, condamné à la prison perpétuelle en 1664, et enfermé depuis au château de Pignerol, sous la garde de Saint-Mars ; Fouquet enfin dont la mort a été faussement enregistrée au 23 mars 1680 !

Avant d'appuyer de preuves, qui me semblent irrécusables, une opinion que je donne comme nouvelle, puisqu'elle n'a jamais été présentée à l'état de système étayé de pièces authentiques, je vais réfuter par avance une autre opinion qui est en germe dans le vaste champ des probabilités, et qui s'en va sans doute sortir de terre, si ce sol fertile n'est point assez fouillé.

Cette dernière opinion que je combats pourrait offrir nombre d'assertions remarquables qui viendraient à l'appui d'un document fort curieux, regardé avec raison par Saint-Foix comme la première mention imprimée qu'on ait faite d'un prisonnier inconnu, qui se trouvait à la Bastille en 1705 (plutôt 1703), selon un témoin oculaire : ce prisonnier a en effet certaine analogie avec le *Masque de Fer*, et l'on doit s'étonner qu'on n'ait pas plus tôt songé à s'en tenir à la lettre d'un ouvrage publié dès 1715, douze ans après la mort de *Marchialy*, et bien antérieurement aux *Mémoires de Perse* et au *Siècle de Louis XIV*.

Je suis tenté de croire que M. de Taulès avait

d'abord naturellement adopté cette solution du mystère de l'homme au masque, et qu'il se servit de la plupart des mêmes argumens préparés à cet effet, lorsqu'il imagina, pour *l'honneur de la France* et pour son propre intérêt de courtisan, de masquer le patriarche Arwedicks. Le ministre M. de Vergennes lui avait écrit en 1783 : « C'est surtout *pour détruire les soupçons odieux* auxquels l'homme au masque a donné lieu, par les précautions qu'on a prises pour le dérober à tous les regards, qu'il est important d'avoir sur ce personnage des notions certaines. »

M. de Taulès rejeta donc sur la compagnie de Jésus les *soupçons odieux* arrêtés sur Louis XIV, et ne voulut voir qu'une correction de collége dans cette vengeance de roi, dans ce crime contre le droit des gens.

Les jésuites, s'il faut en croire les insinuations de plusieurs des leurs et l'aveu même d'un *gros collier de l'ordre*, auraient eu l'idée de l'étrange captivité du *Masque de Fer*, et Louis XIV se serait fait leur docile instrument.

En 1702, un gentilhomme normand, nommé Constantin de Renneville, fut mis à la Bastille, non seulement pour avoir composé des bouts rimés injurieux au gouvernement du roi, mais parce qu'on l'accusait d'espionnage au profit des ennemis de la France [1]. Ce Renneville resta emprisonné jusqu'en 1713, et dès qu'il eut sa liberté, avec l'ordre de quitter la France, il rédigea une relation chaleureuse de ses malheurs : elle parut à Amsterdam, chez Étienne Roger, en 1715, sous ce titre capable de fixer l'attention : *l'Inquisition française, ou l'Histoire de la Bastille*, deux volumes in-12.

Ce livre, tiré à mille exemplaires, eut beaucoup de peine à pénétrer en France où il se vendait jusqu'à deux louis, sous le manteau, et où il fut contrefait, dit la préface de la seconde édition (5 vol. in-12, Amsterdam, Balthazar Lakeman, 1724), tandis qu'on le traduisait à la fois en hollandais, en anglais, en allemand et en italien. L'édition originale est tellement rare, que la Bibliothèque du Roi ne la possède pas et que je ne l'ai jamais vue ; la contrefaçon ne se trouve pas davantage ; mais la seconde édition est assez commune, eu égard aux actives recherches de la police pour la détruire. On ne conçoit pas que les judicieux auteurs du *Catalogue de la Vallière* aient attribué sans examen cet ouvrage à Sandras de Courtilz, suivant une supposition émise dans la *Bibliothèque historique de la France*.

[1] *Mémoires historiques sur la Bastille*, par Carra, t. 1, p. 389.

Dans la préface de l'édition en cinq volumes (p. 46 et suiv.), Renneville raconte qu'en 1705 il vit un prisonnier *dont il n'a jamais pu savoir le nom*, dans une salle de la Bastille, où il avait été introduit *par méprise*. « Les officiers m'ayant vu entrer, dit Renneville, ils lui firent promptement tourner le dos devers moi, *ce qui m'empêcha de le voir au visage*. C'était un homme de moyenne taille, mais bien traversée, portant des cheveux d'un crêpé noir et fort épais, dont pas un n'était encore mêlé. » (Peut-être a-t-il pris pour des cheveux un masque de velours noir?) Renneville, surpris de ce qu'on lui cachait le visage d'un détenu, interrogea, pendant qu'on le reconduisait à sa chambre, le porte-clef Ru qui lui apprit que cet infortuné était *prisonnier depuis* TRENTE-UN ANS, *et que Saint-Mars l'avait amené avec lui des îles Sainte-Marguerite, où il était condamné à une prison perpétuelle pour avoir fait, étant écolier, âgé de douze ou treize ans, deux vers contre les jésuites.*

Renneville, dont la curiosité fut piquée davantage par cette révélation du porte-clef, demanda de plus amples détails à Reilh, chirurgien de la Bastille, qui lui conta *toute l'histoire*.

Lorsque les jésuites du collége de Clermont, enrichis des bienfaits de Louis XIV qu'ils fournissaient de confesseur, voulurent attirer sa protection plus particulièrement sur leur collége, ils invitèrent le roi à honorer de sa présence une tragédie latine composée exprès pour célébrer sa gloire : le roi se rendit avec sa cour à ce spectacle, où les principaux écoliers jouèrent leurs rôles avec une intelligence que ne surpassèrent pas plus tard les demoiselles de Saint-Cyr dans les représentations d'*Esther* et d'*Athalie*. Le roi fut tellement satisfait de la tragédie et des acteurs, qu'il dit tout haut : « C'est mon collége ! » Ce mot-là ne fut pas perdu, et le lendemain on ôta l'ancienne inscription : *Collegium Claromontanum societatis Jesu*, pour la remplacer par celle-ci, qui fut gravée en lettres d'or, sur une table de marbre noir : *Collegium Ludovici Magni*.

Un écolier, par piété ou par malice, ne pardonna pas aux révérends pères d'avoir substitué le nom du roi à celui de Jésus, et fit ce distique qu'il placarda le soir même sur la porte du collége et en divers endroits de Paris :

Abstulit hinc Jesum, posuitque insignia regis,
Impia gens : alium non colit illa Deum !

Une autre main apposa cette traduction française au bas des écriteaux :

La croix fait place au lis, et Jésus-Christ au roi :
Louis, ô Race impie, est le seul Dieu chez toi !

La compagnie de Jésus cria au sacrilége ; l'auteur fut découvert, et quoique appartenant à une famille noble et riche, on le condamna, *par grâce*, à une prison perpétuelle, et on le *transféra aux îles Sainte-Marguerite pour cet effet, d'où Saint-Mars le ramena à la Bastille avec des précautions extraordinaires, ne le laissant voir à personne par les chemins.* Ce pauvre écolier ne mourut pas toutefois en prison, si l'on peut ajouter foi au témoignage de Reilh : il hérita des grands biens de ses parens et réussit à intéresser en sa faveur, à force de promesses, le père Riquelet, confesseur des prisonniers, qui se chargea de solliciter la clémence royale et d'obtenir l'élargissement de son pénitent. Ce dernier *sortit deux ou trois mois après* que Renneville l'eut entrevu, sans doute dans le courant de 1703 et non 1705.

Plusieurs traits de ce récit s'accordent bien avec diverses particularités de l'histoire du *Masque de Fer*, le *seul* prisonnier que Saint-Mars amena des îles Sainte-Marguerite à la Bastille, *avec des précautions extraordinaires, ne le laissant voir à personne par les chemins ;* mais on a tout lieu de croire que l'aventure de l'écolier, vieille tradition du collége de Louis-le-Grand, où nous l'avons nous-même recueillie, fut appliquée mal à propos à ce prisonnier, dont on cachait le visage.

En effet, n'eût-il pas été plus rationnel de cacher la cause d'un emprisonnement si odieux, plutôt que la figure de cet homme enfermé depuis l'enfance et certainement inconnu à tous ses compagnons de captivité ? D'ailleurs, il n'y a pas d'identité possible entre l'écolier des jésuites et ce prisonnier dont Renneville n'a *jamais pu savoir le nom.*

Ce fut le 10 octobre 1681 que le collége de Clermont devint celui de Louis-le-Grand, par suite d'un adroit changement d'inscription, qui étonna assez Paris pour qu'on en ait conservé la date ; or, il n'y a aucune concordance entre cette date et les *trente-un ans* de captivité qu'aurait subis, en 1705, cet écolier. En outre, on trouve nombre de représentations dramatiques données par les écoliers et leurs régens, au collége de Clermont ; et même en 1658, une tragédie d'*Athalia* y fut jouée avec tant de pompe, que Loret en fit mention dans sa *Muse historique ;* mais on n'indique nulle part que Louis-le-Grand soit allé à la comédie dans *son* collége : c'est une invention des jésuites pour balancer la célébrité du théâtre de Saint-Cyr, fondé sous les auspices de Racine et de Mme de Maintenon. Lorsque les jésuites obtinrent depuis la permission de faire jouer leurs élèves devant le roi Louis XV, en 1721, ce fut dans le château des Tuileries que ces jeunes comédiens représentèrent solennellement *les Incommodités de la grandeur*, comédie du père Ducerceau, dans laquelle tous les personnages sont des hommes.

Le nombre des années (trente-une) que cet inconnu avait passées en prison vers 1705, ou plutôt 1703, s'accorderait presque avec le passage de la lettre de Barbezieux, qui constate que le *Masque de Fer* était prisonnier *depuis vingt ans* en 1691.

Comme la date de 1705 donnée par Renneville ne se concilie pas avec celle de la mort de *Marchialy* en 1703, je suis à peu près convaincu que cette date n'est fautive que par une erreur, du fait de l'imprimeur, qui aura lu sur le manuscrit un 5 au lieu d'un 3 : cela me paraît d'autant plus vraisemblable, que Renneville ne sortit jamais de la chambre où il était prisonnier, que pour passer dans une autre prison immédiatement, et qu'il ne fut mandé par le gouverneur que dans les premiers temps de son entrée à la Bastille ; on chercherait en vain dans sa relation, après l'année 1703 jusqu'en 1713, quelque circonstance qui coïncidât avec cette translation en une *salle* où il ne fut introduit que *par méprise*. Renneville, ce me semble, n'a parlé de cette mystérieuse rencontre dans sa préface, que pour réparer un oubli, sinon par l'embarras où il aurait été de la placer dans le livre sous cette date de 1705, que la suite des événemens n'eût point justifiée.

Cette *Histoire de la Bastille*, que certains critiques ont traitée avec un mépris que n'autorisait pas une lecture rapide et superficielle, n'est certainement point un roman farci de contes ridicules ; cet ouvrage, au contraire, me paraît aussi vrai, aussi authentique, aussi précieux pour l'histoire, que peut l'être un livre écrit sous l'influence d'un profond ressentiment, par un homme honnête et religieux.

Aussi adopterais-je tout-à-fait les termes mêmes de la préface, si je pouvais avoir la moindre confiance dans le récit du chirurgien Reilh, qui était intéressé à détourner du prisonnier inconnu l'attention de Renneville, et qui répondit par une fable aux questions qu'on lui faisait sur un sujet de cette importance. Le prisonnier étant mort *deux ou trois mois après* que Renneville l'eut rencontré sans *le voir au visage*, Reilh imagina de publier la prétendue délivrance de cet inconnu, quoique le gouvernement de Louis XIV n'eût garde de dévoiler ses iniquités par une clémence tardive et dangereuse, et Renneville a rapporté avec bonne foi ce qu'il savait par les communications officieuses de Ru et de Reilh.

Renneville était d'un caractère passionné et vindicatif, mais il avait un fond de dévotion solide qui l'aidait à supporter son infortune, et qui l'inspirait dans la composition de ses *Cantiques de l'Écriture sainte,* de ses *OEuvres spirituelles* et de son *Traité des devoirs d'un fidèle chrétien* : on se persuadera facilement, au ton fervent de ses ouvrages pieux, que Renneville n'eût pas été capable de mentir avec impudence en invoquant sans cesse la justice de Dieu ; mais, en même temps, on concevra, en voyant ce qu'il a souffert pour expier deux bouts-rimés satiriques, l'indignation furieuse qu'il fait éclater contre ses bourreaux et surtout contre le gouverneur de la Bastille, Bernaville : « Ce cruel tyran, dit-il dans son style trivial, incorrect, mais énergique, me laissa très-long-temps pourrir sans paille, sans une pierre où reposer ma tête, couché sur le limon du cachot et la bave des crapauds, avec du pain et de l'eau pour toute nourriture, et d'où il ne me retira que lorsque je fus crevé. J'avais les yeux presque hors de tête, le nez gros comme un moyen concombre; plus de la moitié des dents, que j'avais auparavant très-saines, m'étaient tombées du scorbut; la bouche m'était enflée et toute en gale, et mes os perçaient ma peau en plus de vingt endroits. »

Je regarde donc l'*Histoire de la Bastille* comme très-digne de créance pour tous les faits où Renneneville se pose lui-même en témoin oculaire avec quelque apophthegme biblique à la bouche; quant aux nombreuses aventures des prisonniers qu'il a fréquentés tour à tour pendant onze ans, il ne donne pas ces aventures, souvent romanesques et ridicules, pour des faits avérés; il les répète telles qu'il les a entendues, et quelquefois seulement la passion l'emporte jusqu'à se faire l'avocat de ses amis de prison.

Un faussaire, un faiseur de pamphlets n'eût pas osé dédier au roi d'Angleterre, George Ier, un tissu de mensonges grossiers et de brutales calomnies: « L'œil de Votre Majesté, dit-il dans cette dédicace, empêchera bien que la Tour de Londres, qui ne fait trembler que les criminels, ne se convertisse en Bastille, qui écrase plus d'innocens que de coupables; et, comme mon protecteur, Sire, vous me défendrez de mes persécuteurs, qui se font gloire de poursuivre jusque dans le sanctuaire ceux qui dévoilent leurs crimes ou qui ont le malheur de leur déplaire. » Enfin, un lâche calomniateur n'eût pas osé inscrire son nom au frontispice d'un acte d'accusation contre la Bastille, et se mettre en danger de la vie, ou du moins de la liberté. Renneville courait risque d'être enlevé et replongé à la Bastille pour le reste de ses jours; il fut même attaqué à Amsterdam par trois *coupe-jarrets*, qui ne lui firent que de *légères blessures* : « Je n'alongerai pas mon épée d'un pouce, dit-il dans sa préface. *Si Deus pro nobis, quis contra nos* ? Il est beau de mourir pour la vérité et le bien public ! » Ce langage peint l'homme.

Au reste, on ignore ce que devint Renneville depuis la publication de sa seconde édition, en 1724, et l'on peut présumer qu'il eut le sort de Matthioli et d'Arwedicks, qu'il fut secrètement arrêté en Hollande ou peut-être en France, où l'on s'efforçait de *l'attirer*, et qu'il périt au fond de ces affreux cachots décrits pour la première fois dans les annales de l'*Inquisition française*[1].

---

[1] On peut fonder cette supposition par ce qui arriva au bénédictin François de la Bretonnière, auteur de plusieurs pamphlets dans lesquels Louvois et son frère, l'archevêque de Reims, étaient gravement insultés. La Bretonnière fut enlevé en Hollande, par l'entremise d'un juif hollandais, et

La date (1681) du baptême royal que reçut le collége de Clermont réfuterait suffisamment l'anecdote inventée par Reilh, qui donnait trente-un ans de captivité, en 1705, à l'écolier des jésuites, si la vraisemblance ne contredisait pas cette terrible histoire. En effet, l'offense ayant été publique, raison était que la réparation le fût pareillement, et dans le cas où les révérends pères se fussent contentés d'une vengeance secrète, auraient-ils eu recours aux prisons d'état et à la puissance de Louis XIV, qui, d'ailleurs, n'eût pas considéré comme une injure bien grave ce distique, dans lequel sa royauté était mise presque au niveau de la divinité de Jésus ?

Les jésuites avaient en main des moyens plus sûrs et plus formidables de se venger, sans qu'il fût besoin d'importuner le roi pour un si mince objet. Le collége de Louis-le-Grand renfermait des souterrains profonds, non moins impénétrables que les prisons d'état : là, s'expiaient, dans les ténèbres et le silence, des crimes que les lois n'eussent pas punis et que la société de Jésus frappait d'une détention

---

livré à la merci de Louvois, qui le fit transporter secrètement en France, au mont Saint-Michel, et enfermer dans une cage de fer où il mourut. *La Bastille dévoilée*, 9e livraison, p. 76.

perpétuelle; ces crimes consistaient surtout en imprudences capables de compromettre la fortune et la dignité de l'ordre. Les coupables avaient, d'ordinaire, fait partie de cette société, qui s'arrogeait le droit de retrancher elle-même ses membres nuisibles.

Quand les jésuites furent chassés de France, leurs colléges fouillés et leurs turpitudes traînées au grand jour de l'opinion, le collége de Louis-le-Grand offrit une preuve manifeste des violences qui s'exerçaient impunément sous la règle de Loyola : on y trouva, raconte Dulaure dans son *Histoire de Paris* [1], des espèces d'oubliettes, caveaux sans portes et ouverts à la voûte pour descendre le pa-

---

[1] Troisième éd. in-12, t. 5, p. 440 et 441. Ce furent des écoliers qui découvrirent ces cachots au-dessous des bâtimens de l'infirmerie. « Armés de bâtons et de flambeaux, ils pénètrent dans un caveau servant d'atelier au menuisier de la maison, frappent le sol et reconnaissent qu'en un certain endroit il résonne sous leurs coups; ils remuent la terre, découvrent une trappe en bois, la lèvent avec peine, aperçoivent un bel escalier, le descendent et se trouvent dans une vaste salle voûtée; elle était bordée d'environ dix caveaux, aussi voûtés, de sept à huit pieds de longueur, garnis chacun d'un fort anneau de fer scellé dans le mur. La voûte de la salle était soutenue au milieu par un gros pilier dont les quatre faces présentaient autant d'anneaux de fer. A la voûte, ils virent une ouverture étroite, fermée par une grille de fer. Par cette ouverture, la seule qu'ils aient aperçue dans ce souterrain, on descendait évidemment la nourriture destinée aux malheureuses victimes. »

tient avec des cordes, comme dans les anciens *in-pace* des couvens. Un anneau de fer scellé dans le mur, des chaînes rongées de rouille et des ossemens ne permettaient pas de douter de la destination de ces tombeaux, où plus d'une victime avait succombé au désespoir, peut-être à la faim. Les vengeances des jésuites étaient occultes, selon l'esprit de cette société, à qui les oubliettes n'eussent pas manqué pour l'insolent auteur du distique.

Il n'y a pas cinq ans qu'un professeur du collége Charlemagne eut l'idée de visiter avec soin les caves de cette maison-professe des jésuites, pour y découvrir quelque trace de l'effrayante chambre des *méditations*, toute remplie de peintures diaboliques, telle, du moins, que Voltaire nous l'a montrée par ouï-dire; ce professeur fouilla le sol dans un endroit qu'il avait jugé suspect; il rencontra sous sa pioche une voûte dont il détacha plusieurs pierres, de manière à pratiquer un passage; il planta une échelle dans le trou, et eut le courage de descendre au fond d'un caveau sans issue, à moitié comblé. Il ramassa, parmi les décombres, une lampe en terre cuite et un crâne humain. D'autres fouilles semblables produisirent la découverte d'autres cellules voûtées, que l'eau des fossés de la Bastille avait envahies.

C'est dans ces cachots-là qu'on doit rechercher les vestiges de la punition du pauvre écolier, et non dans les archives d'une prison d'état. A quoi eût servi un masque sur la figure d'un enfant de treize ans, qui ne pouvait être reconnu que par ses parens et ses régens de classe?

Eh bien! on ne manquera pas sans doute, tôt ou tard, de nous représenter cet écolier comme le véritable homme au masque, sans égard pour les dates et pour la vraisemblance. Mais on aura de la peine à faire un secret d'état, d'une affaire de collége, et l'on n'expliquera pas pourquoi Louis XVIII disait, en causant du *Masque de Fer*: « Je sais le mot de cette énigme, comme mes successeurs le sauront; c'est l'honneur de notre aïeul Louis XIV que nous avons à garder [1]. »

Pour établir maintenant d'une manière satisfaisante que le *Masque de Fer* et Fouquet ne sont qu'une seule et même personne avec deux noms différens et à des époques différentes, il suffira de prouver,

---

[1] Plusieurs personnes dignes de foi nous ont attesté cette réponse que Louis XVIII eut peut-être la malice de faire pour tenir en haleine la curiosité des courtisans : le secret du *Masque de Fer* lui semblait sans doute une condition aussi nécessaire que le sacre de Reims pour sa royauté.

1° Que les précautions apportées dans la garde de Fouquet à Pignerol ressemblent en tout point à celles qu'on déploya plus tard pour l'homme au masque à la Bastille, comme aux îles Sainte-Marguerite;

2° Que la plupart des traditions relatives au prisonnier masqué paraissent devoir se rattacher à Fouquet;

3° Que l'apparition du *Masque de Fer* a suivi presque immédiatement la prétendue mort de Fouquet en 1680;

4° Que cette mort de Fouquet, en 1680, est loin d'être certaine;

5° Que des raisons politiques et particulières ont pu déterminer Louis XIV à le faire passer pour mort, plutôt que de s'en défaire par un empoisonnement ou d'une autre façon;

6° Enfin, que l'époque de la mort de Fouquet en 1680 étant reconnue fausse, les faits et les dates, les inductions et les probabilités viennent à l'appui de mon système, qui serait incontestable, si l'authenticité de la carte trouvée à la Bastille en 1789 pouvait être justifiée par la production de cette pièce que je n'ai pas invoquée cependant comme une preuve, en mentionnant sa découverte.

I.

Dès que la *chambre de justice,* par son arrêt du 20 décembre 1664, eut déclaré Fouquet *atteint et convaincu d'abus et malversations par lui commises au fait des finances dans les fonctions de surintendant,* et l'eut *banni à perpétuité hors du royaume* en confisquant tous ses biens, le roi *jugea qu'il pouvait y avoir grand péril à laisser sortir ledit Fouquet hors du royaume,* vu la connaissance particulière qu'il avait des affaires les plus importantes de l'État. En conséquence, la peine de bannissement perpétuel fut *commuée* en celle de la prison perpétuelle, et trois jours après l'arrêt rendu, Fouquet monta en carrosse *avec quatre hommes,* et partit escorté de cent mousquetaires, sous la conduite de M. d'Artagnan, pour être mené au château de Pignerol, où Saint-Mars devait le garder prisonnier.

On retint à la Bastille le médecin et le valet de chambre de Fouquet (Pecquet et Lavallée), *de peur qu'étant en liberté ils ne donnassent avis de sa part à ses parens et à ses amis pour sa délivrance*[1]. Mme de Sévigné écrivit à M. de Pomponne, le 22 décembre :

[1] *Recueil des Défenses de M. Fouquet,* 15 vol., 1665-1668, t. 13, p. 235 : *Relation de ce qui s'est passé dans la chambre de justice au jugement de M. Fouquet.* Il y a une autre édition en 16 vol., 1696, sous ce titre : *OEuvres de M. Fouquet.*

« Si vous saviez comme cette cruauté paraît à tout le monde, de lui avoir ôté ces deux hommes : c'est une chose inconcevable; on en tire même des conséquences fâcheuses, dont Dieu le préserve; voilà une grande rigueur. *Tantæne animis cœlestibus iræ!* Mais non, ce n'est point de si haut que cela vient. De telles vengeances rudes et basses ne sauraient partir d'un cœur comme celui de notre maître. On se sert de son nom et on le profane! » Ce fut pourtant le roi qui signa l'*Instruction*[2], datée du 24 décembre, et remise à M. de Saint-Mars, laquelle n'eût pas été plus sévère pour le *Masque de Fer*.

Cette Instruction défend « que Fouquet ait communication avec qui que ce soit, de vive voix ni par écrit, et qu'il soit visité de personne, *ni qu'il sorte de son appartement* pour quelque cause ou sous quelque prétexte que ce puisse être, pas même pour se promener; » elle refuse des plumes, de l'encre et du papier à Fouquet, mais elle permet que Saint-Mars « lui fasse fournir des livres, s'il en

---

[1] Cette pièce a été imprimée en partie, pour la première fois, dans le t. 6 des *OEuvres de Louis XIV*, p. 371. Elle y est précédée d'un *Avis de l'éditeur*, rempli d'aperçus neufs et piquans sur les causes du procès de Fouquet. M. Delort, dans le premier volume de l'*Histoire de la détention des philosophes et des gens de lettres*, p. 24 et suiv., réimprima en entier cette instruction dont l'original existe aux Archives du Royaume.

désire, observant néanmoins de ne lui en donner qu'un à la fois, et de prendre soigneusement garde, en retirant ceux qu'il aura eus en sa disposition, *s'il n'y a rien d'écrit ou de marqué dedans;* » elle charge Saint-Mars d'acheter les habits et le *linge* dont Fouquet aura besoin, et de lui choisir un valet qui *sera pareillement privé de toute communication, et n'aura non plus de liberté de sortir que ledit Fouquet;* elle assigne un fonds de six mille livres par an pour la *subsistance* de Fouquet et de son valet; elle autorise Saint-Mars à lui faire tenir un confesseur lorsqu'il *voudra* se confesser, « en observant néanmoins de n'avertir ledit confesseur qu'un moment avant qu'il doive entendre ledit Fouquet, et de ne lui pas donner toujours la même personne pour le confesser; » elle recommande enfin à Saint-Mars de *tenir Sa Majesté avertie de temps en temps de ce que fera* le prisonnier.

Dès que Fouquet fut arrivé à Pignerol le 10 janvier 1665 et enfermé dans le donjon, sous la garde de Saint-Mars, capitaine d'une compagnie franche d'infanterie composée de cinquante hommes, avec le titre de *commandant* de ce donjon en l'absence du gouverneur, le marquis de Piennes, les inquiétudes du roi et les précautions de surveillance s'accrurent successivement : Louvois, qui reçut la prison de Fouquet dans ses attributions de secrétaire d'état de la guerre, enjoignit à Saint-Mars d'envoyer des nouvelles *toutes les semaines, quand bien même il n'aurait rien à mander* [1].

La défiance de Louvois se porte sur tout, dans ses lettres à Saint-Mars :

« C'est à vous à veiller à ce que ceux qui approchent M. Fouquet ne se laissent pas corrompre, et que, quand même quelqu'un aurait assez de bassesse pour cela, il ne pût exécuter son mauvais dessein : il est nécessaire que vous empêchiez qu'il n'ait ni plume ni encre. » (10 février 1665.)

« Le confesseur, que vous avez choisi pour lui, a des talens qui ne doivent pas donner beaucoup de sujet de craindre qu'il lie quelque négociation contraire au service de Sa Majesté. Vous ne sauriez manquer de faire observer la conduite de cet ecclésiastique, pour reconnaître si les apparences ne sont point trompeuses. » (20 février.)

« Il n'y a point de difficulté à donner en même

---

[1] Lettre du 29 janvier 1665, dans le 1er vol. de l'*Histoire de la détention des Philosophes*, ainsi que les lettres dont j'ai extrait les phrases suivantes : on les trouvera sous leur date, sans qu'il soit nécessaire de renvoyer sans cesse à l'ouvrage ci-dessus.

temps deux livres à M. Fouquet : ce que vous avez à faire observer est que ceux de qui vous les prendrez ne sachent point que ce soit pour lui, et que vous les visitiez ou fassiez visiter avant que de les lui donner. » (3 mars.)

« On est bien aise ici de voir que l'ecclésiastique que vous avez choisi (pour confesseur) soit de l'humeur que vous marquez. Vous ne sauriez mieux faire que de l'entretenir dans les sentimens où il est, et de lui promettre que Sa Majesté reconnaîtra ses services ; et certainement, après les précautions que vous prenez, il semble que ce soit le seul homme qui puisse lui donner des nouvelles, s'il était assez infidèle pour le faire. Après ce que cet ecclésiastique vous a dit, vous avez eu raison de croire que M. Fouquet désire se confesser, plus pour apprendre des nouvelles que toute autre chose, et Sa Majesté souhaite que vous ne lui donniez cette permission que toutes les quatre bonnes fêtes de l'année et le jour de la Notre-Dame d'août... Il vaut mieux acheter qu'emprunter des livres pour lui... Lorsqu'il vous demande des lunettes d'approche, il a vraisemblablement dessein de s'en servir à quelque chose qui est contre le service de Sa Majesté : aussi ne veut-elle pas que vous lui en fournissiez. (24 avril ; à cette époque la compagnie de Saint-Mars fut augmentée de dix soldats et d'un sergent.)

« Sa Majesté approuve que vous ayez refusé de lui donner un crayon. » (26 octobre.)

« Vous ne sauriez apporter trop de précautions pour empêcher que M. Fouquet n'écrive ou ne reçoive des lettres, et le roi approuvera toujours toutes celles que la raison voudra que vous pratiquiez pour vous empêcher d'être trompé. » (13 novembre.)

« Le roi approuve les diligences que vous faites pour ôter à M. Fouquet toutes sortes de moyens d'écrire, ni de recevoir des lettres, et trouvera bon toutes les précautions que vous croirez devoir prendre à l'avenir. » (12 décembre.)

« Vous devez faire savoir ici les moindres choses qui se passent au sujet de M. Fouquet, et lorsque vous croirez à propos de donner avis par avance de quelques précautions que vous voudrez prendre pour la garde de sa personne, vous le pouvez faire en toute liberté. » (26 janvier 1666.)

« Les gens qui sont dans la condition où il se trouve tentent toutes sortes de voies pour parvenir à leur fin, et les gens qui sont chargés de leur garde doivent prendre toutes sortes de précautions contre eux pour s'empêcher d'être trompés. » (3 mars.)

« Sa Majesté sera bien aise que de temps en temps vous mandiez ici de quelle manière vit le prisonnier; s'il supporte sa détention avec tranquillité ou avec inquiétude ; ce qu'il dit et ce qui se passe dans sa garde. » (11 avril.)

« Si la maladie de M. Fouquet continuait, il serait juste de le faire assister de médecins et de chirurgiens du pays, mais bien assurément le médecin Pecquet ne lui rendra jamais ses services, soit dans sa profession, soit dans le métier d'un simple valet. » (4 juin.)

« Comme on pourrait, pour procurer à M. Fouquet sa liberté ou quelque soulagement, vous exposer des dépêches du roi ou des lettres de M. Letellier ou de moi, contrefaites, je vous prie de n'en exécuter aucune signée de lui ou de moi, qui ne soit écrite de sa main ou de la mienne, que vous pourrez confronter contre ces sept lignes qui en sont. » (4 juin.)

« Si M. Fouquet continue à vous demander des livres italiens, vous pourrez lui en faire venir de Paris ou de Lyon. » (18 juin.)

« Vous avez raison de dire qu'il est mal aisé de vous précautionner contre le prêtre qui confesse M. Fouquet, puisqu'étant seuls par nécessité, ils peuvent s'entretenir ensemble des choses qui ne regardent point la confession ; mais, puisque le confesseur est homme de bien ou que vous le croyez tel, vous devez avoir en quelque façon l'esprit en repos. A votre imitation, je me défie de tout.» (30 juin.)

« Il est inutile que je vous explique toutes les précautions que Sa Majesté prend pour la sûreté du prisonnier durant sa marche (Fouquet avait été transféré de Pignerol au fort de Pérouse pendant les réparations du dégât fait par la foudre dans sa prison), et pour sa garde durant sa détention.» (17 juillet.)

« Si après la guérison du valet de M. Fouquet, il ne veut plus continuer ses services au prisonnier ; la prudence veut que vous le reteniez dans le donjon trois ou quatre mois, afin que, s'il avait agi contre son devoir, le temps fasse rompre les mesures prises avec M. Fouquet. » (23 septembre.)

« Comme vous me marquez que M. Fouquet profite de ses vieux habits pour se concilier le valet qui est auprès de lui, le roi désire qu'à mesure que vous lui en fournissez de nouveaux, vous donniez ceux qu'il quitte aux pauvres.» (23 octobre.)

« Le roi estime que l'on ne peut mieux faire que d'enfermer avec M. Fouquet deux valets *qui ne sor-*

tiront que par la mort. Les avantages que vous tirerez de ces deux valets ainsi renfermés, sont qu'ils pourront se veiller l'un l'autre et que vous connaîtrez, en les questionnant ou par les rapports qu'ils vous feront, s'ils vous disent vrai. » (14 février 1667.)

« Votre lettre du 29 du mois passé m'apprend la continuation et l'état de la maladie de M. Fouquet. Je vous prie de continuer à m'en informer par tous les ordinaires. En faisant ce qui peut lui être utile, vous ne devez pas négliger la moindre des choses qui peuvent aller contre la sûreté de la garde de sa personne.» (9 octobre 1668.)

« Vous avez bien fait de ne pas donner aux Récollets la pistole que le valet de M. Fouquet vous a prié de leur délivrer par charité, puisque vous appréhendez qu'il n'y ait à cela quelque mystère. » (26 mars 1669.)

« Il faut vous consoler du chagrin que M. Fouquet peut avoir contre vous des nouvelles précautions que vous avez prises pour la sûreté de sa garde. » (22 avril 1669.)

« Vous avez découvert que vos soldats avaient commerce avec M. Fouquet : il faut qu'il y ait encore quelque chose de plus que ce que vous me mandez qu'ils vous ont avoué; car il n'aurait pas fait donner six pistoles à un soldat qu'il nommait par son nom, s'il ne lui eût auparavant rendu quelque service. Le roi ne fera aucune difficulté de vous permettre de faire justice de vos soldats en assemblant vos officiers et sergens; et s'il n'y a point de preuves assez sûres pour punir un crime de cette qualité à l'égard du valet, vous ne pouvez que le bien maltraiter et l'enfermer pour long-temps. Cependant vous ferez fort bien de mettre les fenêtres de M. Fouquet en état que pareille chose ne lui puisse plus arriver, et veiller toujours si exactement, qu'il ne puisse rien voir sans que vous le découvriez. » (7 décembre.)

« Il faut faire une grille, vis-à-vis de chacune des fenêtres de *votre* prisonnier, qui soit en demi-cercle en saillie hors du mur extérieur de deux ou trois pieds, et entourer chacune desdites grilles d'une claie fort serrée, et assez haute pour empêcher qu'il ne puisse voir autre chose que le ciel; et quand il sera nuit, que vous fassiez descendre des nattes dessus ses fenêtres, que vous relèverez à la pointe du jour : ainsi l'on ne pourra plus lui faire signe, ni lui en faire faire à qui que ce soit, et il ne pourra plus rien jeter ni recevoir. » (17 décembre.)

« Il faut observer que si vous donnez à M. Fouquet des valets que l'on vous amènera d'ici, il pourra bien arriver qu'ils seront gagnés par avance, et qu'ainsi ils seraient pis que ceux que vous en ôteriez présentement. » (1ᵉʳ janvier 1670.)

« Les précautions que vous avez résolu de prendre pour empêcher que M. Fouquet ne donne de ses nouvelles à personne, ni n'en reçoive de qui que ce soit, sont bonnes. » (16 janvier 1670.)

« La punition que vous avez fait faire des cinq soldats qui vous avaient trahi ne saurait produire qu'un très-bon effet. » (26 janvier.)

« J'ai reçu le plan des jalousies que vous faites faire pour les fenêtres de M. Fouquet; ce n'est pas comme cela que j'ai entendu qu'elles doivent être, mais bien des claies ordinaires qu'il faut mettre autour des grilles, en saillie et en hauteur nécessaire pour empêcher qu'il ne voie les terres des environs de son logement. » (28 janvier.)

« Je vous prie de visiter soigneusement le dedans et le dehors du lieu où M. Fouquet est enfermé, et de le mettre en état que le prisonnier ne puisse voir ni être vu de personne. » (26 mars.)

« Votre lettre du 5 de ce mois me fait connaître que M. Fouquet désirerait lire la Bible. Vous pouvez lui en acheter une et même les livres pour l'usage de son valet, ne doutant pas que, avant de les leur délivrer, vous ne vous précautionniez. » (14 juillet.)

« Vous jugerez facilement par la grandeur du mémoire du sieur Pecquet, pour la composition de l'emplâtre que M. Fouquet demande, qu'il n'a pu le faire dans mon cabinet, en ma présence, et qu'il l'a dressé chez lui; cette raison m'oblige de vous dire qu'aussitôt que vous l'aurez reçu, vous en fassiez une copie bien exacte, et en montriez l'original à M. Fouquet, et que vous en collationniez avec lui la copie, laquelle vous lui laisserez, et brûlerez ensuite l'original; par ce moyen, ledit sieur Fouquet, l'ayant vu, n'aura aucun doute; et vous, l'ayant brûlé, n'en aurez aucune inquiétude. » (13 décembre.)

« Sa Majesté, que l'on pourrait voir, a empêché que M. de Lauzun (nouvellement arrivé à Pignerol) ne puisse parler à M. Fouquet par la même cheminée. » (20 décembre 1771.)

A la fin de l'année 1672, la prison de Fouquet commença de s'adoucir; on lui rendit une lettre de sa femme avec permission d'y répondre *en présence* de Saint-Mars; dès lors, d'autres lettres de Mme Fouquet lui parvinrent de même par l'entremise de

Louvois, qui faisait examiner et visiter ces lettres soumises à des analyses chimiques pour qu'on n'y pût cacher quelque écriture faite avec une encre invisible.

Fouquet obtint successivement d'écrire au roi et à Louvois; d'être instruit des principaux événemens politiques; de recevoir par écrit les consultations de son médecin Pecquet et de plusieurs praticiens de Paris; de *prendre l'air, de deux jours l'un,* pendant deux heures chaque jour, sous la menace de *retourner dans sa chambre pour toujours,* s'il essayait de lier des intelligences avec quelqu'un; de communiquer avec le comte de Lauzun, prisonnier d'état comme lui à Pignerol; de lire le *Mercure galant;* d'adresser des mémoires cachetés au roi; de *jouer et converser* avec les officiers de Saint-Mars à *tous les jeux honnêtes* qu'il pouvait désirer; de se promener *dans l'étendue de la citadelle,* accompagné de quelques soldats; de dîner avec Mme de Saint-Mars, *quand même il y aurait des étrangers;* de passer *des matinées et des après-dîners,* enfermé dans son appartement, en compagnie des officiers de la garnison du château; enfin, d'embrasser sa femme, ses frères et ses enfans [1].

[1] Tous ces faits résultent de la correspondance secrète de Louvois, pu-

Mais nonobstant ces adoucissemens progressifs dans la captivité de Fouquet, la surveillance de Saint-Mars était aussi active et aussi minutieuse.

Fouquet ayant demandé la permission d'écrire *une pensée* qu'il avait, laquelle, disait-il, serait *fort utile au service du roi,* Saint-Mars lui donna six feuilles de papier, après avoir *tiré de lui parole de les rendre écrites ou blanches* au bout de quatre jours, pour les cacheter et les adresser au roi. (30 janvier 1773.)

Fouquet ayant désiré savoir *des nouvelles,* Saint-Mars fut autorisé à lui en dire du progrès des armes du roi, sans que *cela s'étendît à autre chose, sous quelque prétexte que ce fût.* (2 juillet 1773.)

Fouquet ayant voulu avoir du thé, on le lui envoya de Paris, mais Saint-Mars eut soin d'enlever la boîte, après l'avoir vidée devant lui, ainsi que le papier et le plomb qui enveloppaient le thé. (Novembre 1677.)

Louvois écrit à Saint-Mars : « Vous ne devez point donner d'autres lettres à M. Fouquet que celles que je vous adresse dans mes paquets avec une de moi. » (13 mars 1679.) « Il est à propos

bliée par M. Delort, et notamment d'une lettre du 1er novembre 1677 et d'un mémoire du 18 janvier 1679.

que M. d'Herleville (gouverneur de la ville de Pignerol) et sa femme ne rendent visite à M. Fouquet que trois ou quatre fois l'année; à l'égard du père jésuite qui vous est suspect, ne souffrez point qu'il entre dans le donjon. » (23 octobre.) « Vous répondez toujours à Sa Majesté de la sûreté de la personne de M. Fouquet. » (18 décembre.) « Je crois devoir vous répéter que les ordres de Sa Majesté restreignent les visites qui peuvent être rendues à votre prisonnier, aux officiers et habitans de la ville et de la citadelle. » (25 décembre.)

On voit évidemment dans la correspondance de Louvois qu'en 1679 on accordait un peu plus de liberté à Fouquet, mais qu'on n'épargnait rien pour l'empêcher de parler sur certains sujets que le roi avait fort à cœur : l'épée de Damoclès était sans cesse au-dessus de sa tête !

II.

L'anecdote de l'assiette d'argent, que Voltaire emprunta aux *Mémoires de Perse*, est rapportée d'une autre manière par le père Papon, dans le *Voyage en Provence*. Ici, ce n'est plus un pêcheur ni un esclave, mais un frater ; ce n'est plus une assiette, mais une chemise très-fine, sur laquelle le prisonnier aurait écrit *d'un bout à l'autre.*

L'origine de cette anecdote n'existe-t-elle pas dans ces passages de deux lettres de Louvois à Saint-Mars ? « Votre lettre m'a été rendue avec le nouveau mouchoir sur lequel il y a de l'écriture de M. Fouquet. » (18 décembre 1665.) « Vous pouvez lui déclarer que s'il emploie encore son linge de table à faire du papier, il ne doit pas être surpris si vous ne lui en donnez plus. Il me semble qu'il n'est pas fort difficile de s'apercevoir s'il en consomme à cet usage, puisqu'il n'y a qu'à le donner par compte à ses valets et les obliger à le rendre par compte aussi, et quand il en manquera, ce sera une marque infaillible qu'il s'en sera servi. » (24 novembre 1667.)

Fouquet, qui écrivait sur son linge, pouvait bien imaginer d'écrire sur sa vaisselle. Ce fut peut-être dans cette intention qu'il demanda et obtint de faire faire des assiettes et une salière, avec deux flambeaux d'argent qui avaient été brisés dans l'explosion de la poudrière. (7 août 1665.)

Le père Papon apprit d'un vieil officier de l'île de Sainte-Marguerite, qu'une femme du village de Mongins vint se présenter à Saint-Mars pour être admise en qualité de servante auprès du prisonnier inconnu, mais qu'elle refusa de se condamner à une captivité lucrative, lorsqu'on lui eut annoncé que cette captivité serait perpétuelle.

N'est-ce pas là cette mesure prise à l'égard des valets de Fouquet, lesquels ne devaient sortir de sa prison que *par la mort?* Peut-être la femme que Saint-Mars voulait prendre à gages n'est-elle autre que la blanchisseuse qu'on logea dans le donjon pour laver le linge de Fouquet qui mettait de l'écriture *partout*, même sur ses rubans et la doublure de son pourpoint, tellement qu'on fut obligé de l'habiller d'une couleur sombre et de ne lui donner que des rubans noirs (lettre de Louvois du 14 février 1667). On se souvient que, selon M. de Palteau, le prisonnier était *toujours vêtu de brun.*

Le père Papon ouït dire encore que le valet du prisonnier étant mort dans la chambre de son maître, un officier de Saint-Mars alla lui-même, la nuit, prendre le corps pour le porter au cimetière : un valet de Fouquet, emprisonné comme lui à perpétuité, mourut aussi au mois de février 1680 (lettre de Louvois du 12 mars de cette année-là). Les faits qui s'étaient passés à Pignerol durent avoir un écho aux îles Sainte-Marguerite, lorsque Saint-Mars y transféra son *ancien prisonnier.*

Quant aux égards que Louvois montrait pour le *Masque de Fer*, en se découvrant devant lui, on peut penser que ce ministre, malgré son orgueil, accordait ces marques de déférence au malheur et à la vieillessse, s'il se rencontra jamais avec Fouquet dans un des voyages rapides et mystérieux qu'il faisait souvent.

« Il a quelquefois visité une partie de la France, quand le bruit de son départ commence à être semé, dit le *Mercure galant* du mois de mai 1680 (un mois après la prétendue mort de Fouquet! On a des motifs de croire que Louvois était allé à Pignerol); et comme dans son retour il devance ordinairement les plus prompts courriers, ceux qui se plaisent à raisonner perdent leurs mesures. »

Le *Mercure galant* du mois de juin laisse encore mieux pénétrer l'objet de ce voyage qui conduisit sans doute le ministre à Pignerol : « M. de Louvois est de retour à Fontainebleau *après avoir parcouru beaucoup de pays*. Vous savez jusqu'où le zèle qu'il a pour le service du roi l'emporte et avec quelle rapidité on le voit agir pour les intérêts de l'état. *Son voyage n'a pas tant été pour le besoin qu'il avait des eaux de Barège, que pour voir les travaux de quelques places où les grandes lumières qu'il a sur toute chose rendaient sa présence nécessaire.* » Voilà, ce me semble, en quelle occasion Louvois se découvrit devant le *Masque de Fer*.

Louvois, dans ses lettres à Saint-Mars, ne s'exprime jamais qu'avec beaucoup de politesse en parlant de Fouquet : « Vous pouvez lui dire que j'ai fait, jusqu'à présent, tout ce qui a pu dépendre de moi pour lui rendre service dans les choses où je l'ai pu sans blesser mon devoir, et que je continuerai avec plaisir. » (30 janvier 1673.) « Je vous prie de faire à M. Fouquet un remerciement de ma part sur toutes ses honnêtetés. » (26 décembre 1677.) Voilà bien un salut par écrit.

Les beaux habits, le linge fin, les livres, tout ce qu'on prodiguait au prisonnier masqué pour lui rendre la vie moins pénible, n'étaient pas non plus refusés à Fouquet : l'ameublement de sa seconde chambre à Pignerol coûta plus de douze cents livres (lettre de Louvois, 20 février 1665) ; les habits et le linge que Saint-Mars lui fournit en treize mois coûtèrent, d'une part 1042 livres, et de l'autre, 1646 livres (lettres de Louvois, 12 décembre 1665 et 22 février 1666) ; Fouquet avait des flambeaux d'argent (lettre de Louvois, 7 août 1665) ; on renouvela plusieurs fois son ameublement et ses *tapis* pendant seize ans de prison ; il avait par an deux habits neufs, l'un d'hiver et l'autre d'été ; on lui achetait la plupart des livres qu'il désirait : « Vous avez bien fait, écrit Louvois à Saint-Mars, de lui donner les choses nécessaires pour contribuer à son divertissement ; mais vous devez toujours prendre vos précautions pour la sûreté de sa garde. » (21 février 1669.)

Fouquet, dans le désœuvrement d'une si longue captivité, était bien capable d'imiter l'homme au masque, qui, selon le rapport de Lagrange-Chancel, *s'amusait* à épiler sa barbe avec des pinces d'acier ; non-seulement Fouquet apprenait le latin et la *pharmacie* à ses domestiques [1], composait des vers pieux à l'aide du *Dictionnaire des rimes françaises*, imaginait des onguens et des remèdes pour différens maux [2], mais encore il se livrait on ne sait à quelles occupations frivoles qui faisaient dire à Louvois, le 16

[1] *Histoire de la détention de Fouquet, de Pellisson et de Lauzun*, par M. Delort, en tête de l'*Histoire de la détention des philosophes et des gens de lettres*, p. 33.

[2] Fouquet avait appris de sa mère, auteur du célèbre *Recueil de recettes choisies* tant de fois réimprimé depuis l'édition originale de 1675, une foule de recettes singulières. Louvois, ayant mal aux yeux, lui fit demander de *l'eau de casselunette* et un *Mémoire de la manière dont elle se fait* (lettres du 13 juin et 5 juillet 1678).

juin 1666 : « Cette occupation marque bien l'oisiveté dans laquelle il se trouve présentement. Il ne faut pas s'étonner qu'un homme qui a eu une longue habitude du travail s'applique à de petites choses pour s'occuper [1]. »

On pourrait encore appliquer à Fouquet une partie de ce que la tradition nous fait connaître de la taille, de l'air majestueux, de la voix intéressante et même de l'esprit *vif et orné* du prisonnier masqué.

Fouquet n'était pas beau de visage, il est vrai ; mais l'abbé de Choisy, dans ses *Mémoires* [2] nous le

---

[1] Ne doit-on pas rapporter à ce passage la célèbre histoire de l'araignée que tant de biographes ont introduite à tort dans la captivité de Pellisson, et dont Renneville, mieux instruit des traditions de la Bastille, a fait honneur au comte de Lauzun, trop léger et trop insouciant néanmoins pour se créer des *occupations* de cette espèce ? Ce serait donc Fouquet et non Lauzun, à qui nous attribuerions cette touchante anecdote : « Sans livres, sans occupation, n'étant visité que de son barbare surveillant, lorsqu'il lui portait du pain, le comte (Fouquet) ne sachant à quoi s'amuser, avait appris à une petite araignée à descendre dans sa main pour y prendre du pain qu'il lui tendait. Un jour Saint-Mars entra dans le moment que le comte était dans cette amusante *occupation* avec son araignée ; il lui fit le détail de ce beau divertissement, et ce brutal, voyant que le comte y prenait une espèce de plaisir, lui écrasa l'araignée dans la main en lui disant que les criminels comme lui étaient indignes du moindre divertissement. » *Inquisition française* ou *Histoire de la Bastille*, t. 1, p. 74.

[2] Collection Petitot, t. 63 de la seconde série, p. 210.

montre « savant dans le droit, et même dans les belles-lettres ; la conversation légère, les manières aisées et nobles ; répondant toujours des choses agréables. » Bussy-Rabutin ne le juge pas autrement, et avoue à contre-cœur qu'*il avait l'esprit fin et délicat* [1]. Ses portraits lui donnent une figure spirituelle, un regard fier, une superbe chevelure : en un mot, sa bourse n'était pas le seul aimant qui lui gagnât les cœurs, puisque Mme de Sévigné, qu'il avait courtisée sans succès comme amant, l'estimait assez pour en faire un ami.

III.

Il est certain qu'avant l'année 1680, Saint-Mars ne gardait à Pignerol que deux prisonniers importans, Fouquet et Lauzun ; cependant, *l'ancien prisonnier qu'il avait à Pignerol*, suivant les termes du journal de M. Dujonca, dut se trouver dans cette forteresse avant la fin d'août 1681, époque du passage de Saint-Mars au fort d'Exilles, où le roi l'envoyait en qualité de gouverneur, pour le récompenser de son zèle dans la garde de Fouquet.

Ce fut donc dans l'intervalle du 23 mars 1680, date

---

[1] *Mémoires de Roger de Rabutin, comte de Bussy*, éd. de 1696, in-12, t. 2, p. 428.

supposée de la mort de Fouquet, au 1ᵉʳ septembre 1681, que le *Masque de Fer* parut à Pignerol, d'où Saint-Mars n'emmena que *deux* prisonniers à Exilles [1]; or, l'un de ces prisonniers était probablement l'homme au masque; l'autre, qui était sans doute Matthioli, mourut avant l'année 1687, puisque Saint-Mars, ayant eu, au mois de janvier de cette année-là, le gouvernement des îles Sainte-Marguerite, ne conduisit qu'*un seul* prisonnier dans cette nouvelle prison [2].

IV.

La correspondance de Louvois avec Saint-Mars [3] fait mention, il faut l'avouer, de la mort de Fouquet, que lui aurait annoncé une lettre de Saint-Mars, écrite le 23 mars 1680. Les lettres de Louvois, datées

---

[1] Louvois écrit à Saint-Mars, 12 mai 1681 : « Je demande au sieur Duchanoy d'aller visiter avec vous les bâtimens d'Exilles, et d'y faire un mémoire des réparations absolument nécessaires pour le logement des deux prisonniers de la tour d'en bas, qui sont, je crois, les seuls que Sa Majesté fera transférer à Exilles. » Extrait des Archives des Aff. étr. par M Delort.

[2] Saint-Mars écrit à Louvois, 20 janvier 1687 : « Je donnerai si bien mes ordres pour la garde de mon prisonnier, que je puis bien vous en répondre pour son entière sûreté. » Extrait des Archives des Aff. étr., par Roux-Fazillac.

[3] Dans l'*Histoire de la détention des philosophes*, t. 1, p. 317 et suiv.

des 8, 9 et 29 avril, répètent plusieurs fois : *feu M. Fouquet*, en ordonnant de remettre le corps du défunt aux *gens* de Mme Fouquet, et de transférer Lauzun dans la chambre mortuaire, meublée et tapissée à neuf; mais il est remarquable que, dans les lettres suivantes, Louvois dise comme à l'ordinaire, *M. Fouquet*, sans faire précéder ce nom de la qualification de *feu* qu'il employait auparavant.

Mme de Sévigné écrit à sa fille, le 3 avril 1680 : « Le pauvre M. Fouquet est mort, j'en suis touchée... Mlle de Scudéry est très-affligée de cette mort. » Elle écrit à la même, le 5 du même mois : « Si j'étais du conseil de la famille de M. Fouquet, je me garderais bien de faire voyager son pauvre corps, comme on dit qu'ils vont le faire : je le ferais enterrer là; il serait à Pignerol; et, après dix-neuf ans, ce ne serait point de cette sorte que je voudrais le faire sortir de prison. »

Elle écrit encore à peu près dans les mêmes termes à M. de Guitaud : « Si la famille de ce pauvre homme me croyait, elle ne le ferait point sortir de prison à demi; puisque son ame est allée de Pignerol dans le ciel, j'y laisserais son corps après dix-neuf ans : il irait delà tout aussi aisément dans la vallée de Josaphat, que d'une sépulture au milieu de ses pères, et comme la Providence l'a conduit d'une manière extraordinaire, son tombeau le serait aussi. » Ce passage de cette lettre a été seul conservé, d'où l'on peut présumer que Mme de Sévigné y donnait carrière hardiment à des soupçons sur les causes de la mort de son ami.

La *Gazette de France*, dans son numéro XXVIII, contient cette nouvelle, datée de Paris, 6 avril : « On nous mande de Pignerol que le sieur Fouquet y est mort d'*apoplexie*. » Enfin, d'après l'autorité de la *Gazette*, Haudicquer de Blancourt, dans ses *Recherches historiques de l'ordre du Saint-Esprit*, imprimées en 1695, avance que Fouquet est mort le 23 mars 1680.

Mais les contradictions des contemporains au sujet de cette mort ne sont pas moins extraordinaires que celles des dates; et l'absence, presque complète, de pièces y relatives, laisse beaucoup à présumer.

Conçoit-on, par exemple, que Louvois n'accuse réception de la lettre d'avis de Saint-Mars que le 8 avril, tandis que la *Gazette* du 6 publiait cette nouvelle et que Mme de Sévigné la savait cinq jours auparavant? Le courrier, portant les dépêches du ministre, serait donc resté plus de quatorze jours en chemin, tandis que la poste de Pignerol aurait fait la même route en moins de huit jours?

D'où vient que Bussy-Rabutin et Mme de Sévigné, qui étaient tous deux à Paris alors, et qui se voyaient sans cesse, ont donné une cause entièrement opposée à la mort de Fouquet, leur ami commun? Est-il possible que Bussy, dans sa lettre à Mme de M..., ait écrit, le 25 mars (le mois, sinon le jour, est à l'abri d'une controverse à élever sur la fidélité de l'éditeur, le père Bouhours, ami de Bussy et de Fouquet) : Vous *savez, je crois,* la mort d'apoplexie de M. Fouquet, dans le temps qu'on lui avait permis d'aller aux eaux de Bourbon? Cette permission est venue trop tard : la mauvaise fortune a avancé ses jours. » Une phrase d'une autre lettre du même, datée du 6 avril, et adressée au marquis de Trichâteau, semble faire entendre aussi que Fouquet avait obtenu sa grâce : « La fortune a ri trop tard à notre pauvre ami; cela n'a fait qu'augmenter son regret de quitter la vie. »

Mais si Fouquet mourut d'*apoplexie,* comment interpréter alors le sens de ces paroles de Mme de Sévigné : « Voilà cette vie qui a tant donné de peine à conserver! *Il y aurait beaucoup à dire là-dessus!* Sa maladie a été des convulsions et des maux de cœur sans pouvoir vomir. »

Comment, enfin, expliquer le silence du *Mercure galant* sur la mort d'un personnage aussi célèbre, quand on trouve dans ce journal le fidèle relevé des décès principaux de chaque mois, quand le volume d'avril annonce les morts de M*rs* Feydeau et Gailloire, chanoines de Notre-Dame, de M. Bourdon, docteur en Sorbonne, et d'autres individus aussi obscurs ? Était-ce une omission volontaire du journaliste de Visé qui n'osait pas mécontenter Colbert ou les amis de Fouquet, en portant un jugement sur la personne du défunt, en rappelant ses malheurs ou ses fautes ? Était-ce la censure occulte de Versailles qui condamnait à l'oubli la mémoire du surintendant ?

Étrange mort que celle-ci, qui eut lieu à Pignerol le 23 mars, et qui était sue le 25 à Paris !

Pas un acte authentique pour constater la fin d'un homme qui avait fait autant de bruit par sa disgrâce que par sa fortune, pour imposer silence aux soupçons toujours prêts à chercher un crime dans une mort entourée du mystère de la prison d'état, pour forcer l'histoire à enregistrer le terme de cette grande et illustre captivité ! Rien qu'une dépêche, presque énigmatique, du ministre de la guerre ; rien que la restitution d'un cadavre dans un cercueil; rien que l'extrait, peut-être supposé, d'un obituaire de couvent constatant l'inhumation un an après la mort !

Le 9 avril, Louvois écrit de Saint-Germain à Saint-Mars : « Le roi me commande de vous faire savoir que Sa Majesté trouve bon que vous fassiez remettre aux gens de Mme Fouquet le corps de feu son mari, pour le faire transporter où bon lui semblera. » Or, à cette époque, Mme Fouquet demeurait à Pignerol dans la maison du sieur Fenouil [1], et sa fille devait bientôt habiter le donjon au-dessus de la chambre du prisonnier, avec laquelle un escalier intérieur, construit exprès, aurait permis de communiquer [2].

Cependant ce n'est qu'un an plus tard que le corps, transporté à Paris, fut inhumé, dit-on, le 28 mars 1681, en l'église du couvent des Filles de la Visitation-Sainte-Marie, dans la chapelle de Saint-François-de-Sales où François Fouquet, père du surintendant, reposait sous les marches de l'autel depuis quarante et un ans. François Fouquet avait

---

[1] On apprend cette particularité de la procuration retrouvée par M. Modeste Paroletti, et citée plus bas.

[2] Lettre de Louvois, du 18 décembre 1679, dans le t. 1 de l'*Histoire de la détention des philosophes*.

une fastueuse épitaphe [1] qui énumérait ses titres et ses vertus, à demi effacée par les pieds du prêtre officiant ; mais Nicolas Fouquet n'eut pas même

[1] Voici cette épitaphe rapportée par Piganiol de la Force, *Descript. de Paris*, éd. de 1765, t. 5, p. 42 :

« A L'HEUREUSE MÉMOIRE

De messire François Foucquet, chevalier, conseiller du roi ordinaire dans tous ses conseils, fils de messire FRANÇOIS FOUCQUET, conseiller au parlement de Paris, lequel, après avoir passé par les charges de conseiller audit parlement et de maître des requêtes ordinaire de son hôtel, fut nommé pour ambassadeur de Sa Majesté vers les Suisses, et puis retenu pour être employé aux plus secrètes et plus importantes affaires de l'état, dans le maniement desquelles il a vécu avec tant d'intégrité et de modération, qu'il peut être proposé pour exemple à tous ceux qui sont admis aux conseils des princes. Sa naissance, sa vertu, sa capacité, son zèle au service du roi, lui ont acquis un nom honorable en cette vie, d'où il passa en une meilleure, trop tôt pour les siens et pour le public, laissant douze enfans de dame MARIE DE MAUPEOU, sa femme, fille de messire GILLES DE MAUPEOU, seigneur d'Ableiges, conseiller d'état, intendant et contrôleur général des finances. Il mourut le 22 avril 1640, âgé de 53 ans.»

Le cercueil qui se trouve encore dans le caveau porte cette autre épitaphe plus modeste que je transcris.

CY GIST LE CORPS DE M^r
FRANÇOIS FOUQUET
VIVANT CH^{er} CONS^r
ORDIN^{re} DU ROY EN
SON CONSEIL D'ESTAT
LEQUEL DÉCÉDA LE XXIIe
JOUR D'AVRIL 1640
AAGÉ DE 53 ANS.

son nom gravé sur une lame de cuivre, dans un temps où l'Académie des inscriptions et des médailles secondait la sculpture pour immortaliser les tombeaux ! Nicolas Fouquet, *qui fut élevé à tous les degrés d'honneur de la magistrature, conseiller du parlement, maître des requêtes, procureur-général, surintendant des finances et ministre d'état*, dut se contenter de cette oraison funèbre écrite dans les registres mortuaires des Visitandines, si toutefois on peut s'en rapporter à l'extrait de ces registres mentionné dans les *notes* du major Chevalier, bien que la supérieure du couvent de la Visitation ait déclaré en 1790 qu'il n'existait *aucun registre de sépulture antérieur à l'année* 1737 [1].

[1] Cette supérieure adressa la lettre suivante aux auteurs de la *Bastille dévoilée*, qui lui avaient demandé de collationner sur l'original l'extrait mortuaire de Fouquet.

« Monsieur,

La déclaration du roi du 9 avril 1736 qui oblige d'avoir deux registres de sépulture, et d'en déposer un au greffe, tous les ans, est l'époque précise des *Actes mortuaires* dont nous sommes en possession ; *d'après les plus exactes recherches*, nous n'en avons trouvé *aucun* antérieur à l'année 1737. Il se pourrait bien que celui de M. Foucquet fût à la paroisse Saint-Paul, parce que c'est le curé de ladite paroisse qui fait tous nos enterremens ; nous voyons *par différentes notes* que ledit sieur est mort à Pignerol, au mois de mars 1680 ; qu'il a été inhumé dans notre église extérieure le 28 mars 1681, dans la cave où M. son père avait été enterré quarante ans auparavant ; *son* épitaphe est dans la chapelle de Saint-François

Quoi ! dans cette chapelle dotée par François Fouquet, ornée par Nicolas Fouquet, remplie des épitaphes de la famille Fouquet, le prisonnier de Pignerol fut enterré obscurément, sans une pierre tumulaire, sans une inscription, sans un obit ! quoi !

de Sales, au-dessus de ladite cave. La messe dont il a été parlé a été fondée par M. son père, en 1640.

J'ai l'honneur d'être, etc. Sœur Anne-Madeleine Chalmette. »

Cette lettre, imprimée dans la 9ᵉ livraison de la *Bastille dévoilée* pour prouver que Fouquet ne fut pas l'homme au masque, prouve surtout que les registres cités par Chevalier n'ont jamais existé, ou bien ont été enlevés à l'époque (vers 1770) où l'on fit à Pignerol et à la Bastille des perquisitions secrètes, afin d'anéantir les traces de la captivité du surintendant.

Quant à *son* épitaphe qui, selon cette lettre, *était* dans la chapelle de Saint-François de Sales, on est autorisé à croire que la supérieure a été trompée par une des épitaphes de la famille Fouquet, dans lesquelles le nom du surintendant se trouvait plusieurs fois répété avec l'énumération de tous ses titres et dignités.

Un historien moderne (Dufey, de l'Yonne) a bien fait la même confusion en disant dans le *Mémorial parisien* : « Sous les marches de la chapelle à gauche, a été inhumé Nicolas Fouquet, » M. Dufey avait mal lu Piganiol qui dit : « Dans une chapelle qui est à gauche en entrant et sous les marches, a été inhumé François Fouquet. » L'épitaphe de Nicolas Fouquet n'a jamais existé : elle n'est relatée nulle part dans les *Epitaphiers* manuscrits de la ville de Paris, pas même dans le grand recueil en 9 vol. in-fol, avec les armoiries coloriées, lequel fait partie du Cabinet des Chartes et Titres formé par M. Champollion-Figeac, à la Bibliothèque du roi.

Au reste, cette lettre est fort amphibologique, et les *différentes notes* sur lesquelles la supérieure appuie ses indications méritent peu de confiance à cause de leur analogie avec les *notes* du major Chevalier.

ses deux frères qui lui survécurent, Louis, évêque d'Agde, et Gilles, premier écuyer de la grande écurie ; ses enfans, Louis-Nicolas comte de Vaux, Charles Armand, prêtre de l'oratoire, Louis, marquis de Belle-Isle, chevalier de Saint-Jean de Jérusalem; ses filles et ses gendres, Armand de Béthune, duc de Charost, et Emmanuel de Crussol, marquis de Montgalez ; sa femme ; sa mère qui vivait encore et qui passait pour une sainte toute chargée d'œuvres pies et charitables ; ses amis, encore nombreux et puissans, qui le pleuraient comme une victime innocente immolée à l'ambition de Colbert et à la jalousie de Louis XIV, ne vengèrent pas du moins sa mémoire en publiant sur sa tombe l'histoire de ses infortunes et le triomphe de sa fin chrétienne !

Est-ce que dans ce temps-là les inscriptions funéraires avaient besoin, comme un livre, d'une *approbation du roi?* Les filles de la Visitation craignirent-elles de se mettre mal en cour, si elles souffraient dans leur église l'éloge public de leur bienfaiteur défunt, proscrit même après sa mort ? Les Visitandines étaient pourtant quelquefois très-expansives dans leur gratitude, lorsqu'elles ajoutaient, par exemple, à l'épitaphe de frère Noël Brulart de Sillery, que ce fondateur de leur église avait voulu, *pour comble de tout*; y être enterré. L'épitaphe de Fouquet disparut-elle sous le marteau, par un ordre émané de Versailles ? Défense fut-elle faite d'offrir aux yeux des personnes dévotes le moindre signe extérieur qui rappelât le terrible martyre de ce pauvre homme, et sollicitât pour lui des indulgences dans l'autre vie ? où plutôt, la famille de Fouquet, suspectant l'identité du corps qu'on lui remettait, et n'osant approfondir le mystère d'une substitution de cadavre, préféra-t-elle garder le silence et ne pas se faire complice de cette odieuse fraude inventée par la haine ou par la politique ?

La plupart des historiens des monumens de Paris [1] ont répété que Fouquet avait été enterré dans le même caveau que son père, mais pas un n'y est descendu pour découvrir la place occupée autrefois par un cercueil, vide peut-être, ou du moins ne contenant que des ossemens qui n'avaient jamais appartenu au prisonnier de Pignerol.

Quant à nous, qui avions soulevé tant de preuves

---

[1] Voyez Dulaure, Germain Brice, Piganiol de la Force, Hurtaut, Thiéry, Auguste Poullain de Saint-Foix, etc.; mais les histoires de Paris, publiées à la fin du dix-septième siècle, telles que la première édition de G. Brice, (1684), *Paris ancien et nouveau*, par Lemaire (1685) ne parlent pas de cette sépulture.

morales contre la prétendue inhumation de Fouquet dans l'église des filles de Sainte-Marie, nous pensions que la vérité ne serait plus reconnaissable aujourd'hui sur un squelette, sur une tête de mort ; nous ne songions pas à desceller ce cercueil de plomb pour y remuer une poussière muette. Eh bien ! un fait est venu par hasard justifier, surpasser nos inductions : Fouquet n'a pas été inhumé à la Visitation, comme on l'a cru ; son cercueil n'a même jamais été transféré de Pignerol à Paris ; les registres du couvent ou les gens qui invoquaient leur témoignage ont menti !

La *cave* de la chapelle de Saint-François-de-Sales n'avait pas été ouverte depuis l'année 1786 où l'on y enterra la dernière des Sillery, Adélaïde-Félicité Brulart ; le couvent supprimé en 1790, les bâtimens vendus depuis et l'église concédée au culte protestant en 1802, on respecta cependant les tombes et on n'alla pas chercher du plomb pour fondre des balles, dans le caveau des bienfaiteurs du monastère. Il y a cinq mois environ que la cathédrale de Bourges réclama le corps d'un de ses archevêques, le *bienheureux* André Fremiot, qui avait été inhumé chez les filles de Sainte-Marie, fondées par sa sœur, la célèbre Mme de Chantal, au commencement du

17e siècle : on fit de longues recherches avant de découvrir les restes du prélat catholique oubliés sous la sauve-garde de la *Confession de Genève ;* ce fut dans la sépulture de Fouquet qu'on trouva le cercueil de l'*illustrissime et révérendissime père en Dieu, patriarche, archevêque de Bourges, primat des Aquitaines ;* tous les cercueils que contenait le caveau furent examinés par une commission de la ville, toutes les épitaphes furent relevées avec soin : celle de Nicolas Fouquet manque !

Son père François, ses frères Yves, seigneur de Mézières, conseiller du parlement, et Basile, commandeur des ordres du roi, abbé de Barbeaux et de Rigni, sa première femme Louise Fouché dame de Quehillac, deux de ses enfans décédés en bas âge, son fils aîné Louis-Nicolas comte de Vaux, sont les seuls habitans de ce caveau où retentit, comme un écho plaintif, le nom de *très-haut et très-puissant seigneur messire Nicolas Fouquet, chevalier, vicomte de Vaux et de Melun, ministre d'état et surintendant-général du roi;* nom fameux par les malheurs plutôt que par la fortune qu'il rappelle, nom imposant surtout dans l'épitaphe de deux héritiers de cette haute prospérité frappés au berceau, avant que le *très-haut et très-puissant seigneur* fût devenu un grand criminel d'état devant la chambre de justice de 1661 !

Cette censure royale, qui refusait une épitaphe à la victime de Pignerol, mit un bâillon sur la bouche de l'histoire pour l'empêcher de faire entendre le jugement de la postérité. Voyez : Fouquet mort, ou passant pour tel, comme on a peur qu'une voix indiscrète ne s'élève de sa tombe ou de sa prison! comme on a soin d'imposer silence aux regrets de ses amis! comme on s'efforce d'effacer jusqu'au souvenir de l'illustre captif! Pellisson, qui achevait en ce temps-là son *Histoire de Louis XIV*, s'excusa de ne pas s'arrêter sur la disgrâce du surintendant, qu'il avait partagée, et ne donna aucun détail concernant une affaire qu'il devait connaître à fond ; M. de Riencourt, dans son *Histoire de la monarchie française sous le règne de Louis-le-Grand*, imprimée en 1688, ne mentionna pas même la condamnation de Fouquet, sans doute pour éviter de le plaindre, car il ne manifestait que des doutes au sujet de la culpabilité de ce ministre.

La généreuse Mme Fouquet (Marie-Madelaine de Castille-Villemareuil, morte en 1716, âgée de quatre-vingt-trois ans) qui, depuis dix-huit ans, assiégeait le roi de placets [1] et de sollicitations, invoqua en 1680 une promesse que Louis XIV lui avait faite pour se dérober sans doute à ses importunités, et voulut rendre cette promesse plus solennelle par la publicité ; mais la *Harangue de Mme Fouquet au roi* ne put être imprimée qu'à l'étranger, à Utrecht, chez Jean Ribius, et les exemplaires de ce petit livre in-16, intitulé *Formulaire des inscriptions et soubscriptions des lettres dont le roi de France est traité par tous les potentats de l'Europe, et dont il les traite réciproquement,* eurent beaucoup de peine à s'introduire en France, quoique le sujet adulateur de l'ouvrage eût été imaginé sans doute pour servir de recommandation à la harangue.

« Votre Majesté, disait Mme Fouquet dans cette requête, a bien voulu me faire l'honneur de me dire *qu'elle était fâchée d'être obligée de faire ce qu'elle a fait.* » Mme Fouquet, tout en implorant la clémence royale, avait la hardiesse de rappeler les iniquités du procès de son mari, particulièrement les papiers de l'accusé *pris contre toutes les formes ordinaires, et beaucoup même soustraits* ; elle ne demandait point une *absolution glorieuse,* mais

[1] On en trouve un, présenté au roi *le jour de sa fête*, dans le premier volume des *Mémoires historiques et authentiques sur la Bastille,* p. 62.

une *abolition*, l'exil au lieu de l'emprisonnement perpétuel... Le roi répondit sans doute en ordonnant de lui annoncer la mort du prisonnier !

Les ouvrages de dévotion que Fouquet avait rédigés à Pignerol, et que son fils enleva contre l'intention de Louis XIV [1], n'eurent pas le droit de paraître avec le nom de l'auteur. Le père Boutauld, jésuite [2], qui publia le premier volume des *Conseils de la Sagesse, ou Recueil des maximes de Salomon,* après avoir obtenu un privilége daté du

[1] Louvois écrit à Saint-Mars, 8 avril 1680 : « Vous avez eu tort de souffrir que M. de Vaux ait emporté les papiers et les vers de M. son père, et vous deviez faire enfermer cela dans son appartement. » t. 1 de l'*Histoire de la détention des philosophes.*

[2] Le catalogue de la Bibliothèque du Roi le nomme *Bétaut*, mais c'est une erreur. Le père d'Avrigny, dans les *Mémoires pour servir à l'histoire universelle de l'Europe*, 1725, t. 3, p. 113, nie que Fouquet eût composé cet ouvrage « Je ne sache que les *Conseils de la sagesse* qu'on lui ait attribués. Ce livre eut beaucoup de vogue, mais le P. Boutauld, jésuite, en était l'auteur. L'idée qu'on eut qu'il était d'un surintendant prisonnier et pénitent ne gâta rien à l'ouvrage et contribua au débit. » Mais il suffira de comparer entre eux les différens livres publiés par le père Boutauld, depuis 1680 (il avait alors quatre-vingts ans), pour s'assurer qu'ils partent tous de la même main et qu'ils ont été écrits sous la même inspiration : on y retrouve à chaque page Fouquet et le prisonnier de Pignerol. Voyez BOUTAULD dans la dernière édition de Moréri. Les *Conseils de la sagesse*, contrefaits en Hollande avec les caractères d'Elzevier, chez Abraham Trojel et Abraham de Hondt à la Haye, ont eu depuis quatre ou cinq éditions. Il y a aussi des traductions en espagnol et en italien.

13 février 1677, pour Sébastien Mabre-Cramoisi, imprimeur du roi, et directeur de l'imprimerie royale du Louvre, ne put obtenir qu'en juin 1683 une *permission d'imprimer la Suite des Conseils de la Sagesse*, trouvée dans la prison de Fouquet.

Le premier volume avait été publié à Paris en 1677 : on ne tarda pas à reconnaître Fouquet sous le masque de Salomon, quoique le *Journal des Savans*, n° XVII, de l'année 1677, n'osât pas soulever un coin du voile de l'anonyme, en rendant compte de cet ouvrage qui était alors dans toutes les mains. « Il y a long-temps, lit-on dans la préface, Théotime, que vous me faites la grâce de me plaindre et de sentir pour moi les peines de ma solitude... Ces tristes spectacles et le silence affreux du désert où la fortune me retient encore n'empêchent pas que les heures n'y passent bien vite... Vous savez que je me consolais autrefois en livres, vous allez voir dans l'écrit que je vous envoie, que je m'occupe maintenant à les expliquer... Salomon aimait à se trouver seul, autant que les princes de sa cour à se trouver auprès de lui et à l'entendre parler. L'heure où aspiraient ses désirs était lorsqu'après les travaux du soir, las des affaires, des honneurs et des bruits du monde, il se retirait de la vue des compagnies, et allait s'entretenir avec Dieu dans une maison de campagne nommée *Hetta*, assez proche de la ville. (N'est-ce pas une allusion à la maison de Saint-Mandé?) Ce fut dans ce désert magnifique, et à la vue des beautés de Dieu, que ses contemplations lui découvraient, qu'il conçut de si grands mépris des beautés mortelles, et qu'après les autres plaintes qu'il fit contre la trahison de leurs promesses et de leurs flatteries, il chanta ce fameux cantique que les grottes et les eaux de son palais entendirent les premières, mais que les échos ont fait depuis entendre partout, et qu'ils feront retentir jusqu'à la fin des siècles : *Vanitas vanitatum, cuncta vanitas!* »

Dans le courant de cette paraphrase toujours noble et touchante, souvent éloquente et sublime, Fouquet se rappelle sans cesse ce qu'il a été en comparaison de ce qu'il est : le prisonnier de Pignerol s'adresse toujours au surintendant des finances. « Peut-être que ceux qui nous verront ce soir heureusement établis dans une puissante et haute fortune nous trouveront le matin ensevelis sous ses ruines... Accoutumez-vous à regarder sans étonnement et sans frayeur tout ce qui arrive; lorsque l'affliction survient, ne vous fâchez pas contre Dieu... Salomon croyait que la fidélité et l'amour des serviteurs ne peuvent être justement récompensés que par l'amour de leur maître... Il se regardait comme leur père ; et un des plus beaux exploits de sa sagesse fut d'avoir fait en sorte que personne n'entrât et ne demeurât chez lui pour le servir, qui ne fût fidèle, et que personne n'en sortît, qui ne fût riche. Leur fortune entrait dans le nombre de ses propres affaires... Votre grandeur et votre gloire ne sont pas d'abaisser les autres devant vous, mais d'être grand en vous-même et d'avoir au-dessus d'eux une élévation indépendante de leur chute et de leur malheur... L'amitié nous plaît, mais l'intérêt est notre maître... Ils devraient savoir que de se déclarer l'ami de quelqu'un, c'est s'obliger de n'avoir ni argent dans le temps de ses nécessités, ni loisir dans le temps de ses affaires, ni sang et vie dans le temps de ses dangers... Dans les affaires de l'amitié, aussi bien que dans celles de l'état, les moindres indiscrétions et légèretés de langue sont des crimes irrémissibles... Si le malheur veut que nous ayons des ennemis, croyons qu'il nous est moins glorieux de renverser leur maison et leur fortune, que d'adoucir leur colère, et tous ces soins que nous employons à gagner sur eux un procès, employons-les à gagner leur cœur. »

Dans ces deux volumes, inspirés par la lecture méditée de la Bible [1], Fouquet se montre, suivant l'expression d'un contemporain, *revêtu de sa seule vertu, et épuré de la plus pure lumière de la foi* [2]. Ses ennemis durent grincer des dents en voyant ce calme évangélique et cette patience chrétienne, ce dédain pour le *néant des grandeurs humaines* et ce pardon des injures : Colbert sentit peut-être un remords en quittant avec la vie ce pouvoir qu'il avait acheté au prix de la perte de Fouquet.

Le second ouvrage posthume de Fouquet, intitulé *Méthode pour converser avec Dieu*, 1684, in-16, qui n'était pourtant qu'un extrait des *Conseils de la Sagesse*, fut *supprimé*, malgré l'approbation de la société de Jésus, comme on le voit par une note manuscrite de l'exemplaire de la Bibliothèque du roi.

Le père Boutauld, il est vrai, n'avait pas mis ce petit livre à couvert par une dédicace au roi, comme

---

[1] On voit par la correspondance de Louvois (*Histoire de la détention des philosophes*) que l'on donna deux exemplaires de la Bible à Fouquet, avec les œuvres de Clavius et de saint Bonaventure, mais on lui refusa les œuvres de saint Jérôme et celles de saint Augustin.

[2] Manuscrits envoyés par le major Chevalier à Malesherbes. Cabinet de M. Villenave.

il fit pour un autre ouvrage recueilli aussi dans les papiers de Fouquet et publié sous le titre : *Le Théologien, dans les conversations avec les sages et les grands du monde*, Paris, 1683, in-4°. Ce *théologien*, qu'on a pris pour le père Cotton parce que l'éditeur le fait vivre sous *Henri-le-Grand*, n'est autre que Fouquet, *sage et maître de sa colère, sincère, magnanime, incorruptible, fidèle à sa promesse et impénétrable en ses secrets* : « Il fut appelé à la cour et y eut un emploi des plus honorables; le roi fit état de sa personne et de ses conseils et se plut à ses entretiens : il lui fit même la grâce de l'honorer de sa confiance intime et de lui témoigner des bontés très-singulières et qui furent enfin trop glorieuses pour n'être pas insupportables à la jalousie. » L'éditeur annonce presque l'origine de l'ouvrage : « Quelques uns de ses amis, qui héritèrent de ses papiers et qui furent témoins de ses pensées les plus secrètes, conçurent le projet de mettre ses écrits en ordre; s'il se trouve ici quelques fautes, on ne doit les attribuer qu'à ma seule plume. Les lumières que j'ai reçues des personnes qui le connurent familièrement lorsqu'il fut éloigné de la cour m'ont beaucoup aidé. Je n'eus le bonheur de lui parler et de l'approcher, qu'environ deux ans avant qu'il mourût. (Ce ne peut être le père Cotton mort en 1626.) » Il faudrait savoir si le jésuite Boutauld n'a pas été confesseur de Fouquet, à Pignerol.

Mais la partie la plus curieuse du volume est une éloquente justification de ce prisonnier d'état, sous la forme d'une nouvelle historique *Adelaïs*, dans laquelle on découvre peut-être toute l'histoire secrète du procès de Fouquet.

Marie, fille du roi d'Aragon, femme de l'empereur Othon, devint amoureuse d'un gentilhomme, et crut qu'il suffisait d'*avertir par ses regards qu'elle permettait qu'on l'aimât* ; ce gentilhomme feignit de ne pas l'entendre, mais un jour, celle-ci parla si clairement, qu'il s'échappa des bras de cette femme éhontée. Marie, pour se venger, accusa ce nouveau Joseph d'avoir attenté à l'honneur du lit impérial et obtint de son mari que le coupable périrait. Il fut arrêté et conduit en prison : « La nouvelle de cet emprisonnement se répandit aussitôt à la cour, mais on n'en sut pas le sujet ; la chose demeura secrète entre l'empereur et l'impératrice, les autres devinèrent et soupçonnèrent comme ils purent, et ils en furent d'autant plus empêchés qu'il ne paraissait nullement que ce sage gentilhomme se fût oublié de son devoir.» Adelaïs, mère d'Othon, conseillait à son fils de se borner à exiler l'accusé, faute de pouvoir prouver le crime dont la preuve serait d'ailleurs un déshonneur pour l'empire; mais Othon n'écouta que les prières de sa femme : « il publia l'affaire et voulut que les juges s'en mêlassent. » Le gentilhomme périt sur un échafaud; car « la voix de la calomnie eut plus de force que celle de l'innocence; mais son sang répandu parla mieux que lui et fit retentir jusqu'au ciel des cris que la justice de Dieu écouta. » La femme de ce malheureux gentilhomme était alors absente; elle ne put que demander le corps du condamné pour le faire inhumer, et ayant obtenu qu'on le lui rendît, elle cacha sous sa robe la tête sanglante et alla elle-même la jeter aux pieds de l'empereur, en criant justice et en accusant l'impératrice. Cette veuve éplorée jura que son mari n'était pas coupable du crime pour lequel on l'avait fait mourir, et le ciel confirma ce serment par un miracle, à la suite duquel l'impératrice fut brûlée, pour expier la mort inique dont elle était l'auteur.

On ne peut manquer de reconnaître tous les personnages de ce roman : *Othon, c'est Louis XIV; l'impératrice Marie, fille du roi d'Aragon,* c'est

Marie-Thérèse d'Autriche, infante d'Espagne, reine de France, ou bien Mlle de La Vallière, maitresse du roi; le *gentilhomme*, c'est Fouquet; *Adelaïs*, mère d'Othon, c'est la reine-mère Anne d'Autriche. La vraisemblance ne contredit pas ces suppositions qui d'ailleurs sont indiquées à peu près par l'histoire, et qui n'échappèrent pas sans doute aux contemporains. A coup sûr, cette nouvelle, dont les allusions sont fort claires, ne se trouve pas, sans dessein, dans un livre de dévotion, dédié au roi. Reste à savoir si le père Boutauld, en ajoutant à sa publication ce plaidoyer indirect en faveur de Fouquet, prétendait justifier un mort ou un vivant. Pour moi, je pense que *le Théologien dans les conversations* n'a été imprimé que pour servir de passeport à la leçon renfermée dans *Adelaïs*. Cette leçon fut-elle tout-à-fait perdue?

Un savant Piémontais, M. Paroletti, lut à l'Académie de Turin un mémoire (*Sur la mort du surintendant Fouquet, Notices recueillies à Pignerol*) imprimé en 1812, dans le recueil in-4° de cette Académie, pour éclaircir la date de la mort de Fouquet; mais l'enquête qu'il poussa dans cet objet à Pignerol n'eut d'autre résultat que de mieux attester l'obscurité de cette question : il fouilla dans les archives de la ville, du château, des églises et des notaires ; il trouva seulement chez un de ces derniers une procuration passée au *donjon de la citadelle*, le 27 janvier 1680, devant Lantéri, notaire royal, par laquelle Mme Fouquet autorisait l'avocat Despineu à toucher pour elle une rente à Paris ; M. Paroletti ne rencontra pas ailleurs le nom de Fouquet, pas même parmi les actes des décès qui avaient eu lieu dans la citadelle et qui relevaient de la paroisse de Saint-Maurice. Il eut beau pénétrer dans les caveaux du monastère de Sainte-Claire, où les morts de la citadelle étaient tous apportés en vertu d'une vieille coutume, il ne tira aucune lumière de ses recherches parmi les anciennes pierres tumulaires.

La mémoire des hommes avait gardé, mieux que la pierre et le papier, les traces du séjour de Fouquet à Pignerol, dont le château, rasé en vertu des capitulations qui rendirent cette place à la Savoie, était alors caché sous l'herbe : beaucoup d'habitans de la ville se rappelaient avoir ouï dire dans leur jeunesse qu'*un prisonnier de grande importance* avait terminé sa vie dans ce château, et plusieurs d'entre eux *confondaient ce personnage avec l'homme au masque de fer ;* une vieille religieuse de Sainte-Claire se souvenait de l'arrivée de quelques officiers français venus exprès, cinquante ans auparavant (1760 à 1770), pour déchiffrer une inscription sépulcrale et recueillir des notes sur un prisonnier d'état mort à la citadelle ; le secrétaire de la mairie se souvenait aussi de ces officiers qui avaient demandé au couvent des Feuillans certains mémoires sur la vie de Fouquet, parce que les moines de ce couvent prenaient soin, autrefois, des prisonniers et les assistaient dans leurs maladies. Qui avait envoyé ces officiers, et quel était le but de leur mission ?

La mort de Fouquet n'était donc pas avérée de son temps, surtout pour ses amis :

Puisque La Fontaine, qui avait eu de si touchantes inspirations pour plaindre le malheur d'*Oronte* et implorer la grâce du surintendant par la voix des *Nymphes de Vaux*, ne donna pas un vers de regret à son bienfaiteur ;

Puisque Gourville, qui fut en correspondance avec son ami Fouquet jusqu'au dernier moment, a dit dans ses *Mémoires*, plus estimables par leur franchise que par leur ordre chonologique : « M. Fouquet, *quelque temps après* (la mort de Langlade qui survécut au duc de La Rochefoucault, décédé au mois de mars 1680), *ayant été mis en liberté*, sut la manière dont j'en avais usé avec sa femme, et m'écrivit pour m'en remercier [1]; »

Puisque le comte de Vaux, fils de Fouquet, publia en 1682 une nouvelle édition de l'ouvrage de son père : *Les Conseils de sagesse, ou recueil des Maximes de Salomon, nouvelle édition*, REVUE ET AUGMENTÉE PAR L'AUTEUR;

Puisque Mme Fouquet, cette fidèle épouse qui n'avait pas cessé un seul jour de travailler à la délivrance du prisonnier de Pignerol, adressait encore des placets au roi en 1680;

Puisque un ami de cette famille malheureuse, le père Boutauld, jésuite, dédiait à Louis XIV, en 1683, une espèce de justification allégorique en faveur de Fouquet;

---

[1] Page 461 de ces *Mémoires* dans la collection Petitot, seconde série, t. 52. Le commentaire que fait sur ce passage l'auteur de la *Bastille dévoilée*, 2ᵉ liv., p. 71, est spécieux, mais erroné : « Serait-ce résoudre la difficulté de dire qu'il faut entendre par là que Fouquet fut moins étroitement resserré, puisqu'il eut la liberté d'écrire et que Gourville en reçut une lettre de remerciement des secours qu'il avait donnés à sa famille? Ne serait-il pas plus naturel de dire que Fouquet a été véritablement libre, mais si peu de temps, que Mme de Sévigné a pu ou l'ignorer, ou dire, par une façon de parler, qu'il est mort prisonnier. En effet, Gourville ne parle de la liberté du surintendant qu'après la mort de M. de la Rochefoucault, arrivée le 17 mars 1680, et il fait mourir Fouquet le 26 du même mois de la même année. » Cette date de la mort de Fouquet ne se trouve dans aucune édition des *Mémoires* de Gourville : l'aurait-on tirée d'un manuscrit?

Puisque enfin la famille Fouquet elle-même était incertaine du sort de cet infortuné !

« Ce qui est très-remarquable, dit Voltaire dont les paroles doivent être bien pesées dans une question qu'il était plus que personne en état de résoudre, c'est qu'on ne sait pas ou mourut ce célèbre surintendant[1]. » Le premier historien du *Masque de Fer* dit ailleurs (au ch. 25 du *Siècle de Louis XIV*) : « Tous les historiens disent qu'il mourut à Pignerol en 1680 ; mais Gourville assure qu'il sortit de prison quelque temps avant sa mort. La comtesse de Vaux, sa belle-fille, m'avait déjà confirmé ce fait ; cependant on croit le contraire dans sa famille : ainsi on ne sait pas ou est mort cet infortuné ! »

Le sentiment de Voltaire, appuyé sur la tradition et confirmé par les descendans de Fouquet, fut généralement adopté, quoique la plupart des dictionnaires historiques, entre autres celui de Moréri, eussent assigné une date à la mort de Fouquet ; quoique le président Hénault eût déjà adopté cette date dans son excellent et judicieux *Abrégé chronologique de l'histoire de France*, où il dit : « Ce fut dans

---

[1] *Dictionnaire philosophique*, à l'article Ana, anecdotes.

la citadelle de Pignerol que Fouquet fut enfermé, et il y mourut en 1680. » On avança dès lors plusieurs systèmes plus ou moins plausibles à l'appui de l'opinion qui faisait mourir Fouquet hors de Pignerol : selon les uns, il aurait eu sa grâce, et serait mort des suites du saisissement que cette nouvelle lui avait causé; selon les autres, il aurait obtenu la permission d'aller aux eaux de Bourbon, après une attaque de paralysie, et aurait succombé pendant le voyage.

Le *Mercure de France* du mois d'août 1754 publia une lettre très-singulière, signée C. Lap... M. « On serait porté à croire, dit-on dans cette lettre qui n'a pas l'air d'une supposition faite à plaisir, que cet illustre infortuné est mort dans la capitale des Cévennes (Alais). Si on n'a point de preuves évidentes de cela, du moins les doutes qu'on en a paraissent assez bien fondés. Il parut ici, en 1682, un homme singulier, d'une très-belle figure, qui, pour mieux cacher son état, prit l'habit d'ermite. Le bruit était commun alors que c'était un illustre personnage retiré de la cour. Il s'adonnait à la chimie, et distribuait des remèdes gratis aux pauvres; il avait toujours de l'argent. Il avoua qu'il avait eu l'honneur de manger avec le roi. Deux ou trois jours avant sa mort, qui arriva par une rétention d'urine, en 1718, il déclara à son confesseur qu'il était de la maison de Fouquet, et qu'il avait eu des raisons pour porter la robe d'ermite. » Sans doute, ce personnage mystérieux n'était pas M. Fouquet, ni le comte de Moret, qu'on voulut aussi reconnaître sous ce déguisement d'ermite; mais cette ardeur à chercher ce que Fouquet pouvait être devenu depuis sa sortie de prison indique assez que le doute émis par Voltaire avait plus de poids dans la balance que les dates officielles fournies par l'écho du ministère de Louvois.

Les archivistes de la Bastille n'étaient pas mieux instruits par l'organe du gouvernement, puisqu'ils avaient écrit sur des feuilles volantes cette note: « Fouquet est mort au château de Pignerol sur la fin de 1680, ou au commencement de 1681; » (*la Bastille dévoilée*, 1re livraison, p. 36); et cette autre note plus décisive : « Il paraît que M. Fouquet est mort à Pignerol vers la fin de février ou au commencement de mars 1681. » (*Mémoires historiques sur la Bastille*, t. 1, p. 53.)

Pourquoi aurait-on d'ailleurs tardé une année entière à transférer la dépouille mortelle de ce martyr politique dans la sépulture de son choix, sans funérailles, sans épitaphe, sans bruit, comme si ce corps inanimé ne fît que changer de prison?

V.

Quiconque approfondit le procès de Fouquet, et pénètre ce mystère d'iniquité, ne peut être étonné du dénouement sombre et tragique d'une captivité, qui était insuffisante pour satisfaire la haine de Colbert, la vengeance du roi et la malignité des envieux.

Voici comme Louis XIV, dans ses *Mémoires et instructions pour le dauphin son fils*, s'applaudit d'avoir renversé son surintendant des finances : « La vue des vastes établissemens que cet homme avait projetés, et les insolentes acquisitions qu'il avait faites, ne pouvaient manquer qu'elles ne convainquissent mon esprit, du déréglement de son ambition ; et la calamité générale de tous mes peuples sollicitait sans cesse ma justice contre lui. Mais ce qui le rendait plus coupable envers moi, était que, bien loin de profiter de la bonté que je lui avais témoignée en le retenant dans mes conseils, il en avait pris une nouvelle espérance de me tromper ; et bien loin d'en devenir plus sage, tâchait seulement d'en devenir plus adroit. Mais quelque artifice qu'il pût pratiquer, je ne fus pas long-temps sans reconnaître sa mauvaise foi; car il ne pouvait s'empêcher de continuer ses dépenses excessives, de fortifier des places, d'orner des palais, de former des cabales, et de mettre sous le nom de ses amis des charges importantes qu'il leur achetait à mes dépens, dans l'espoir de se rendre bientôt l'arbitre souverain de l'État. » (*OEuvres de Louis XIV*, t. 1, p. 101 et suiv.) La suite de cette violente récrimination contre un ennemi humilié et vaincu prouve assez la haine implacable que lui portait le roi, et l'on frémit d'indignation en pensant que Pellisson a prêté au ressentiment de Louis XIV une plume immortalisée par la défense de Fouquet.

Louis XIV, *ne voulant plus de surintendant, afin de travailler lui-même aux finances* [1], et craignant l'ascendant de Fouquet qui aspirait à remplacer Mazarin, le fit arrêter à Nantes, le 5 septembre 1661, après trois ou quatre mois de sourdes manœuvres et de perfides caresses. La reine-mère

---

[1] Lettre du roi à sa mère pour lui annoncer l'arrestation de Fouquet, *OEuvres de Louis XIV*, t. 5, p. 50. Cette lettre montre à quel point Louis XIV craignait le surintendant. L'arrestation de Fouquet est fort bien racontée dans les *Mémoires de Choisy*, collection Petitot, seconde série, t. 63, p. 258 et suiv.

avait été la seule confidente, et peut-être, à la sollicitation de sa favorite Mme de Chevreuse, l'instigatrice de ce projet, mûri dans une noire et profonde dissimulation. On prétend qu'Anne d'Autriche avait reçu en cachette de Fouquet beaucoup d'argent dont celui-ci demandait quittance, et que Mazarin, au lit de mort, avait invité le jeune roi à commencer son règne par ce coup d'état; aussi, pendant le procès de Fouquet, fit-on circuler une pièce intitulée *la Passion de M. Fouquet*, dans laquelle Mazarin *mourant* disait comme Judas : « Celui que je baiserai, c'est celui même : prenez-le [1] ! »

---

[1] *Le Tableau de la vie et du gouvernement des cardinaux Richelieu et Mazarin et de M. Colbert, représenté en diverses satires et poésies ingénieuses, avec un recueil d'épigrammes sur la vie et la mort de M. Fouquet*, Cologne, Pierre Marteau, 1694, in-12. Toutes les pièces relatives à Fouquet datent de son procès et aucune ne fait mention de sa *mort*. Un quatrain sans titre, imprimé parmi ces pièces, pourrait bien faire allusion à quelque mystère dont la nouvelle d'*Adelaïs* contient le mot :

> Il n'est rien qui dure si peu
> Qu'une ardeur légitime et sage :
> On ne dit point qu'en mariage
> Amour ait jamais fait grand feu.

Si cette épigramme se rapporte au mariage du roi, on peut croire que la galanterie de Fouquet s'était élevée jusqu'à la reine. Quant au conseil donné au roi par Mazarin *mourant*, il est attesté par les historiens; les *Mémoires du comte de Rochefort*, p. 211 et 212, rapportent ce fait avec beaucoup de particularités.

Les griefs et l'antipathie du roi contre l'ambitieux ministre étaient encore accrus et envenimés par l'audace que Fouquet avait eue de porter ses vues galantes sur Mlle de La Vallière, que Louis XIV aimait en secret. Ce fut sans doute ce qui détermina la perte de cet insolent rival de puissance et d'amour.

La magnifique fête de Vaux (17 août 1661, voyez la *Muse historique* de Loret et les *Lettres* de La Fontaine) n'avait été donnée que pour les doux yeux de Mlle de La Vallière, à qui Mme Duplessis-Bellière, l'amie et l'entremetteuse du surintendant, osa faire des propositions au nom de Fouquet, qui se vantait d'avoir dans son coffre-fort le tarif de toutes les vertus. En effet, « peu de personnes de la cour, dit Mme de Motteville (*Mémoires*, coll. Pétitot, 2e série, t. 40, p. 144), furent exemptes d'avoir été sacrifier à ce veau d'or; » et dans sa maison de plaisance à Saint-Mandé, « des nymphes que je nommerais bien si je voulais, dit l'abbé de Choisy (*Mémoires*, p. 211), et des mieux chaussées, lui venaient tenir compagnie au poids de l'or. »

Les poursuites de Fouquet vis-à-vis Mlle de La Vallière eurent tant d'éclat, que cette chanson passa de bouche en bouche aux oreilles du roi offensé :

Nicolas va voir Jeanne :
— « Oh ! Jeanne, dormez-vous ?
— Je ne dors ni ne veille.
Je ne pense point en vous :
  Vous perdez vos pas,
    Nicolas ! »

Nicolas la cajole
  Et lui fait les yeux doux,
  Lui offre la pistole,
  Et lui veut tâter le poulx :
  — « Vous perdez vos pas,
    Nicolas [1] ! »

Louis XIV entendit aussi les plaintes de sa maîtresse, qui lui demandait une sauvegarde contre les outrages du surintendant. Louis XIV, qui peu d'années après exila et embastilla Bussy-Rabutin pour la chanson de *Deodatus,* ne souffrit pas que Mlle de La Vallière fût exposée plus long-temps aux séductions de Fouquet, et s'érigea en vengeur des maris qui ne pardonnaient pas à l'amant de leurs femmes, quoiqu'ils fussent ses pensionnaires.

A la tête de ces nombreux ennemis qui s'achar-

---

[1] Cette chanson, qui a deux autres couplets, se trouve, avec une autre sur le même sujet, dans le fameux recueil manuscrit de chansons historiques, recueillies par ordre du comte de Maurepas, en plus de quarante volumes in-4º. Ce recueil est à la Bibliothèque du roi.

naient à la perte de Fouquet, Colbert n'était pas le moins acharné, sans que l'on sache le motif de cette haine furieuse qui semblait altérée du sang de ce malheureux : « Il a affaire à une rude partie, écrivait Guy-Patin le 21 mars 1662 ; et je sais de bonne part que M. Colbert fera ce qu'il pourra pour le perdre. » Guy-Patin écrivait encore le 30 mai 1664 : « Les parens de M. Fouquet sont ici en grande alarme et ont peur de l'issue du procès : la haine que lui porte M. Colbert poussera les choses bien loin. » Colbert avait tissu de ses mains les filets où le surintendant était venu tomber en aveugle ; Colbert dirigeait les ressorts secrets de cette vaste procédure, soufflait sa haine dans l'esprit des juges, assistait aux inventaires des papiers trouvés sous les scellés : Fouquet l'accusa même d'avoir fait subir à ces papiers une foule d'altérations [1].

Pendant ce procès mémorable, qui dura plus de

---

[1] Voyez l'*Inventaire des pièces baillées à la Chambre de justice par maître Nicolas Fouquet contre M. le procureur-général, concernant les défauts des inventaires*, dans le *Recueil des défenses de M. Fouquet*, imprimées en Hollande par les Elzeviers, 1665 et 1667, 15 vol. in-12. Les *Défenses de Fouquet* ont été écrites par lui-même ou corrigées tout entières de sa main, comme on le voit aux annotations marginales de plusieurs exemplaires de l'édition in-4° conservés à la Bibliothèque du roi et chez M. Villenave. Pellisson et Levayer de Boutigny coopérèrent à ces admirables défenses.

trois ans avec un menaçant appareil de rigueurs judiciaires, les amis de Fouquet luttèrent de dévouement et de courage contre les manœuvres de ses ennemis : toute la haute littérature, Molière, Corneille, La Fontaine, Saint-Évremond, Mme de Sévigné et de Scudéry, étaient en deuil; des écrivains d'un ordre moins élevé, Loret, Hesnaut, avaient pris la plume pour la défense de leur Mécène; les épigrammes les plus injurieuses pleuvaient sur Colbert; des émissaires parcouraient les provinces, afin d'échauffer la pitié en faveur de l'accusé; les financiers répandaient de l'argent pour sauver leur patron : Gourville distribua plus de cent mille écus à cet objet; la magistrature tournait toutes ses sympathies vers son ancien procureur-général, qui réclama toujours ses *juges naturels* et refusa de reconnaître les pouvoirs extraordinaires de la Chambre de justice.

Colbert feignit de mépriser le sonnet satirique d'Hesnaut, mais il poursuivit avec fureur tout ce qui osait se déclarer pour Fouquet et tout ce qu'il pouvait frapper impunément. Les courtisans, quoique chargés des bienfaits du surintendant, n'eurent garde de prendre parti pour un ministre en disgrâce; mais une foule de subalternes, moins prudens et plus généreux, furent victimes de leur zèle pour le malheur : pendant que la famille de Fouquet était tenue à distance de la prison sans pouvoir communiquer même par lettres avec le prisonnier d'état ; pendant que la mère, la femme, les gendres, les frères de cet infortuné attendaient l'issue de son long procès, la Bastille était encombrée de gazetiers, d'imprimeurs, de colporteurs, de marchands qui avaient voulu servir la cause de l'opprimé et qui passaient des cachots aux galères [1].

On vit alors se réaliser l'allégorie que la peinture avait multipliée dans l'ornement du château de Vaux : l'écureuil, qui figurait aux armoiries de Fouquet, avec cette devise : *Quò non ascendam?* (où ne monterai-je pas ?) avait à combattre le serpent héraldique de Colbert et les trois lézards de

---

[1] *Bastille dévoilée*, première livraison, p. 34 et suiv. Les notes relatives aux années 1661, 1662, 1663 et 1664 ne se sont pas trouvées complètes. Voici la traduction d'une inscription latine qui était gravée sur les murs d'un cachot de la Bastille : « Siméon Martin, prédicant très-impie et se disant le fils de Dieu, après dix-huit ans de captivité, fut brûlé vif. Ses disciples, Remelly fut envoyé aux galères, et Jaubert Hubart au gibet de la Bastille, pour avoir falsifié... Ils eurent ce sort à cause de l'incarcération de Nicolas Fouquet, ministre d'état, tous les agens du trésor ayant été très-étroitement enfermés ici. » *Révolutions de Paris*, dédiées à la nation, in-8°, p. 119. Voyez les pièces satiriques contre Colbert et les juges de Fouquet dans le *Nouveau siècle de Louis XIV*, in-8°, t. 2 p. 40 et suiv.

Letellier [1]. « Colbert est tellement enragé, écrivait Mme de Sévigné le 19 décembre 1664, qu'on attend quelque chose d'atroce et d'injuste qui nous remettra au désespoir. » Les lettres de Mme de Sévigné à Arnauld de Pomponne sont la plus touchante histoire de ce procès, où se montre partout la *rage* de Colbert.

L'avocat-général Talon avait requis que l'accusé fût condamné à être *pendu et étranglé tant que mort s'ensuive, en une potence qui, pour cet effet, sera dressée en la place de la cour du Palais;* enfin le tribunal, éclairé par la noble conduite de MM. d'Ormesson et de Roquesante, repoussa les conclusions furibondes de Pussort et de Berryer, en prononçant le bannissement à la majorité de treize voix contre neuf, qui opinèrent pour la mort.

Le roi, Colbert, Letellier, et les grands ennemis de Fouquet, s'indignèrent de n'avoir pas été mieux

---

[1] Le petit écureuil est pour long-temps en cage ;
Le lézard plus adroit fait mieux son personnage ;
Mais le plus fin des trois est un vilain serpent
Qui s'abaissant s'élève, et s'avance en rampant.

Ce ne furent pas les seuls vers qui coururent sur les armes de Fouquet ; ses amis firent graver un jeton avec sa devise allégorique. *Lettre de Guy-Patin*, du 6 mars 1663.

servis dans leurs espérances. « On s'attendait à la cour que par le crédit de M. Colbert, sa partie, M. Fouquet serait condamné à mort, ce qui aurait été infailliblement exécuté sans espérance d'aucune grâce. » (Lettre de Guy-Patin, du 23 décembre 1664.)

Anne d'Autriche, qui devait une demi-guérison à un des remèdes secrets de Mme Fouquet, mère du surintendant, avait répondu à cette dame, quatre jours avant le jugement : « Priez Dieu et vos juges tant que vous pourrez en faveur de M. Fouquet, car, du côté du roi, il n'y a rien à espérer [1]. » Après le jugement, Louis XIV dit chez Mlle de La Vallière : « S'il avait été condamné à mort, je l'aurais laissé mourir [2] ! » Le bruit courait même que le roi était *fâché contre ceux qui n'avaient point condamné à mort M. Fouquet* [3].

La *commutation* de l'exil en prison perpétuelle,

---

[1] *Lettre de Guy-Patin*, du 23 décembre 1664. Mme de Sévigné raconte aussi ce qui se passa entre Mme Fouquet et la reine-mère.

[2] Ce mot cruel, rapporté par Racine dans ses *Fragmens historiques*, est révoqué en doute par Voltaire ; cependant Racine n'était pas capable de rien écrire qui pût déplaire au roi, et Louis XIV, dans ses *Mémoires*, ne parle pas de Fouquet en des termes qui ressemblent à de la clémence.

[3] *Lettre de Guy-Patin*, citée ci-dessus. Le recueil épistolaire de Guy-Patin est rempli de détails curieux relatifs à l'affaire de Fouquet.

le choix de cette prison dans un château éloigné sur les frontières du Piémont, le brusque départ du condamné, donnaient matière à bien des craintes pour les jours du surintendant. Une prophétie de Nostradamus et l'apparition d'une comète alimentèrent la rumeur sinistre qui accompagna le prisonnier à Pignerol [1].

« Quand on est entre quatre murailles, dit Guy-Patin dans une lettre du 25 décembre 1664, on ne mange pas ce qu'on veut et on mange quelquefois plus qu'on ne veut; et de plus, Pignerol produit des truffes et des champignons : on y mêle quelquefois de dangereuses sauces pour nos Français, quand elles sont apprêtées par des Italiens. Ce qui est bon est que le roi n'a jamais fait empoisonner personne ; mais en pouvons-nous dire autant de ceux qui gouvernent sous son autorité ? » Mme de Sévigné, qui n'avait pas le caractère frondeur du médecin antagoniste de l'antimoine, écrivit aussi, dans les premiers jours de janvier 1665 : « Notre

---

[1] *Lettres de Guy-Patin*, du 24 et du 25 décembre. Dans la première : « On dit que les mousquetaires sont commandés pour mener demain M. Fouquet à Pignerol : *Musa, locum agnoscis, et quamdiù verò sit hæsurus illic, apud nos arcanum est ; soli Deo et regi cognitum est tantum negotium.* »

cher ami est par les chemins. Le bruit a couru qu'il était bien malade ; tout le monde disait : Quoi ! déjà !... »

Cependant la catastrophe qu'on redoutait n'eut pas lieu, et même la vie du prisonnier fut protégée *miraculeusement*, lorsque (juin 1665) la foudre tomba en plein midi sur le donjon de Pignerol, mit le feu aux poudrières, et fit sauter une partie de la prison avec bien des victimes écrasées sous les ruines : Fouquet, *presque lui seul sain et sauf, conservé dans la niche d'une fenêtre*, fournit à ses amis une occasion de répéter que « souvent ceux qui paraissent criminels devant les hommes, ne le sont pas devant Dieu [1]. »

Il est clair que Fouquet, détenu à Pignerol, inspirait encore de la haine à Colbert, et des appréhensions continuelles à Louis XIV : on eût dit qu'il possédait quelque grand secret dont la divulgation pouvait être funeste à l'État, ou du moins blesser mortellement l'orgueil du roi ; aussi, Saint-Mars était-il d'autant plus actif à l'empêcher d'écrire, que Fouquet s'ingérait sans cesse à le faire.

Fouquet fabriquait des plumes avec des *os de chapon*, et de l'encre avec de la suie délayée dans

---

[1] T. 13 du *Procès de Fouquet*, p. 326.

du vin; il inventait par des combinaisons chimiques diverses encres qui ne paraissaient sur le papier qu'*en les chauffant*; quand on lui eut retiré toute espèce de papier, il écrivit sur ses rubans, sur la doublure de ses habits, sur ses mouchoirs, sur ses serviettes, sur ses livres, et tous les jours Saint-Mars, qui le *fouillait* lui-même par ordre du roi, découvrait des écritures dans le dossier de sa chaise et dans son lit [1]. Le roi *approuvait les diligences* de ce

---

[1] Voici une lettre de Louvois à Saint-Mars, dans laquelle on voit, et les tentatives de Fouquet pour tromper ses geôliers, et les précautions de ceux-ci : « J'ai reçu vos lettres avec des billets écrits par M. Fouquet et avec un livre (écrit sans doute sur les marges); le roi a vu le tout, et n'a pas été surpris de voir qu'il fasse son possible pour avoir des nouvelles, et vous, vos efforts pour empêcher qu'il n'en reçoive. Comme il se sert, pour écrire, de choses qu'on ne lui peut ôter, comme d'os de chapon pour faire une plume et de vin avec de la suie pour faire de l'encre, il est bien difficile d'apporter un remède efficace pour l'en empêcher. Néanmoins vous avez sujet de vous plaindre du valet que vous avez mis auprès de lui, de ce qu'il a écrit, non seulement les papiers que vous m'avez envoyés, mais encore ceux qui étaient dans le dossier de sa chaise, sans qu'il vous en ait averti. Vous devez l'exhorter à être plus fidèle désormais, et comme quelque chose que fasse M. Fouquet pour faire des plumes et composer de l'encre, cela lui sera fort inutile s'il n'a point de papier, le roi trouve bon que vous le fouilliez, que vous lui ôtiez tout ce que vous lui en trouverez, et lui fassiez entendre que, s'il s'avise de faire de nouveaux efforts pour corrompre vos gens, vous serez obligé de le garder avec bien plus de sûreté et de le fouiller tous les jours. Il faut que vous essayiez de savoir du valet de M. Fouquet comment il a écrit les quatre lignes qui ont paru dans le livre

geôlier pour ôter à Fouquet *toutes sortes de moyens d'écrire.*

Enfin, au bout de deux ans, le prisonnier, renonçant à lutter de ruse avec Saint-Mars, se contenta *d'exercer ses beaux talens à la contemplation des choses spirituelles*, et composa, de mémoire, plusieurs traités de morale, *dignes de l'approbation de tout le monde,* pour imiter le ver à soie dans sa coque, dont il avait fait son emblème avec cette devise : *Inclusum labor illustrat*. Le noble usage que Fouquet fit alors de son temps donna lieu de dire qu'on n'avait *bien connu sa capacité, que depuis sa prison*.

Néanmoins, l'inquiétude du roi était toujours en éveil sur ce que pouvait dire et écrire le prisonnier : on espionnait les personnes qui se rendaient de Paris à Pignerol, et on enjoignait à tous les individus suspects, de quitter cette ville, avant que Fouquet pût entrer en relation avec eux ; plusieurs de ses valets, qu'il avait mis dans sa confidence, furent

en le chauffant, et de quoi il a composé cette écriture. » 26 juillet 1665. Voyez aussi, dans le premier volume de *l'Histoire de la détention des Philosophes*, les lettres du 21 août, 12 et 18 décembre 1665, et surtout celle du 21 novembre 1667.

[1] T. 13 du *Procès de Fouquet*, p. 365.

retenus au secret pendant sept ou huit mois, et *bien maltraités* avant d'être expulsés de la citadelle; plusieurs soldats de la compagnie-franche passèrent devant un conseil de guerre, pour lui avoir *parlé* : deux ou trois furent pendus, d'autres envoyés aux galères. Ces malheureux avaient été arrêtés sur le territoire du duc de Savoie, et livrés à Saint-Mars par le major de Turin, qui reçut une récompense de la part du roi. Fouquet, même après les adoucissemens apportés à son sort, dans les dernières années de cette détention, ne pouvait s'entretenir avec personne, sinon en présence de Saint-Mars ou de ses officiers; on ne lui permettait pas de *communication particulière* avec Lauzun : ces deux compagnons d'infortune communiquaient par un *trou*, à l'insu du gouverneur [1].

Un trait inouï de Saint-Mars témoigne assez jusqu'où s'étendaient les pouvoirs que le roi lui avait conférés, et avec quelle dureté il en usait quelquefois pour obliger Fouquet à renoncer aux projets de fuite que celui-ci nourrissait sans cesse. Au

[1] *Histoire de la détention de Fouquet*, par M. Delort, et correspondances relatives, t. 1 de l'*Histoire de la détention des Philosophes*. Voyez dans les *Mémoires de Saint-Simon*, t. 20, p. 439, comment s'établirent les rapports secrets de Fouquet avec Lauzun, et la haine qui s'ensuivit entre eux.

mois de novembre 1669, Fouquet avait jeté des tablettes par sa fenêtre; un soldat, nommé Laforêt, les avait ramassées et se préparait à les remettre à *quelqu'un* qui lui était indiqué par Champagne, valet du prisonnier : six pistoles avaient été les arrhes du marché; mais Saint-Mars découvrit cette intrigue, saisit les tablettes, les envoya au roi, demanda et obtint l'extradition de Laforêt, réfugié en Savoie, et le fit *exécuter* sur-le-champ : les complices de cet homme furent pareillement jugés et condamnés; le valet Champagne n'eut pas une meilleure fin que Laforêt [1]. Saint-Mars voulut ajouter aux disgrâces de son prisonnier *celle d'attacher le cadavre de ce valet aux créneaux du cachot, afin qu'il eût continuellement devant les yeux cet horrible spectacle* [2].

[1] Voyez la preuve de cette justice expéditive dans les lettres de Louvois de décembre 1669 et janvier 1670, *Histoire de la détention des Philosophes*, t. 1.

[2] *Histoire de la Bastille*, par Renneville, t. 1, p. 74. Renneville avait appris cette affreuse anecdote du neveu même de Saint-Mars, lequel la racontait *comme un acte fameux de l'héroïsme de son oncle*, mais désignait Lauzun au lieu de Fouquet pour la victime de cette atrocité. Nous accueillons la tradition de la Bastille avec confiance, parce qu'elle s'accorde avec l'autorité absolue que le roi avait donnée à Saint-Mars, en lui recommandant toutefois de ne pas sortir des termes d'une politesse froide et réservée vis-à-vis de Fouquet. Si Lauzun avait eu à se plaindre d'un pareil raffinement de

Après la mort vraie ou fausse de Fouquet, en 1680, on eut la certitude de ses intelligences avec Lauzun, qui devait savoir *la plupart des choses importantes dont M. Fouquet avait connaissance*: défense fut donc faite à Saint-Mars *d'entrer en aucun discours ni confidence avec M. de Lauzun, sur ce qu'il peut avoir appris de M. Fouquet.* Les papiers et les vers de ce dernier avaient été *emportés* par son fils, ce qui déplut fort au roi; mais d'autres papiers, trouvés *dans les poches des habits* de Fouquet, furent envoyés *en un paquet* à Louvois, qui les remit à Louis XIV, intéressé sans doute à les connaître et à les anéantir. Enfin, les deux valets de Fouquet, nommés Larivière et Eustache d'Angers, qui n'ignoraient pas sans doute les secrets de leur maître, furent enfermés dans une chambre où ils n'avaient communication avec qui que ce fût, *de vive voix ni par écrit*, et Saint-Mars eut ordre de dire qu'ils avaient été *mis en liberté*,

cruauté à son égard, il n'aurait pas manqué de le publier après sa sortie de prison, et ce trait eût semblé assez neuf pour qu'on prît la peine de le conserver dans les anecdotes du temps; tandis que Fouquet ne put jamais faire part à personne des mystères de douleur qu'il offrait à Dieu. On demeure convaincu en lisant l'histoire de l'araignée, attribuée aussi à Lauzun, que Fouquet est bien réellement le seul contre qui Saint-Mars employait ces ressources de barbarie.

si quelqu'un venait à *demander de leurs nouvelles* [1]. Ces précautions extraordinaires ne ressemblent-elles pas à celles qui furent prises en 1703, à la Bastille, pour faire disparaître les vestiges de *Marchialy ?*

L'accusation de Fouquet ne reposait pas sans doute sur des chimères. Ses négociations secrètes avec l'Angleterre ; ses projets pour se rendre indépendant et se retirer, en cas de disgrâce, dans sa principauté de Belle-Ile, qu'il faisait fortifier ; son empressement à gagner des créatures, qu'il achetait à tout prix, en mettant des charges importantes sous leur nom, et en leur donnant des pensions secrètes ; le nombre de ses amis et de ses *habitudes ;* les prodigieuses ressources de son génie actif et audacieux [2] devaient nécessairement laisser, après sa condamnation, des germes de trouble dans l'État et d'inquiétude dans l'esprit de Louis XIV.

Fouquet, durant sa détention, n'était pas aussi oublié que l'a dit Voltaire : bien des personnes, qui avaient détourné l'issue funeste d'une accusation de lèze-majesté, s'occupaient encore de sa délivrance,

---

[1] Lettres de Louvois, des mois d'avril, mai et juin 1680, t. 1 de l'*Histoire de la détention des Philosophes.*

[2] Tous ces faits résultent de la lecture des pièces du procès, malgré l'adresse de la défense.

au risque de partager sa prison. Guy-Patin dit, dans une lettre du 16 mars 1666 : « Le surintendant de jadis a eu le soin de se faire plusieurs amis particuliers qui voudraient bien encore le servir, et, en attendant l'occasion, ils travaillent à faire un grand recueil de diverses pièces pour sa justification, en quatre volumes in-folio. »

C'étaient ces amis courageux qui, ne pouvant réussir à trouver des presses libres en France, allèrent chercher celles d'Elzevier, en Hollande, pour publier l'innocence du surintendant [1], et qui, malgré les négociations menaçantes de Colbert avec les États-Généraux, firent paraître successivement les quinze volumes in-12 contenant tout le procès de Fouquet, précédé de son éloge non équivoque : « On ne saurait assez admirer qu'un homme comme M. Fouquet, déchu d'une haute et puissante for-

---

[1] Le ministre plénipotentiaire de Hollande à la cour de France écrit au grand-pensionnaire Jean de Witt : « On a *ici* avis de bonne part qu'on imprimait à Amsterdam quelques pièces du procès de M. Fouquet, où, comme on croit, M. le chancelier, M. Colbert et quelques autres seigneurs pourraient être attaqués. Il est certain que cela ne peut être agréable au roi. » (27 février 1665.) « Je suis fâché que les actes du procès de M. Fouquet aient été publiés avant qu'on en ait pu arrêter l'impression. On m'a rapporté que M. Colbert s'en est plaint avec aigreur. » (13 mars 1665). *Lettres et négociations de Jean de Witt*, t. 3.

tune, jeté dans une prison, dépouillé de ses biens, éloigné de ses amis, privé de ce qu'il avait de plus cher, et enfin accablé d'une infinité d'adversaires, (qui sont des disgrâces capables d'abattre et d'étourdir les esprits les plus forts), a pu vaincre tant de difficultés, surmonter tant d'obstacles, souffrir si constamment, se défendre avec tant d'esprit, et résister si vigoureusement, que jamais homme n'a parlé plus pertinemment que lui, qu'il n'a jamais mieux défendu sa cause, ni tant embarrassé ses accusateurs, et que les raisons qu'il emploie pour faire éclater son innocence, invalider les argumens de son antagoniste, et pour rétorquer sur ses parties les crimes qui lui sont imposés, semblent très-concluantes, et comme autant de démonstrations, à la force desquelles il est impossible de ne pas se rendre. » (Tome 1, *Au lecteur.*)

Guy-Patin dit, au mois de septembre 1670 : « Il est certain que le roi d'Angleterre a écrit au roi en faveur de M. Fouquet; mais il n'y a pas d'apparence que M. Colbert consente à cette liberté, contre laquelle il a fait tant de machines : *Intereà patitur justus.* » Guy-Patin dit ailleurs que les jésuites, à qui Fouquet, *leur grand patron* du temps de ses richesses, avait donné tant de marques de munificence (*plus de six cent mille livres*), s'employaient aussi, par reconnaissance, à secourir leur bienfaiteur, dont les chiffres brillaient toujours en caractères d'or sur les reliures des livres du collége de Clermont, à Paris [1].

Certes, les jésuites, tout-puissans par le canal du père La Chaise, auraient obtenu la grâce de leur patron, si la prison perpétuelle n'avait puni que les fautes politiques de Fouquet. C'était son amour-propre d'homme et d'amant que Louis XIV vengeait par cette cruelle captivité; car, sans parler de la supposition entièrement dénuée de preuves, qui s'est présentée à nous dans l'examen de la nouvelle

---

[1] Lettre de Guy-Patin, du 12 septembre 1661. Nicolas Fouquet donna au collége de Clermont mille livres de rente pour acheter les livres qui manquaient à la bibliothèque. Piganiol de la Force, *Description de Paris*, 1765, t. 5, p. 423. J. C. Nemeitz, dans son *Séjour de Paris*, Leyde, 1727, 2 vol. in-12, dit que cette pension annuelle s'élevait à mille écus. « Les livres qu'on achète pour cet argent sont marqués au dos de deux Φ grecs, qui doivent signifier *François* Fouquet. » t. 1, p. 261. Ce n'est pas *François*, mais *Fouquet* tout court, que signifie cette lettre grecque, puisque la fondation était l'œuvre de Nicolas Fouquet et non de son père. Au reste la Société de Jésus essaya de servir Fouquet dans sa prison; car le père Dés Escures, supérieur des jésuites à Pignerol, parut *suspect* et n'eut plus la permission d'entrer au donjon; Fouquet ne pût même obtenir que ce supérieur le vint entendre en *confession générale*. V. le 1er volume de l'*Histoire de la détention des Philosophes*.

d'*Adélaïs*, il est certain que Fouquet passait pour avoir eu les prémices de trois amours du roi.

Mlle de Beauvais, Mlle de La Vallière et Mme de Maintenon, autrefois Mme Scarron, furent en butte aux galanteries du surintendant; ainsi que le prouvèrent non seulement des brouillons de lettres écrites en son nom par son secrétaire Pellisson, et trouvés dans ses poches au moment de son arrestation; mais encore des lettres de presque toutes les femmes de la cour, découvertes dans une cassette à Saint-Mandé. Le roi, qui dépouilla lui-même les papiers de Fouquet [1], ne voulut pas que ces tendres correspondances, parmi lesquelles fut compris le nom de la prude Mme de Sévigné [2], figurassent dans l'*inventaire* des papiers du surintendant.

[1] Mlle de Scudéry blâme indirectement la conduite de Louis XIV, dans les *Considérations nouvelles sur divers sujets*, 1684, 2 vol. in-12, qu'elle dédia pourtant au roi. « Après la bataille de Pharsale, dit-elle au chapitre de la *Magnificence*, on remit entre les mains de César des cassettes qui contenaient tous les papiers de Pompée. La politique et la prudence eussent peut-être voulu qu'il les eût examinées soigneusement. Comme il avait résolu, après cette grande victoire, de gagner les cœurs par la douceur et la clémence, il ne voulut point savoir les secrets d'un ennemi vaincu et mort, il ne voulut point savoir les noms des amis particuliers de son ennemi et fit brûler tous ses papiers sans les lire. »

[2] Bussy-Rabutin raconte dans ses *Mémoires* que le chancelier lui dit que les lettres de Mlle de Sévigné « étaient des lettres d'une amie qui avait eu

Celui-ci nia pourtant, avec une énergique et noble indignation, avoir rien reçu ni rien écrit de semblable à *certaines* lettres qu'on lui attribuait :

« Ce que je ne puis dissimuler, dit-il (t. 12, p. 94 du *Procès de M. Fouquet*), c'est l'horreur des outrages que mes ennemis ont vomi contre mon honneur, au moment où j'ai été arrêté, ayant méchamment, et par un complot qui ne peut avoir été concerté qu'avec les démons les plus enragés, supposé des lettres scandaleuses que les plus perdues de toutes les femmes publiques ne voudraient pas avoir écrites ni pensées, et d'avoir eu l'effronterie de les publier sous des noms de personnes de qualité qu'on a voulu diffamer par-là ; et me rendre odieux au roi et au public, encore que tout fût calomnieusement forgé dans la boutique de ces abo-

de l'esprit, et qu'elles avaient bien plus *réjoui* le roi que les douceurs fades des autres lettres ; mais que le surintendant avait mal à propos mêlé l'amour avec l'amitié. » Mme de Sévigné néanmoins fut très-contrariée de cette découverte : « Que dites-vous de *tout* ce qu'on a trouvé dans ses cassettes? dit-elle dans sa lettre du 11 octobre 1661. Je vous assure que quelque gloire que je puisse tirer par ceux qui me feront justice de n'avoir jamais eu avec lui d'autre commerce que celui-là, je ne laisse pas d'être sensiblement touchée de me voir obligée de me justifier, et peut-être fort inutilement à l'égard de mille personnes qui ne comprendront jamais cette vérité. Je pense que vous comprendrez bien aisément la douleur que cela fait à un cœur comme le mien. »

minables forgerons qui n'éviteront jamais le châtiment de leurs méchancetés, puisqu'elles sont si détestables, qu'elles ne sauraient être vengées que par l'enfer même qui les a produites, ou par une pénitence publique qui répare la réputation de toutes les personnes qui peuvent y avoir intérêt.

» On a eu l'impudence de dire que ces lettres dissolues avaient été trouvées sous mes scellés, et ceux qui les avaient mises dans leur poche, en sortant de leur propre maison, ont feint de les avoir trouvées dans la mienne. *Ils y ont mêlé le nom des personnes qui pouvaient animer le roi contre moi,* et pendant que j'étais rigoureusement détenu et sans commerce, on distribuait par tout le royaume les copies de ces infâmes compositions d'un infâme auteur!

» *Peut-on bien seulement entendre le récit de* CRIMES SI ÉNORMES, *sans que les cheveux en dressent sur la tête?* peut-on s'étonner assez de l'excès d'une telle rage? et peut-il rester quelque action à laquelle des gens capables d'avoir commis cette exécration aient fait scrupule de se porter pour satisfaire leurs intérêts et leur ambition, puisqu'ils ont bien pu se résoudre à celle-là, qui est le comble de toute la malignité la plus diabolique?

» L'on n'a pas voulu me permettre d'informer des papiers que l'on a supposés malicieusement entre les miens; les coupables ont eu recours à l'autorité du roi pour les mettre à couvert d'une recherche qu'ils ont eu raison de craindre, et il ne me reste pas de voie humaine pour faire connaître la vérité. Mais je prie le Dieu vivant, sévère vengeur des parjures, en la présence duquel j'ai dicté et signé ceci, de me perdre sans miséricorde, si ces infâmes lettres qu'on a fait courir par le monde ne sont des pièces méchamment et calomnieusement fabriquées par mes ennemis, lesquelles n'ont jamais été du nombre de mes papiers, et je conjure en même temps la justice divine de rendre cette vérité si connue et si manifeste, que le roi puisse apprendre l'indigne trahison qu'on a faite, non seulement à moi, mais à sa majesté, et les honteux artifices dont on s'est servi pour surprendre sa bonté et pour l'animer à ma perte! »

A cette éloquente déclaration, Fouquet ajouta la note suivante, signée de sa main : *En écrivant ceci, j'en ai juré sur les saints Évangiles de Dieu, en présence de mon conseil et de M. d'Artagnan* (qui le gardait à vue).

Quelles étaient donc ces lettres *infâmes* qui pouvaient *animer* le roi à la perte de Fouquet? Ce n'étaient point assurément ces billets remplis de *douceurs fades*, qui avaient *réjoui* le roi, selon Bussy-Rabutin. Quels étaient ces *crimes si énormes* dont on ne pouvait entendre le récit, *sans que les cheveux en dressent sur la tête*? Fouquet n'eut point qualifié de la sorte des propositions galantes adressées à Mlle de La Vallière. Que contenait cette cassette, si secrètement ouverte, que Letellier avait vu *seul avec le roi* les lettres qui étaient dedans[1]? Pourquoi ce serment fait sur l'Évangile avec tant de solennité, pour nier toute participation à des lettres *scandaleuses*? Fouquet paraissait moins ému lorsqu'il avait à répondre aux accusations de lèze-majesté, de *voleries* et de complots contre l'État.

Ici l'imagination se perd en conjectures, pour deviner les *crimes énormes* qu'on imputait au surintendant et qui ne furent pas articulés contre lui dans son procès. On est entraîné malgré soi à réflé-

---

[1] Cette particularité se trouve dans un fragment des *Mémoires* manuscrits de Bussy-Rabutin, cité par M. de Monmerqué dans son édition des *Lettres de Sévigné*, t. 1 : ce fragment a été supprimé dans toutes les éditions de ces *Mémoires*. Quant aux lettres de la cassette, Mme de Motteville dit que « le roi et la reine sa mère les ayant toutes lues, y virent des choses qui firent tort à beaucoup de personnes. »

chir sur la nouvelle d'*Adélaïs*, cette justification posthume de Fouquet.

Le roi, qui était sans doute juge et partie dans cette cause, plus scandaleuse que criminelle, se garda bien d'ordonner les informations que réclamait Fouquet. Mais les copies de ces lettres [1] se multiplièrent toutefois, de même que les originaux qu'on fabriquait exprès tous les jours pour affliger les personnes les plus respectables par leurs mœurs. « Par ces lettres, dit Mme de Motteville (*Mémoires*, Collect. Petitot, 2e série, t. 40, p. 143), on vit qu'il y avait des femmes et des filles qui passaient pour sages et honnêtes, qui ne l'étaient pas. Il y en eut même de celles-là qui souffrirent pour lui, qui firent voir que ce ne sont pas toujours les plus aimables, les plus jeunes ni les plus galans, qui ont les meilleures fortunes, et que c'est avec raison que les poètes ont feint la fable de Danaé et de la pluie d'or. »

La pourvoyeuse ordinaire de Fouquet, Mme Du-

---

[1] Quelques-unes de ces curieuses lettres nous ont été conservées : elles étaient dans les archives de la Bastille, avec cette note écrite sur la liasse : « Toutes ces copies ont été données à Limoges à M. de La Fresnaye, le 17 novembre 1661. » Les éditeurs des *Mémoires historiques sur la Bastille* ont recueilli ces copies, dont l'authenticité est incontestable ; t. 1, p. 55 et suivantes.

plessis-Bellière, qui s'était chargée de marchander les faveurs de Mlle de La Vallière, fut exilée à Montbrison, et les demoiselles de Menneville et de Montalais, qui avaient trempé dans la conspiration contre la fidélité de la belle maîtresse du roi, furent envoyées dans un couvent, malgré leur condition de filles d'honneur de la reine.

Cependant les soupçons restèrent dans les jeunes têtes de la cour, au sujet des relations de Fouquet avec Mlle de La Vallière; car, si d'une part on montrait une lettre de Mme Duplessis au surintendant : « Je ne sais plus ce que je dis ni ce que je fais, lorsqu'on résiste à vos intentions. Je ne puis sortir de colère, lorsque je songe que cette demoiselle a fait la capable avec moi; pour captiver sa bienveillance, je l'ai encensée par sa beauté qui n'est pourtant pas grande, et puis lui ayant fait connaître que vous empêcheriez qu'elle ne manquât de rien et que vous aviez vingt mille pistoles pour elle, elle se gendarma contre moi, disant que vingt-cinq mille n'étaient pas capables de lui faire faire un faux pas; et elle me répéta cela avec tant de fierté, que, quoique je n'aie rien oublié pour la radoucir avant que de me séparer d'elle, je crains fort qu'elle n'en parle au roi; de sorte qu'il faudra prendre le devant;

pour cela, ne trouvez-vous pas à propos de dire, pour la prévenir, qu'elle vous a demandé de l'argent et que vous lui en avez refusé [1] ? » d'une autre part, on donnait une interprétation contraire à cette lettre de Fouquet, qu'on supposait adressée à mademoiselle de La Vallière : « Puisque je fais mon unique plaisir de vous aimer, vous ne devez pas douter que je ne fasse ma joie de vous satisfaire; j'aurais pourtant souhaité que l'affaire que vous avez désirée fût venue purement de moi : mais je vois bien qu'il faut qu'il y ait toujours quelque chose qui trouble ma *félicité*, et j'avoue, ma chère demoiselle, qu'elle serait trop grande, si la fortune ne l'accompagnait quelquefois de quelques traverses. Vous m'avez causé aujourd'hui mille distractions, en parlant au roi; mais je me soucie fort peu de ses affaires, pourvu que les nôtres aillent bien [2]. » Le voile des carméli-

---

[1] Toute la lettre est imprimée à la p. 58, du t. 1 des *Mémoires historiques sur la Bastille*. M. de Monmerqué, qui ne hasarde jamais une citation sans remonter à la source originale, a pourtant reproduit cette lettre dans une note des *Mémoires de Conrard*, ce qui fait présumer qu'il l'avait trouvée dans les manuscrits de ce laborieux compilateur.

[2] C'est l'abbé de Choisy qui rapporte cette lettre (*Mémoires*, Coll. Petitot, 2e série, t. 63, p. 264); il la croit adressée à Mlle de Montalais, l'une des maîtresses du surintendant; mais cette fille d'honneur ne parlait pas au roi, de manière à causer *mille distractions* à Fouquet. Les éditeurs ont lu

tes fut depuis jeté sur ces souvenirs, qui n'avaient pas de quoi plaire à l'orgueilleux prince.

Mais lorsque, vers l'année 1680, la veuve Scarron, devenue marquise de Maintenon, parvint, à force de finesse, d'intrigue et de fausseté, à supplanter Mme de Montespan, et à se guinder jusqu'au lit royal, Louis XIV eut tout-à-coup les oreilles rebattues de ces anciennes lettres découvertes dans la cassette de Fouquet, pièces de conviction des mystères voluptueux de Saint-Mandé.

Alors on reproduisit ce billet de Mme Scarron : « Je ne vous connais point assez pour vous aimer, et quand je vous connaîtrais, peut-être vous aimerais-je moins. J'ai toujours fui le vice, et naturellement je hais le péché; mais je vous avoue que je hais encore davantage la pauvreté. J'ai reçu vos dix mille écus : si vous voulez en apporter encore dix mille dans deux jours, je verrai ce que j'aurai à faire. »

On commenta cet autre billet, plus concluant que le premier : « Jusqu'ici j'étais si bien persuadée de mes forces, que j'aurais défié toute la terre; mais j'avoue que la dernière conversation que j'ai

dans le manuscrit les *vôtres* au lieu des *nôtres*, ce qui ne répond pas au sens général de la lettre.

eue avec vous m'a charmée. J'ai trouvé dans votre entretien mille douceurs, à quoi je ne m'étais pas attendue : enfin, si je vous vois seul jamais, je ne sais ce qui arrivera [1]. »

Ces billets-doux et d'autres prirent des voix offensantes propres à chagriner le roi, qui avait disgracié son favori Lauzun pour le punir de s'être caché sous le lit de Mme de Montespan, et qui sentait les vieilles piqûres d'amour-propre aussi cuisantes que de nouvelles.

Ce fut bien pis quand on tira des lettres de Scarron une preuve assez malhonnête des rendez-vous de Françoise d'Aubigné et de Fouquet : « Mme Scarron, écrivait le cul-de-jatte au maréchal d'Albret, a été à Saint-Mandé. Elle est fort satisfaite de la civilité de Mme la surintendante, et je la trouve si

---

[1] Ces deux billets sont dans les *Mém. hist. sur la Bastille*, t. 1, p. 57. La Beaumelle, dans les *Mémoires de Mme de Maintenon*, t. 1, ch. 15, raconte, avec ses réticences ordinaires, l'anecdote à laquelle ces lettres ont rapport. « Après la mort de Scarron, sa veuve alla demander au surintendant la survivance de la pension qu'il faisait au pauvre poète, et Fouquet voulut avoir les bénéfices de sa libéralité : il envoya un écrin magnifique à la belle veuve, qui, éclairée sur les intentions de ce protecteur intéressé, refusa les diamans et garda sa vertu. » La Beaumelle n'a pas réussi cependant à innocenter la démarche de Mme Scarron auprès du sultan de Saint-Mandé.

férue de tous ses attraits, que j'ai peur qu'il ne s'y mêle quelque chose d'impur ? »

On se rappela une foule de passages des lettres de Scarron, qu'on avait recueillies autrefois comme des chefs-d'œuvre de goût dans les ruelles de l'hôtel Rambouillet. Ici, Mme Scarron avait gagné des flacons d'argent aux loteries du surintendant; là, le mari réclamait l'exécution des promesses faites à sa femme par Fouquet; Scarron recommandait l'un après l'autre tous les parens de sa femme, et mettait toujours sa femme en avant pour obtenir des *dons* et des grâces de son *héros, le plus généreux de tous les hommes, aussi bien que le plus habile homme du siècle* [1].

Mais ce qui fournit surtout des armes à la malignité contre Mme de Maintenon, ce fut le souvenir de la querelle de Scarron contre Gilles Boileau, qui

---

[1] Voyez les lettres de Scarron dans ses *Dernières œuvres*, Paris, 1752, in-12, t. 2. « La requête que je vous envoie, écrit-il à Fouquet, est pour un parent de ma femme, qui a toujours été bon serviteur du roi, et qui est persuadé que vous me faites l'honneur de m'aimer. » Il écrit une autre fois : « Cette affaire est la dernière espérance de ma femme et de moi. » Il ne se lasse point de demander : « Je vous prie de vous souvenir de la promesse que vous avez faite à ma femme touchant le marquisat de son cousin de Circe. » Il ne rougit pas même de son rôle d'importun : « Je crois qu'il ne se passe point de jour que quelque chevalier ou quelque dame affligée ne vous aille demander un don. »

avait peu *ménagé* la femme du cul-de-jatte dans cette épigramme :

> Vois sur quoi ton erreur se fonde,
> Scarron, de croire que le monde
> Te va voir pour ton entretien :
> Quoi ! ne vois-tu pas, grosse bête,
> Si tu grattais un peu ta tête
> Que tu le devinerais bien¹ ?

Scarron, piqué au vif d'avoir *deviné*, ne s'était pas contenté de répondre par un débordement d'épigrammes grossières ; il avait appelé à son aide la protection de son bienfaiteur, qui fit cesser ce com-

---

¹ Malgré les apologies de La Beaumelle, qui représente la jeunesse de Françoise d'Aubigné comme très-édifiante, il paraît certain que cette amie de Ninon menait une vie peu régulière, et fréquentait une compagnie où les exemples de libertinage ne lui manquaient pas, témoin ce passage d'une lettre de son mari : « L'honneur de votre souvenir, écrivait-il au duc d'Elbeuf, me consolera de l'absence de Mme Scarron, que Mme de Montchevreuil m'a enlevée. J'ai grand'peur que cette dame débauchée ne la fasse devenir sujette au vin et aux femmes, et ne la mette sur les dents devant que me la rendre. » Au reste, Scarron savait à quoi s'en tenir sur la conduite de sa femme, qu'il révéla lui-même dans une chanson, avec laquelle on tympanisait à la cour Mme de Maintenon : cette chanson finit ainsi :

> Pour porter à l'aise
> Votre chien de cu,
> Tous les jours une chaise
> Coûte un bel écu
> A moi, pauvre cocu.

bat poétique où Mme Scarron était exposée à de rudes vérités ; car Gilles Boileau menaçait de ne plus *garder de mesures pour le sexe ;* mais on lui ferma la bouche en lui remontrant que *les coups d'épigramme pourraient dégénérer en coups de bâton.* Mme Scarron avait eu l'esprit de ne pas *daigner s'offenser* de l'épigramme *fort insolente* décochée contre elle ; Fouquet s'en offensa et força Boileau de récuser ses vers, avant que des *personnes de qualité* se chargeassent *d'office* de venger l'honneur des dames. Scarron avoua qu'il n'y avait *rien de commun* entre lui et sa femme, comme le lui reprochait son adversaire, et il adressa le récit du débat satirique au surintendant qui en était la cause indirecte [1].

Les ennemis de Mme de Maintenon eurent beau jeu pour la décrier, en exhumant ses anciennes galanteries et en faisant sonner haut la somme dont Fouquet avait payé, vingt ans auparavant, ce que le roi payait alors plus chèrement de sa gloire et de sa couronne. « Mme de Montespan n'a rien oublié pour me nuire, écrivait en 1679 Mme de Maintenon : elle a fait de moi le portrait le plus affreux. » Elle écrivait à son frère vers la même époque : « Il n'y a

---

[1] *Dernières œuvres* de Scarron, éd. de 1752, t. 2, p. 198 et suiv.

rien de nouveau dans les déchaînemens que l'on a contre moi [1] ; » et dans une autre lettre : « Ne prenez point feu sur le mal que vous entendez dire de moi. On est enragé, et on ne cherche qu'à me nuire. Si on n'y réussit pas, nous en rirons; si l'on y réussit, nous souffrirons avec courage. Veillez à vos discours par rapport à moi. On vous en fait tenir de bien insensés, qu'on me répète avec complaisance; du reste on s'accoutume à tout [1]. »

En 1676, la Brinvilliers avait accusé Fouquet de tentatives d'empoisonnement, sans doute sur la personne du roi : « Admirez le malheur, s'écrie Mme de Sévigné à cette occasion (lettre du 22 juillet), cette créature a refusé d'apprendre ce qu'on voulait et a dit ce qu'on ne demandait pas; par exemple, elle a dit que M. Fouquet avait envoyé Glazel, leur apothicaire empoisonneur, en Italie, pour avoir une herbe qui fait du poison : elle a entendu dire cette belle chose à Sainte-Croix. Voyez quel excès d'accablement, et quel prétexte pour *achever* ce pauvre infortuné! Tout cela est bien suspect; on ajoute encore bien des choses. » Cette dénonciation, que les ennemis de Fouquet avaient soufflée sans doute à

---

[1] *Lettres de Mme de Maintenon*, 1756, t. 1, p. 178 et suiv.

l'empoisonneuse sur la sellette, rappela qu'on avait trouvé des poisons sous les scellés mis en 1661 dans la maison de Saint-Mandé, et qu'on avait autrefois soupçonné le surintendant de s'être défait du cardinal Mazarin [1].

Au commencement de 1680, la Voisin, dont le procès fut la continuation de celui de la Brinvilliers, ne manqua pas sans doute d'accuser aussi Fouquet, elle qui imputait des homicides à Racine et à La Fontaine!

Un vieux prêtre, Étienne Guibourg, complice et co-accusé de la Voisin, déclara devant la *Chambre ardente* de l'Arsenal, qu'*on avait formé le complot d'empoisonner M. Colbert*, et qu'un nommé Damy avait été chargé d'exécuter ce crime qui ne réussit pas, la dose du poison n'étant point assez forte pour causer la mort; il déclara en outre « que M. Pinon-

---

[1] « On a dit qu'on avait trouvé des poisons chez lui, et on eut quelque soupçon qu'il avait empoisonné le feu cardinal. » *Mémoires de Mme de Motteville*, Coll. Petitot, 2e série, t. 40, p. 145. On lit dans les *Lettres de Guy-Patin*, 7 mars 1661 : « Il court un bruit que je tiens faux, que l'on a découvert que le cardinal Mazarin est mort empoisonné ; ôtés les petits grains d'opium et un peu de vin émétique que l'on peut lui avoir donnés, ses veilles perpétuelles, sa tumeur œdémateuse, ses faiblesses inopinées, ses suffocations nocturnes, son dégoût universel et la perte d'appétit, en voilà plus qu'il n'en faut pour mourir sans poison, mais c'est que l'on ne peut empêcher les sots de parler. »

Dumartray, conseiller au parlement, avait des liaisons avec lui, et qu'il lui avait dit qu'il avait dessein d'empoisonner le roi, contre lequel il avait, disait-il, beaucoup de ressentiment de ce qu'il avait fait emprisonner M. Fouquet, dont M. Pinon était parent [1]. »

Le nom de Fouquet figura donc dans ce lugubre et mystérieux procès dont les pièces furent anéanties avec soin, comme pour effacer les vestiges des iniquités de la justice. Quelle devait être la fureur du roi contre Fouquet, quand on voit Louis XIV, fanatisé par Mme de Maintenon, envoyer à la Bastille son brave maréchal de Luxembourg, exiler son ancienne maîtresse, la comtesse de Soissons, et laisser traîner sur la sellette les plus illustres personnages de sa cour, confrontés avec de vils scélérats qui,

---

[1] *Mémoires historiques sur la Bastille*, t. 1, p. 138. J'ai cherché à découvrir les interrogatoires et les procédures de la Chambre des poisons; j'espérais y puiser de plus amples détails sur l'accusation portée contre Fouquet; mais j'ai su de M. Villenave que les pièces les plus importantes avaient été détruites avant la révolution. Cependant beaucoup de papiers relatifs à cette affaire restaient encore, tirés des archives de la Bastille; M. de Monmerqué les avait triés et analysés en partie à la Bibliothèque de l'Arsenal, lorsqu'il s'occupait de sa précieuse édition des *Lettres de Mme de Sévigné*; depuis quinze ans, ces papiers sont rentrés dans les greniers, et nous n'avons pas réussi à les découvrir de nouveau, malgré de nombreuses démarches pour en retrouver la trace.

dans l'espoir de se soustraire au bûcher, se rattachaient à tout ce qui était puissant et honorable en France! Qu'on juge le fanatisme de Louis XIV par ces paroles : « J'ai bien voulu que Mme la comtesse de Soissons se soit sauvée; peut-être un jour en rendrai-je compte à Dieu et à mes peuples [1]! »

Ce fut le dernier coup contre le pauvre prisonnier. Mais Louis XIV avait reçu de belles leçons de piété dans ses conférences mystiques avec Mme de Maintenon : il n'ordonna pas la mort réelle de Fouquet.

VI.

L'histoire du geôlier peut servir encore à éclaircir celle du prisonnier.

M. Saint-Mars, qui eut tour à tour la garde de Fouquet et du *Masque de Fer*, s'appelait Bénigne d'Auvergne, seigneur de Saint-Mars. C'était un petit gentilhomme champenois, des environs de

---

[1] *Lettres de Mme de Sévigné*, 24 janvier 1680. On peut apprécier quelles intrigues avaient lieu dans le sein de la Chambre ardente, par ce passage d'une autre lettre du 14 février 1680 (quinze jours avant la prétendue mort de Fouquet) : « La Chambre de l'Arsenal a recommencé... Il y eut un homme qui n'est point nommé, qui dit à M. de la Reynie : « Mais, monsieur, à ce que je vois, nous ne travaillons ici que sur des sorcelleries et des diableries dont le parlement de Paris ne reçoit point les accusations. Notre commission est pour les poisons; d'où vient que nous écoutons

Montfort-l'Amaury, qui n'avait aucune ressource de patrimoine lorsqu'il fut admis dans la première compagnie des mousquetaires du roi. Son exactitude dans le service lui fit obtenir le grade de maréchal-de-logis à l'âge de trente-quatre ans, et, en cette qualité, il contribua avec son capitaine d'Artagnan à l'arrestation de Fouquet.

Durant tout le procès, il remplit rigoureusement l'emploi de surveillant auprès de l'accusé, et l'ardeur avec laquelle il s'acquittait de son devoir attira sur lui l'attention du roi, qui s'applaudit d'avoir trouvé l'homme qu'il cherchait pour l'attacher irrévocablement à la garde de Fouquet, condamné à une détention perpétuelle. On le nomma, en décembre 1664, capitaine d'une compagnie-franche, avec le titre de commandant de la prison de Pignerol et les appointemens de gouverneur de place forte (6000 livres), pour garder Fouquet. Son autorité, à peu près absolue dans le *donjon*, se trouvait indépendante de celle du lieutenant du roi,

---

autre chose ? » La Reynie fut surpris et lui dit : « Monsieur, nous avons des ordres secrets. — Monsieur, dit l'autre, faites-nous une loi et nous obéirons comme vous ; mais, n'ayant pas vos lumières, je crois parler selon la raison de dire ce que je dis. » Je pense que vous ne blâmez pas la droiture de cet homme, qui pourtant ne veut pas être connu. »

M. Lamothe de Rissan, comme de celle du gouverneur de la ville, M. d'Herleville.

A peine installé dans son commandement, Saint-Mars, qui ne voulait pas s'arrêter au début de sa fortune, se mit en mesure de poursuivre ce chemin, en épousant une demoiselle de Moresant, fille d'un simple bourgeois de Paris, mais sœur du commissaire des guerres de Pignerol, et de la belle M*me* Dufresnoy, maîtresse du marquis de Louvois, qui avait fait créer pour elle une charge de *dame du lit de la reine*. Il gagna donc les bonnes grâces de Louvois par l'entremise de M. Dufresnoy, premier commis au département de la guerre; et l'appui de M*me* Dufresnoy *ne lui a pas nui dans l'occasion*.

Tant que dura ostensiblement la prison de Fouquet, Saint-Mars jouit d'un crédit considérable à la cour : il procurait des places, des grades et des pensions aux gens qu'il recommandait à Louvois; il balançait sans cesse l'autorité du lieutenant du roi et du gouverneur de Pignerol réunis; il recevait tous les ans d'énormes *gratifications* sur la cassette du roi. Enfin la manière dont il avait gardé Fouquet, malgré toutes les tentatives faites pour sa délivrance, invita le roi à remettre dans les mains de ce geôlier infatigable un nouveau prisonnier plus difficile à conserver. Les ruses du comte de Lauzun échouèrent encore contre la vigilance de Saint-Mars, à qui la mort enleva, dit-on, le malheureux Fouquet en 1680 ; un an après, Lauzun lui fut enlevé aussi par des lettres de grâce [1].

Cependant Saint-Mars, exclusivement occupé de la prison qu'il gouvernait depuis plus de seize ans avec autant d'ordre que d'adresse, refusa, en 1681, le commandement militaire de la citadelle de Pignerol, que le roi lui offrait en récompense de ses services, et n'accepta qu'à regret le gouvernement du fort d'Exilles, vacant par la mort de M. de Lesdiguières : il s'y rendit la même année avec *deux* prisonniers seulement, amenés de Pignerol chacun dans une litière fermée. Ces prisonniers, qui *n'avaient aucun commerce*, furent certainement le secrétaire du duc de Mantoue et l'homme au masque. « Comme il y a toujours quelqu'un de mes deux

---

[1] *Mémoires de M. d'Artagnan* (par Sandras de Courtilz), Cologne, 1701, 3 vol. in-12, t. 3, p. 222 et 385. *Annales de la cour et de Paris pour les années* 1697 et 1698 (par le même), Cologne, 1701, 2 vol. in-18, t. 2, p. 380. Ces deux ouvrages nomment la *Moresanne*, la famille à laquelle appartenait la femme de Saint-Mars. Ce nom est écrit *Damorezan* dans les correspondances de Louvois ; *Histoire de la détention des Philosophes*, t. 1. C'est d'après une lecture attentive de ces correspondances, qu'on peut se fixer sur la nature des pouvoirs confiés à Saint-Mars.

prisonniers malades, écrivait-il le 4 décembre 1681, ils me donnent autant d'occupation que jamais j'en ai eue autour de ceux que j'ai gardés [1]. » Ils restèrent *dans les remèdes* pendant plusieurs années, et Matthioli mourut à Exilles : certainement Saint-Mars ne transféra qu'un seul prisonnier aux îles Sainte-Marguerite, dont il fut institué gouverneur en 1687.

Ces changemens de résidence n'étaient peut-être pas sans dangers et sans inconvéniens, puisque Saint-Mars les souhaitait peu ; et il ne se fût pas pressé de se rendre à son nouveau poste, sans un ordre de Louvois, qui le força de partir immédiatement avec son prisonnier malade. La mort du ministre qui avait toujours favorisé en lui le beau-frère de Mme Dufresnoy n'influa pas sur son crédit à la cour ; car il avait marié son fils unique, qu'il perdit bientôt après, à la fille de M. Desgranges, premier commis du comte de Pontchartrain, secrétaire-d'état de la marine, puis chancelier de France ; mais Saint-Mars, qui était *déjà fort vieux et gras* [2], dé-

---

[1] Voyez les lettres de Louvois et de Saint-Mars recueillies aux archives des Affaires étrangères par MM. Roux-Fazillac et Delort.

[2] Cette épithète doit s'entendre de la richesse de Saint-Mars, car il est impossible de l'appliquer au portrait physique de cet officier, que Renne-

sirait du repos : il essaya de refuser, en 1698, le gouvernement de la Bastille, vacant par la mort de M. de Bessemaux, et répondit que « s'il plaisait à Sa Majesté de le laisser où il était, il y demeurerait volontiers. » Barbezieux le força d'accepter sa nomination, et le roi cassa, quelques jours après, une compagnie qui avait été créée tout exprès pour la garde de Fouquet, et que Saint-Mars avait menée avec lui aux îles Sainte-Marguerite et de Saint-Honorat, quoique la prétendue mort de Fouquet semblât devoir motiver le licenciement de cette compagnie. Saint-Mars alla donc à Paris avec *son prisonnier* et toutes les personnes qui possédaient ce secret.

Ces personnes étaient aussi les mêmes qui avaient eu part à la garde de Fouquet, et par conséquent leur fidélité se trouvait garantie par l'épreuve du temps, non moins que par des raisons d'intérêt ou de famille.

Saint-Mars, dès l'origine de son commandement à Pignerol, s'était entouré de plusieurs de ses pa-

---

ville a peint de couleurs tout-à-fait différentes : « C'était un petit vieillard, dit-il dans le récit de la réception que lui fit ce gouverneur de la Bastille en 1703, de *très-maigre* apparence, branlant de la tête, des mains et de tout son corps. » *Hist. de la Bastille*, t. 1, p. 32.

rens [1] qui le secondèrent avec zèle, dans l'espoir de faire leur fortune : son cousin-germain, M. de Blain-

---

[1] Voici l'indication de quelques titres trouvés parmi d'anciens papiers relatifs à la terre de Blainvilliers ; M. Barbier d'Aucourt, qui les a découverts, a bien voulu nous les communiquer pour ajouter aux renseignemens que nous avions puisés dans l'ouvrage de Renneville sur la famille de Saint-Mars, laquelle ne figure pas dans les généalogies de Champagne, publiées en 1673 d'après les *Recherches faites sous la direction de M. de Caumartin*, 2 vol. gr. in-f°.

« Le 20 juillet 1670, le sieur Zachée de Byot, écuyer, seigneur de Blain-
» villiers, mousquetaire du roi et lieutenant à la garde de M. Fouquet
» dans la citadelle de Pignerol, prête foi et hommage pour le fief de Blain-
» villiers. »

« Le 22 juillet 1670. Quittance de 500 liv. au nom de M de Blainvil-
» liers, lieutenant à la garde de M. Fouquet dans la citadelle de Pignerol,
» pour droits de lots et ventes, à cause de l'acquisition qu'il a faite de
» Bénigne d'Auvergne, sieur de Saint-Mars, son cousin germain, des hé-
» ritages qui lui appartenaient de la succession du sieur de Blainvilliers,
» leur oncle, duquel ledit seigneur de Saint-Mars était héritier pour une
» sixième portion, suivant le partage qui en a été fait avec le sieur de For-
» manoir. »

« Le 12 mars 1671. Eloy de Formanoir, seigneur de Corbest, tant en
» son nom à cause de damoiselle Marguerite d'Auvergne, son épouse, que
» comme ayant les droits cédés par écrit sous seing-privé, en date du
» 22 novembre 1664, de Bénigne d'Auvergne, seigneur de Saint-Mars,
» maréchal-des-logis des mousquetaires du roi et son lieutenant dans la
» citadelle de Pignerol, fait une déclaration d'aveu pour le même fief. »

« Le 23 décembre 1714. Transaction pour une pièce de terre entre le
» sieur Jean Presle, laboureur, et messire Guillaume de Formanoir, che-
» valier, seigneur de Palteau, demeurant ordinairement en ladite terre de
» Palteau, en Bourgogne, messire Louis Joseph de Formanoir, seigneur

villiers, mousquetaire du roi, et *lieutenant à la garde de M. Fouquet*, était souvent l'entremetteur des rapports confidentiels du gouverneur au ministre, et des ordres du ministre au gouverneur : il allait fréquemment de Pignerol à Versailles et à Saint-Germain [1], pour y porter des dépêches secrètes concernant les *affaires* de la prison; il suivit Saint-Mars au fort d'Exilles; mais tout fait supposer qu'il mourut avant le passage de son parent au gouvernement de la Bastille.

Un neveu de Saint-Mars, nommé Guillaume de Formanoir, dit *Corbé,* parce qu'il avait d'abord porté le titre de la seigneurie de Corbest, fut, pendant plus de trente ans, le confident et l'auxiliaire de son oncle, qu'il accompagna de Pignerol à la Bastille, en qualité de sous-lieutenant, puis de lieutenant, dans la compagnie-franche chargée de la

» de Saint-Mars et chevalier de l'ordre militaire de Saint-Louis, demeu-
» rant ordinairement à Montfort, et le sieur Salmon, prêtre, fondé de
» procuration de messire Louis de Formanoir, chevalier, seigneur d'Eri-
» mont, commandant une compagnie pour le service de Sa Majesté aux
» îles Sainte-Marguerite. »

[1] Voyez la correspondance de Louvois; notamment les lettres du 29 juillet 1678, 18 août 1679, 1er octobre 1679, etc., t. 1 de l'*Histoire de la détention des Philosophes* : « J'ai entretenu le sieur de Blainvilliers, écrit Louvois le 1er décembre 1678, et je continuerai à lui parler de temps en temps dans les heures de loisir que je pourrai avoir. »

surveillance des prisonniers : il était encore *plus laid et plus méchant* que Saint-Mars, dont il espérait être le successeur; mais, trompé dans son attente, il quitta le service du roi, et sortit alors de la Bastille, où il était abhorré, pour se retirer en Champagne, dans la terre de Palteau que son oncle en mourant lui avait laissée avec d'autres biens. Ses friponneries, ses crimes, sont marqués au fer rouge par Constantin de Renneville, qui en avait tant souffert; mais l'infâme *Corbé* était devenu M. de Palteau, pour *jouir en paix du sang et des larmes de mille malheureux dont ses richesses étaient le prix* [1].

D'autres neveux de Saint-Mars remplirent longtemps des grades presque héréditaires dans les compagnies-franches des prisons d'état, en récompense du dévouement éprouvé de ce vieux gardien de Fouquet et du *Masque de Fer*.

Le major Rosarges, dont le nom figure dans le Journal de Dujonca et dans l'extrait mortuaire de *Marchialy*, était encore une créature de Saint-Mars, qui l'amena des îles Sainte-Marguerite à la Bastille, et le fit major du château. Ce provençal, *le plus*

---

[1] *Inquisition française* ou *Histoire de la Bastille*, t. 1, p. 76; t. 5, p. 406.

brutal des hommes, avait passé toute sa vie auprès du gouverneur, et il mourut le 19 mai 1705, *les intestins brûlés par la quantité excessive d'eau-de-vie qu'il avait bue* [1]. Rosarges remplaçait Saint-Mars dans les rares et courtes absences que celui-ci fut forcé de faire avec la permission du ministre, et c'est lui sans doute que Saint-Mars désigne sous ce titre : *mon officier*, en faisant mention de la personne de confiance qui avait soin du prisonnier masqué, et qui ne devait *jamais lui parler* [2].

Saint-Mars, arrivant à la Bastille, était encore accompagné du nommé Lécuyer, qui le servait depuis trente ans, et qu'il fit capitaine des portes. Ce vieillard, *bien moins méchant que le major, avait encore quelque espèce de crainte de Dieu*. Le porte-clef Ru, provençal, venait aussi des îles Sainte-Marguerite, à la suite du *Masque de Fer* [3]. L'abbé Giraut, qui confessa cet inconnu à l'article de la mort, *ce bouc exécrable*, comme l'appelle Renneville, avait été confesseur des prisonniers aux

---

[1] *Inquisition française* ou *Histoire de la Bastille*, t. 1, p. 43, p. 79 ; t. 3, p. 393.

[2] Lettres de Louvois, du 4 décembre 1681, et de Saint-Mars à Louvois, du 11 mars 1682 et du 20 janvier 1687 ; dans l'ouvrage de Roux-Fazillac.

[3] *Inquisition française* ou *Histoire de la Bastille*, t. 1, p. 54 et 79.

îles Sainte-Marguerite, et probablement à Pignerol, avant de passer comme aumônier à la Bastille, où ses débauches et ses dilapidations eurent grand besoin de la faveur spéciale de Saint-Mars pour n'être pas démasquées et punies [1]. Il savait sans doute le nom et la condition du prisonnier qu'il confessait.

Quant à Reilh, qui signa l'acte de décès sur les registres de Saint-Paul, ce chirurgien était entré à la Bastille par la recommandation de l'abbé Giraut; et comme il avait été *frater* dans une compagnie d'infanterie, on peut présumer que l'apprentissage de ce *frater* eut lieu aux îles Sainte-Marguerite sous les yeux de Saint-Mars, qui donnait ses *vieilles perruques* et *ses vieux justaucorps* à ce sinistre opérateur, aussi mal famé que sa médecine parmi les pensionnaires de la prison [2]. Abraham Reilh, complaisant du gouverneur, qui ajouta pour lui le titre et les appointemens d'apothicaire à ceux de chirurgien du château, devait peut-être cette faveur à sa discrétion, en cas qu'il fût le même *frater* qui trouva au bord de la mer une chemise couverte d'écriture, et l'apporta sur-le-champ à Saint-Mars, sans avoir rien lu de ce qu'elle contenait. Mais alors

---

[1] *Inquisition française* ou *Histoire de la Bastille*, t. 1, p. 82.
[2] *Idem*, t. 1, p. 79.

il ne faudrait pas admettre le reste de la tradition qui raconte que ce *frater* fut trouvé mort dans son lit.

Saint-Mars, en se rendant à la Bastille, avait obéi à contre-cœur, comme s'il craignait de perdre bientôt *son* prisonnier, qui ne survécut que quatre années et demie à sa translation, et Saint-Mars, qui avait plus de quatre-vingts ans à cette époque, resta gouverneur jusqu'à sa mort. Quand elle arriva, le 26 septembre 1708, il était entièrement oublié du monde, auquel il avait dit adieu depuis 1664, pour partager pendant près d'un demi-siècle la captivité d'une grande victime [1].

Le caractère de Saint-Mars a été jugé diversement, selon les temps et les personnes. « On dit que celui qui gardera M. Fouquet à Pignerol est un fort honnête homme, » écrivait Mme de Sévigné, le 25 janvier 1665. « C'était un homme sage et exact dans le service, » disent les *Mémoires de d'Artagnan*. « On jeta les yeux sur lui, dit Constantin de Renneville qui ne pouvait qu'être partial au sortir de la Bastille, parce qu'on crut ne pouvoir pas trouver d'homme, dans tout le royaume, plus dur et plus

---

[1] *Annales de la cour et de Paris*, t. 2, p. 380 et 381. *Inquisition française* ou *Histoire de la Bastille*, t. 1, p. 73 et suiv.

inexorable. La férocité brutale avec laquelle ce tyran traita cet illustre malheureux a quelque chose de si terrible, qu'elle serait capable de faire rougir les Denis et les Néron. » Il faut avouer que ce portrait est bien loin de ressembler à celui qu'on peut extraire des correspondances de Louvois. Saint-Mars était, ce me semble, d'une humeur sombre, froide, silencieuse, d'une défiance continuelle et d'une fermeté inflexible : un secret d'état ne courait aucun risque avec un pareil homme.

Il fit une *fortune prodigieuse* dans ses différens commandemens, où il avait, *sans compter le tour du bâton,* des appointemens considérables. « Certains prisonniers, qui avaient été enfermés aux îles Sainte-Marguerite, l'accusaient d'avoir poussé la fureur jusqu'à laisser mourir de faim et même faire étouffer plusieurs de ses prisonniers, dont il ne laissait pas de toucher la pension, comme s'ils eussent été vivans, long-temps après leur mort. » Quelles que fussent les sources de ses richesses *immenses,* elles lui permirent d'acheter en Champagne plusieurs terres seigneuriales, entre autres celles de Dimon et de Palteau. Il fut nommé chevalier des ordres du roi, bailli et gouverneur de Sens. Ces honneurs, ces dignités, ces richesses, récompensaient le geôlier de Fouquet et du *Masque de Fer* [1].

Les lettres de Saint-Mars prouvent qu'il désignait Fouquet par cette qualification : *mon prisonnier*, quoique bien d'autres prisonniers fussent sous sa garde, et qu'il continua toujours à employer le même terme à l'égard du *Masque de Fer*, depuis la prétendue mort de Fouquet : « Il y a des personnes qui sont quelquefois si curieuses, écrivait-il de Pignerol à Louvois (le 12 avril 1670), de me demander des nouvelles de *mon prisonnier*, ou le sujet pourquoi je fais faire tant de retranchemens pour ma sûreté, que je suis obligé de leur faire des *contes jaunes* pour me moquer d'eux [2]. » Il lui écrivait d'Exilles, le 20 janvier 1687 : « Je donnerai si bien mes ordres pour la garde de *mon prisonnier*, que je puis bien vous en répondre [3]. » Il lui écrivait des îles Sainte-Marguerite, le 3 mai 1687 : « Je n'ai resté que

---

[1] *Annales de la cour et de Paris*, t. 2, p. 380 et 381. *Inquisition française*, t. 1, p. 75 et 76. Voyez dans le tome 1ᵉʳ de l'*Histoire de la détention des Philosophes*, plusieurs ordonnances du roi pour paiement de gratifications à Saint-Mars, *en considération de ses services et pour lui donner moyen de les continuer*. L'un de ces *bons*, du 30 janvier 1670, est de *quinze mille livres*.

[2] T. 1 de l'*Histoire de la détention des Philosophes*, p. 169.

[3] Voyez cette lettre et les suivantes dans les ouvrages de MM. Roux-Fazillac et Delort.

douze jours en chemin, à cause que *mon prisonnier* était malade, à ce qu'il disait n'avoir pas autant d'air qu'il l'aurait souhaité. Je puis vous assurer, monseigneur, que personne au monde ne l'a vu, et que la manière dont je l'ai gardé et conduit pendant toute ma route fait que chacun cherche à deviner qui peut être *mon prisonnier*. » Or, quel était en effet le véritable *prisonnier* de Saint-Mars, qui avait été nommé à la *garde* de Fouquet en 1664, et qui ne fut chargé que par accessoire de garder d'autres prisonniers ? N'est-ce pas toujours le même personnage à différentes époques ?

Les ministres, dans leur correspondance, se servaient aussi d'une dénomination semblable pour Fouquet et le *Masque de Fer ;* Louvois, en parlant du surintendant à Saint-Mars, dit fréquemment : *votre prisonnier,* ou *le prisonnier,* comme faisait en 1691 Barbezieux, parlant de l'homme au masque.

Quant à cette lettre de Barbezieux, datée de 1691, par laquelle on fixe le temps de la captivité du *Masque de Fer*, ce temps ne se rapporte pas absolument à celui que Fouquet aurait passé en prison, dans le cas où il eût vécu jusqu'à cette année-là ; mais Barbezieux, en disant à Saint-Mars : *Le prisonnier qui est sous votre garde depuis vingt ans,* n'a pas prétendu donner une date précise; et, léger d'esprit comme il l'était, il a fort bien pu mettre *vingt ans* au lieu de *vingt-sept ans;* d'ailleurs, ce jeune ministre, né en 1668, n'avait pas vu commencer la détention de Fouquet, s'en était peu informé comme d'un événement tout-à-fait indifférent, et savait seulement par ouï-dire que ce malheureux était à Pignerol depuis plus de vingt ans.

Le transport de Fouquet au fort de la Pérouse, en 1665, après le désastre de l'explosion des poudrières à Pignerol, et son retour dans cette prison en 1666, ressemblent de tout point aux passages du prisonnier masqué au fort d'Exilles, à l'île de Sainte-Marguerite et à la Bastille.

L'Instruction du roi, du 29 juin 1665, porte : « Capitaine Saint-Mars, vous transférerez ledit Fouquet au fort de la Pérouse, vous faisant escorter par les officiers et soldats de votre compagnie, et vous servant, pour cet effet, de la voiture que vous jugerez la plus convenable. »

Lorsqu'il s'agit de ramener Fouquet à Pignerol, Louvois écrit à Saint-Mars, le 17 juillet 1666 : « Il est inutile que je vous explique toutes les précautions que Sa Majesté prend pour la sûreté du prisonnier durant sa marche, mais je dois seulement vous assurer que Sa Majesté se remet à votre prudence du temps et de la forme de votre départ; elle se promet que vous prendrez si bien vos précautions, que M. Fouquet ne pourra s'échapper de vos mains, et qu'à l'exception de ceux qui ont travaillé à l'exécution desdits *ordres*, et qui sont gens discrets et fidèles, personne n'a connaissance qu'ils soient faits et envoyés [1]. »

Saint-Mars écrit au ministre, le 20 janvier 1687 : « Si je mène mon prisonnier aux îles, je crois que la plus sûre voiture serait une chaise couverte de toile cirée, de manière qu'il aurait assez d'air, sans que personne le pût voir ni lui parler pendant la route, pas même mes soldats, que je choisirai pour être proche de la chaise, qui serait moins embarrassante qu'une litière qui pourrait se rompre [2]. » Durant ce voyage, le *Masque de Fer* était dans cette chaise fermée, et Saint-Mars le suivait en litière, comme lors de la translation du prisonnier à la Bastille. N'est-ce pas en effet un pareil voyage que M. de Palteau a décrit dans sa lettre ?

---

[1] Voyez le premier volume de l'*Histoire de la détention des Philosophes*, p. 94 et 131.

[2] Cette lettre a été extraite des archives des Affaires étrangères par Roux-Fazillac.

Enfin les précautions qu'on prenait pour rendre sûre la prison du *Masque de Fer* avaient été aussi employées pour Fouquet.

Voici ce que Saint-Mars écrivait du fort d'Exilles, à Louvois, le 11 mars 1682 : « Mes prisonniers (l'un des deux était l'homme au masque) peuvent entendre parler le monde qui passe au chemin qui est au bas de la tour où ils sont ; mais eux, quand ils voudraient, ne sauraient se faire entendre ; ils peuvent voir les personnes qui seraient sur la montagne qui est devant leurs fenêtres ; mais on ne saurait les voir, à cause des grilles qui sont au-devant de leurs chambres. J'ai deux sentinelles de ma compagnie, nuit et jour, des deux côtés de la tour, à une distance raisonnable, qui voient obliquement la fenêtre des prisonniers ; il leur est consigné d'entendre si personne ne leur parle et si ils ne crient pas par leur fenêtre, et de faire marcher les passans qui s'arrêteraient dans le chemin ou sur le penchant de la montagne. Ma chambre étant jointe à la tour, qui n'a d'autre vue que du côté de ce chemin, fait que j'entends et vois tout, et même mes deux sentinelles qui sont toujours alertes par ce moyen-là. Pour le dedans de la tour, je l'ai fait séparer d'une manière où le prêtre qui leur dit la messe ne les peut voir, à cause d'un tambour que j'ai fait faire, qui couvre leurs doubles portes. Les domestiques, qui leur portent à manger, mettent ce qui fait de besoin aux prisonniers sur une table qui est là, et mon lieutenant (Rosarges, sans doute) leur porte (en présence de Saint-Mars)[1] »

Louvois écrivait à Saint-Mars, le 30 juillet 1666 : « Il ne se peut rien ajouter aux précautions que vous prenez pour la garde de M. Fouquet, et je ne saurais vous donner d'autre conseil que de vous convier à continuer comme vous avez commencé. » Le 14 février 1667 : « Comme par les écritures du prisonnier, il paraît qu'il souhaite qu'il ait vue du côté des chapelles qui sont sur la montagne, il sera de votre soin d'empêcher qu'il ne puisse rien voir de ce côté-là. » Le 7 décembre 1669 : « Vous ferez fort bien de mettre les fenêtres de M. Fouquet en état que pareille chose ne puisse plus arriver (Fouquet avait parlé aux sentinelles), et veiller exactement qu'il ne puisse rien voir sans que vous le découvriez. » Le 1er janvier 1670 : « Les jalousies de fil d'archal que vous ferez mettre à ses fenêtres ne feront point l'effet que celles de bois, à moins que vous ne les fas-

---

[1] Extraite des mêmes archives par le même.

siez faire de même forme, c'est-à-dire qu'il y ait autant de plein que de vide. » Le 26 mars 1670 : « Je vous prie de visiter soigneusement le dedans et le dehors du lieu où il est enfermé, et de le mettre en état que le prisonnier ne puisse voir ni être vu de personne, et ne puisse parler à qui que ce soit, ni entendre ceux qui voudraient lui dire quelque chose [1]. » La *garde* de Fouquet semblait donc aussi difficile et non moins importante que celle du *Masque de Fer*.

M. Dujonca, que Mme de Sévigné traite d'*ami*, avait, ce semble, des qualités humaines et sociales qu'on n'appréciait guère chez un lieutenant du roi à la Bastille : « Ses bonnes qualités l'emportaient beaucoup sur les autres. Il était officieux, affable, doux, honnête ; mais ceux qui se plaignaient de lui l'accusaient d'être inquiet, vif, remuant, d'une sévérité outrée, et de ne dire jamais la vérité. » M. Dujonca avait consigné sur son journal l'entrée du *Masque de Fer* à la Bastille : peut-être chercha-t-il à pénétrer ce secret d'état qui avait été mortel à plusieurs personnes indiscrètes.

Le 29 septembre 1706, il fut, nous apprend Ren-

---

[1] Ces lettres se trouvent dans le t. 1 de l'*Histoire de la détention des Philosophes*.

neville, attaqué brusquement *des douleurs de la mort, que l'on feignit être causée par une colique.* « Corbé (Blainvilliers ou Formanoir) ne permit jamais que personne parlât à ce malade, qui mourut sans administration de sacremens et sans aucune consolation. »

Renneville revient ailleurs sur cette mort, qu'il attribue à Corbé, lequel aurait voulu s'emparer d'une somme considérable reçue par M. Dujonca, peu de jours avant sa soudaine maladie. « Ru disait hautement à tous les prisonniers que c'était Corbé qui avait fait empoisonner M. Dujonca. M. d'Argenson, soit qu'il se doutât du sujet d'une mort si inopinée, ordonna qu'on fît l'ouverture du corps; mais pas un des parens n'y fut appelé, et l'opération fut faite par le même chirurgien (Reilh, sans doute) que Ru protestait avoir préparé la médecine fatale [1]. »

On pourrait penser que M. Dujonca avait reconnu Fouquet sous le masque de velours noir, et confié ce terrible mystère à Mme de Sévigné, qui alla elle-même voir le lieutenant du roi à la Bastille, le 6 août 1703, trois mois avant la mort de *Marchialy !*

---

[1] *L'Inquisition française*, t. 1, p. 77 et 78 ; t. 2, p. 351, et t. 4, 212.

Ne saurait-on invoquer, à l'appui de cette présomption, l'amitié qui existait entre Mme de Grignan, fille de Mme de Sévigné, et cette dame Lebret, femme de l'intendant de Provence, chargée des acquisitions de linge fin et de dentelles à Paris, pour l'usage du prisonnier des îles Ste-Marguerite [1] ? N'était-ce pas un dernier service que Fouquet, retranché de la vie par anticipation, recevait encore de ses anciens amis, qui n'osaient néanmoins mettre en doute sa mort, de peur de la rendre nécessaire et irrécusable ?

Il serait facile d'étendre ainsi les inductions qui ajouteraient sans doute quelque crédit à une opinion fondée plus solidement sur des faits et des dates.

LE MASQUE DE FER ÉTAIT LE SURINTENDANT FOUQUET !

Nous avons foi en notre système : nous regardons Colbert comme l'inventeur de la nouvelle captivité de Fouquet, mort de son vivant, sous le masque d'un prisonnier inconnu, et nous pensons que ce raffinement de vengeance ou de politique contre le

---

[1] *OEuvres* de Saint-Foix, t. 5, p. 271, note.

malheureux surintendant est un fait moins important, mais plus honteux à la mémoire de Louis XIV, que les dragonnades et la révocation de l'édit de Nantes. Voilà pourquoi les descendans du *grand roi* l'ont caché avec tant de soin pour l'honneur de la royauté.

Tel est le cœur humain : il étale avec orgueil un crime hardi et brillant; mais il couvre de ses plus sombres replis une mauvaise action entachée de lâcheté et de bassesse.

FIN.

www.ingramcontent.com/pod-product-compliance
Lightning Source LLC
Chambersburg PA
CBHW060652170426
43199CB00012B/1758